古典文獻研究輯刊

二九編

潘美月・杜潔祥 主編

第7冊

敦煌文獻校讀記（下）

蕭 旭 著

國家圖書館出版品預行編目資料

敦煌文獻校讀記（下）／蕭旭 著—初版—新北市：花木蘭
文化事業有限公司，2019〔民 108〕
目 2+166 面；19×26 公分
（古典文獻研究輯刊 二九編：第 7 冊）
ISBN 978-986-485-946-7（精裝）
1. 敦煌學 2. 文獻學
011.08   108011997

ISBN-978-986-485-946-7

9 789864 859467

古典文獻研究輯刊
二九編　第七冊　　　　　　　　ISBN：978-986-485-946-7

敦煌文獻校讀記（下）

作　　者　蕭　旭
主　　編　潘美月　杜潔祥
總 編 輯　杜潔祥
副總編輯　楊嘉樂
編　　輯　許郁翎、王筑、張雅淋　美術編輯　陳逸婷
出　　版　花木蘭文化事業有限公司
發 行 人　高小娟
聯絡地址　235 新北市中和區中安街七二號十三樓
　　　　　電話：02-2923-1455／傳真：02-2923-1452
網　　址　http://www.huamulan.tw 信箱 hml810518@gmail.com
印　　刷　普羅文化出版廣告事業
初　　版　2019 年 9 月
全書字數　388850 字
定　　價　二九編 29 冊（精裝）　新台幣 58,000 元　　版權所有・請勿翻印

敦煌文獻校讀記（下）

蕭旭 著

目次

四、《敦煌社邑文書輯校》校補

　　寧可、郝春文著《敦煌社邑文書輯校》〔註1〕，郝春文又發表《〈敦煌社邑文書輯校〉補遺》四篇〔註2〕，彙錄敦煌社邑文書 400 餘件。此書雖說是「最大的一次輯錄及高水平的整理」〔註3〕，但也不可避免地會存在一些失誤。《輯校》出版後，至今發表過幾篇訂補的文字，亦有專門考釋文書詞語的論文〔註4〕。各家的校訂互有得失，考釋詞語多採用歸納之法，未會心於演繹之理，又未曾充分利用敦煌文獻互證，故仍有校補之必要。

〔註1〕　寧可、郝春文《敦煌社邑文書輯校》，江蘇古籍出版社 1997 年版。
〔註2〕　郝春文《〈敦煌社邑文書輯校〉補遺（一～三)》，分別發表在《首都師範大學學報》1999 年第 4 期、2000 年第 2 期、2001 年第 4 期，第 23～28、6～11、27～33 頁。郝春文《〈敦煌社邑文書輯校〉補遺（四)》，《漢語史學報》第 3 輯，上海教育出版社 2003 年版，第 368～386 頁。
〔註3〕　李正宇《〈敦煌社邑文書輯校〉評介》，《敦煌研究》1998 年第 3 期，第 168 頁。
〔註4〕　李丹禾《〈敦煌社邑文書輯校〉補正》，《敦煌研究》1999 年第 2 期，第 55～59 頁。葉貴良《敦煌社邑文書詞語選釋》，《敦煌研究》2004 年第 5 期，第 79～84 頁。王建軍《敦煌社邑文書詞語補釋》，《古籍整理研究學刊》2007 年第 3 期，第 60～63 頁。趙靜蓮《敦煌社邑文書詞語考釋七則》，《四川教育學院學報》2009 年第 12 期，第 68～70 頁。趙靜蓮《〈敦煌社邑文書輯校〉補正十七則》，《圖書館理論與實踐》2011 年第 1 期，第 50～54 頁。于李麗《〈敦煌社邑文書輯校〉拾遺》，《語文知識》2010 年第 1 期，第 81～82 頁。沈娟《敦煌寫本社邑文書詞語研究貳題》，西南大學 2011 年碩士學位論文。王璽《敦煌社邑文書詞語考釋》，陝西師範大學 2012 年碩士學位論文。張小艷《敦煌社邑文書詞語輯考》，《敦煌吐魯番研究》第 13 卷，2013 年，第 97～124 頁。劉傳啟《〈敦煌社邑文書輯校〉補正》，《樂山師範學院學報》2014 年第 10 期，第 41～45 頁。趙大旺《敦煌社邑文書校讀札記三則》，《中華文史論叢》2017 年第 3 期，第 249～263 頁。

　　本稿大量引用敦煌文獻，爲行文簡明，引用敦煌文獻除字書、韻書外，只標明卷號，不稱用其題名或擬名。文中沿襲通行用法，以方括號表示補缺字，用圓括號表示括注通假字或改正字。

（1）S.6005：「若不抄錄者，伏恐陋（漏）失，互相泥寞。」（P19）

　按：沈娟曰：「『泥寞』當作『泥摸』。『泥摸』當爲纏磨之義。泥，《說文》：『水。出北地郁郅北蠻中。』『泥』又引申爲『軟求、軟纏』。摸，《說文》：『規也。』『摸』有接觸或撫摸之義。在傳世文獻中，有『泥摸』的用例，如《究竟一乘寶性論》卷1：『如人融眞金，鑄在泥摸中。』又如唐韓偓《早起探春》：『漸因閒暇思量酒，必怨顚狂泥摸人。』正爲此義。江藍生、曹廣順編著的《唐五代語言詞典》中收錄了該詞。」〔註5〕呂敏曰：「『泥』釋爲『拘執、不變通』義似更恰當。『寞』應爲『磨』之借音字，『糾纏』義。」〔註6〕沈娟說「泥」由水名引申爲軟求、軟纏義，其說殊誤，無此引申之法。所引《寶性論》「泥摸」，明本作「泥模」。《大方廣如來藏經》卷1：「我見一切諸有情，猶如金像在泥模。」此二例「泥模」指泥製的模型，無關於寫卷文義。所引《說文》「摸，規也」，當作「摹」字，是規摹義，不是接觸或撫摸之義。又所引韓偓詩「泥摸」，江藍生等曰：「泥摸，纏磨。」白維國等說同〔註7〕。此說是矣，而未探其語源。張相指出唐人「泥」用作「戀昵」、「糾纏」義〔註8〕，亦未探源。泥讀作昵，與「邇」、「近」並一聲之轉〔註9〕，故有「親近」、「戀昵」、「糾纏」等義。呂敏讀摸（寞）爲磨，是也。「泥寞」、「泥摸」即「昵磨」，言昵纏也。

（2）S.527：「父母生其身，朋友長其值（志）。」（P23～24）

　按：S.6537V 有同文，寧可等亦校「值」作「志」〔註10〕。據 S.8160：「故

〔註5〕　沈娟《敦煌寫本社邑文書詞語研究貳題》，西南大學 2011 年碩士學位論文，第9～10頁。

〔註6〕　呂敏《敦煌社邑文書俗字研究》，南京師範大學 2016 年碩士學位論文，第45頁。

〔註7〕　江藍生、曹廣順《唐五代語言詞典》，上海教育出版社 1997 年版，第 263 頁。白維國、江藍生、汪維輝《近代漢語詞典》，上海教育出版社 2015 年版，第 1355 頁。

〔註8〕　張相《詩詞曲語辭匯釋》卷5，中華書局 1979 年版，第 670 頁。

〔註9〕　參見蕭旭《變音複合詞舉證》「近邇、邇近、近邇」條。

〔註10〕　寧可、郝春文《敦煌社邑文書輯校》，第 55 頁。

云父母生身，朋友長志。」字正作「志」。但「值」當校作「植」，植，立也，作名詞，指所立者，即爲志。《管子・法法》：「上無固植，下有疑心。」尹知章注：「植，志。」《楚辭・招魂》：「弱顏固植。」王逸注：「植，志也。」《文選・和謝監靈運》：「弱植慕端操。」李善引王逸《楚辭》注：「植，志也。」

（3）S.527：「或有社內不諫（揀）大小，無格在席上膻（喧）拳，不聽上人言教者。」（P24）

校記：膻，據文義當即「喧」。（P27）

按：S.6537V 作「喧拳」。于李麗曰：「膻，應爲『宣』，即『宣拳』。但常寫做『揎拳』或同音假借作『喧拳』。Дx.2920《燕子賦》有『寮亂宣拳，交橫禿剔。』《敦煌變文校注》釋『宣拳』爲『卷袖捋出拳頭』，是。『喧拳』應解釋爲捋出拳頭寓意打架，如 S.3905V《上梁文》：『執□□□□□□，□能將時喧拳。』唐牛僧儒《幽怪錄》卷 4：『忽有壯士數人，揎拳露肘就床拽起，以布囊籠頭，拽行不知里數，亦不知到城郭。』」〔註11〕劉傳啓曰：「『喧拳』不成詞，擬成『揎』更佳。揎拳，即動手動粗之義。」〔註12〕于、劉讀爲揎，是也。但于君所引《幽怪錄》出卷 3；所引 S.3905V《上樑文》，實乃《與王粉堆契》，字作「宣拳」；又所引《燕子賦》，Дx.2920 無此文，P.2653、P.2491、P.3666、S.6267 各卷都作「尊拳」，《變文校注》亦未釋「宣拳」。變文中「宣拳」出 P.2718 王敷《茶酒論》：「喫了張眉豎眼，怒鬥宣拳。」P.3910 同，P.2972 作「揎拳」。黃征等曰：「『宣』即露出。『宣拳』或『揎拳』謂捋袖出拳。」〔註13〕「揎」是「宣」分別字，宣，顯露義。P.2011 王仁昫《刊謬補缺切韻》：「揎，手發衣，或作捯。」《廣韻》：「揎，手發衣也。捯，上同。」S.6204《碎金》：「揎捯：宣，勒末反。」〔註14〕唐・慧然《五家語錄》卷 2：「師乃揎拳云：『我共你相撲一交得麼？』」《輟耕錄》卷 28：「張明善作北樂府水仙子譏時云：『鋪眉苫眼早三公，

〔註11〕于李麗《敦煌契約文書詞語輯釋》，南京師範大學 2011 年碩士學位論文，第23 頁。

〔註12〕劉傳啓《〈敦煌社邑文書輯校〉補正》，《樂山師範學院學報》2014 年第 10 期，第 42 頁。

〔註13〕黃征、張涌泉《敦煌變文校注》，中華書局 1997 年版，第 431 頁。

〔註14〕P.2058 同，P.2717「宣」上有「音」字。

裸袖揎拳享萬鍾。』」元人雜曲中屢用「揎拳」。S.2615V「捋肘壇拳逞行作」，「壇」是「揎」形誤。

（4）S.1386V：「其帖立定相分付，不德（得）亭（停）滯。」（P160～161）

校記：定，當作「遞」，據文義及其他社司轉帖例改。（P162）

按：P.5032：「其帖各〔自〕示名定過者，不得停滯。」寧可等校改「定」作「遞」〔註15〕。P.3305V 作「停相分府（付）」，寧可等校改「停」作「遞」〔註16〕。在轉帖文書的套語中，如 P.3286V、P.3391V、P.3764、S.329V、S.1453V、S.5139V 都作「遞（遞）相分付」，P.3692V、P.3698V、P.3875A、P.5032、S.345V、S.6614V「遞（遞）」作「弟」。「定」、「停」皆「遞（遞）」字雙聲相轉，韻則支、耕對轉，不煩改字。S.5475：「第佛教是非。」鄧文寬曰：「『第』當校作『定』，惠昕本《六祖壇經》正作『定』。」〔註17〕亦不煩改字。S.6836：「適會此日嶽神在廟中闕第三夫人……爲定三夫人。」蔣禮鴻曰：「西北方音『定』、『第』不分。」〔註18〕S.2144V「預弟是非」，BD5298 同，黃征讀弟爲定〔註19〕，P.2777、S.3875、S.5957、Дx.10735 正作「定」。P.3763V：「粟六斗與擎大像人頓定用。」P.2040V：「麵三石五升，造送路尙書頓定用。」P.2032V：「粟壹斗，二月七日判官巡道場地頓遞用。」張小豔指出「頓定」即「頓遞」，並舉 P.3350「次定申陳」，S.5949 作「次弟」爲證〔註20〕；S.3877V 作「次遞」，張氏失引。S.5475：「非南宗定子也。」敦博本 077「定」作「弟」。S.468「定慧之功」，「定」字右旁注「弟」字。S.5949：「蹔欲提流（留）。」S.3877V「提」作「亭」，P.3350 作「停」，黃征謂「提」是「停（亭）」借字〔註21〕。S.1776：「床梯壹，除。」S.4199：「又古

〔註15〕寧可、郝春文《敦煌社邑文書輯校》，第 376 頁。

〔註16〕寧可、郝春文《敦煌社邑文書輯校》，第 286 頁。

〔註17〕鄧文寬《英藏敦煌本〈六祖壇經〉通借字芻議》，《敦煌研究》1994 年第 1 期，第 84 頁。

〔註18〕蔣禮鴻說轉引自黃征、張涌泉《敦煌變文校注》，中華書局 1997 年版，第 346 頁。

〔註19〕黃征、吳偉《敦煌願文集》，嶽麓書社 1995 年版，第 563、568 頁。

〔註20〕張小豔《敦煌籍帳文書釋詞》，《出土文獻與古文字研究》第 2 輯，復旦大學出版社 2008 年版，第 347 頁。又見張小豔《敦煌社會經濟文獻詞語論考》，上海人民出版社 2013 年版，第 354 頁。

〔註21〕黃征《敦煌寫本異文綜析》，收入《敦煌語文叢說》，新文豐出版公司印行 1997

（故）破大床廳貳，在廝庫。」張小豔指出「床梯」即「床廳」，亦即「床桯」，並舉 P.2058《開蒙要訓》「涕」、「梯」二字注直音聽，「提」注直音亭等例爲證〔註 22〕。都是其聲轉之例。這種音轉現象，並非西北方音特有，自上古已然〔註 23〕。定（停）相分付，即「遞相分付」。「遞相」爲詞，猶言交互、相互。S.1285：「其舍及物當日交相分付訖，更無玄（懸）欠。」S.1946：「其人及價互相分付。」是其證也。定過，猶言相互傳送。

（5）**北圖殷 41V：「人各鍬一張，支（枝）一束，白刺一蒯。」**（P367）

按：今編號爲 BD9520V9。P.2558 有「枝一束，白刺一丕」語，P.4017 有「亭白刺壹不束」，寧可謂「不」字衍文〔註 24〕。「不」即「丕」，蓋書手先寫「丕」，又寫其異文「束」字〔註 25〕。「蒯」從甫得聲，與「不」、「丕」一聲之轉〔註 26〕，並讀爲縛，束也，臨時用作量詞，猶今言一小捆。P.3412V 有「白刺壹束」，P.5032 有「白刺三束，枝兩束」、「白刺五束」等語。

（6）**S.5573：「曉知㳒幻，飛電不緊（堅）。」**（P529）

校記：緊，似當作「堅」，據文義改。（P532）

按：李丹禾曰：「『㳒幻』當校作『殄患』，指病患。」〔註 27〕李說全誤。緊，讀爲堅。BD0017V：「知身如幻，非（飛）電不堅。」S.5638：「之（知）身虛幻，非（飛）電不堅。」S.5573：「知身虛幻，非電不堅。」P.2058V：「知身虛幻，非（飛）電不堅。」又「知身如幻，非（飛）

年版，第 34 頁。

〔註 22〕張小豔《敦煌籍帳文書釋詞》，第 341 頁。又見張小豔《敦煌社會經濟文獻詞語論考》，第 321 頁。

〔註 23〕參見蕭旭《〈玉篇〉「浰，清浰」疏證》，收入《群書校補（續）》，花木蘭文化出版社 2014 年版，第 1896～1900 頁。

〔註 24〕寧可、郝春文《敦煌社邑文書輯校》，第 400 頁。

〔註 25〕P.3192V「其帖火急遞第相分府（付）」，「遞第」是其比。S.343：「萬神扶衛，千聖名冥資。」P.2385V、S.4992 無「名」字，「名」是「冥」音誤而衍。S.381「尋又夢感咸前說」，「咸」是「感」音誤而衍。《史記·刺客列傳》「眾終莫能就」，古字「眾」、「終」通，衍一字，《戰國策·韓策二》無「眾」字。

〔註 26〕例證參見張儒、劉毓慶《漢字通用聲素研究》，山西古籍出版社 2002 年版，第 3～4 頁。

〔註 27〕李丹禾《〈敦煌社邑文書輯校〉補正》，《敦煌研究》1999 年第 2 期，第 56 頁。

電不堅。」此皆幻讀如字、緊讀爲堅之明證。「坏幻」當作「坏幻」，
S.5957：「曉知坏幻，飛電不緊（堅）。」是其確證。「坏」古字作「坏」，
指土坏。《玉篇》：「坏，《說文》云：『一曰瓦未燒。』又作坯。」佛
家謂人身體如土坏不堅牢，是虛幻之身，故稱作「坏幻」。《慧琳音義》
卷 88：「坏幻：上配枚反。《說文》云：『坏，瓦不燒也。』」《根本說
一切有部毘奈耶藥事》卷 5：「時獨覺作念：『而我於此坏幻之身，所
作已辦，我今可入無餘涅槃。』」正作本字「坏幻」。Дx.11038：「況
某年逾耳順，坏幻交纏。」〔註 28〕又作「坏患」，P.3494：「某公曉知
坏患，深悟光隙難留。」患讀爲幻，P.2588 正作「坏幻」。又作「杯
幻」，P.2631：「自惟命多杯幻，攝衛乖宜。」原卷「幻」字下有小字
異文作「朽」。「杯」是「坏」借字，「坏幻」即「坏朽」，亦喻其虛幻
不堅耳。身如土坏，也稱作「坏質」，P.2072：「更能尋思坏質，而（如）
水之明（月之）非堅；頓悟瓶軀，比蟾光而不久。」P.2449V：「坏質
不堅，豈刹那而能保？」P.4062：「〔悟浮〕泡之若幻，體坏質而非常。」
又稱作「坏浮」、「流坏」，指土坏浮泡。P.2820：「四大坏浮，終有疲
羸之撓。」S.516：「幽谷生靈草，堪爲入道媒，樵人採其葉，美味入
流坏。」P.3717 同，P.2125「坏」作「汦」。

（7）P.3521V：「夫玉毫騰相，超十地以孤遊；金色流暉，跨（化）萬靈
　　獨出。」（P567）

　按：「跨」與「超」對舉，不當校改。P.2226、P.3765、S.5561、S.5957、Φ263＋
　　Φ326 並作「跨萬靈而獨出」，S.0474 作「誇萬靈如（而）獨出」，P.2331V
　　殘存「金色口（流）耀跨」四字。S.0343：「夸萬令（靈）而獨出。」
　　「夸」是「跨」省文，「誇」是借字。「獨出」上當據諸卷補「而」字。
　　孤遊，各卷同，獨 S.0474 作「孤猶」，借字〔註 29〕。

（8）S.1173V：「學富九丘，武當七富禮。」（P576～577）

　　　校記：甲本無下「富」字，是。（P578）

　按：原卷抄二遍，甲本指所抄第一遍。原卷下「富」字上有符號「卜」表

〔註 28〕Дx.11038 凡二見，另一處誤作「𢀖𤤴」。
〔註 29〕參見趙靜蓮《〈敦煌社邑文書輯校〉補正十七則》，《圖書館理論與實踐》2011
　　　年第 1 期，第 53 頁。龔元華《英藏敦煌社會歷史文獻釋文語言文字研究》，
　　　廣西大學 2012 年碩士學位論文，第 62 頁。

示刪除，不當錄。原卷「禮」作「札」，當錄作「札」，甲本不清晰。P.2058V：「覽九經而出眾，行七札以超郡（群）。」原卷作「札」，亦當錄作「札」〔註30〕。P.3566 有殘文，作「覽九口口（經而）出眾，行七札以超口（群）。」「七札」乃用養由基善射之典。《左傳・成公十六年》：「潘尫之黨，與養由基蹲甲而射之，徹七札焉。」《韓詩外傳》卷 8：「景公以爲儀而射之，穿七札。」

（9）S.5875：「十善扶，百靈影衛。」（P581）

　　校記：「十善扶」三字，疑有脫文。（P582）

按：「扶」下脫「持」字。S.4081：「六善扶持，百靈影漸（衛）。」〔註31〕《轉經行道願往生淨土法事讚》卷 2：「天神影衛，萬善扶持。」

（10）P.3980：「故得如來受手，菩薩加威，內外咸安，尊卑納慶。」（P582）

按：受，P.3545 作「援」。「援」是「授」形譌，「受」是省借字。《大寶積經》卷 54：「唯願今者放光如來授手安慰。」

（11）CH.IOL.77：「平生拀（垢）障，口口水以長消；宿息塵榮，佛（拂）慈光而永散。」（P583～584）

按：P.2341：「平生垢重，沐法水以長消；宿昔塵勞，拂慈光而永散。」（凡二見）S.0343「而」作「如」，餘同；P.2385V「長消」作「雲消」，餘同；Дx.0141V「宿昔」誤作「宿苦」，「慈光」作「慈雲」，餘同。此卷缺文補「沐法」二字。「宿息」讀作「宿昔」，與「平生」對文，莫高窟第 192 窟《發願功德讚文》亦作「宿昔」。P.3540：「昔苦盡原，普共成佛。」P.2701、S.223、S.453「昔」作「息」。「塵榮」當作「塵勞」。P.2385V「雲消」當校作「長消」，與「永散」對文。BD0017V：「唯願三千垢累，沐法水以雲（長）消；八萬塵勞，拂慈光而永散。」〔註32〕亦足參證。

〔註30〕黃征、吳偉《敦煌願文集》錄作「礼」而校作「札」，嶽麓書社 1995 年版，第 251 頁。

〔註31〕黃征、吳偉《敦煌願文集》校「漸」作「衛」，第 173 頁。

〔註32〕P.2058V、P.3282V、P.3362V、S.0343、S.5573 同，S.6417「拂」作「弗」，「而」作「如」；BD7824V3「拂」作「佛」，「而」作「如」，「永」作「淨」；Дx.4433 有「消」以下殘文，「拂」作「弗」。

（12）CH.IOL.77：「惟願☐☐☐☐☐ 功德時增；法水洗而罪垢除，福力資☐
☐壽命遠。」（P584）

按：S.5957：「惟願菩提日長，功德時增；法水洗而罪垢除，福力資而壽命
遠。」〔註33〕此卷缺文可據補「菩提日長」及「而」字，「資」下缺文
當是一字。

（13）CH.IOL.77：「然後闔家大小，𡧖（？）保休宜；遠☐之羅，咸蒙吉
慶。」（P584）

按：趙家棟說「𡧖」是「永」訛文〔註34〕。「遠」下缺文當是「近」字。
之羅，葉貴良讀作「枝羅」〔註35〕，是也。BD7824V3：「合宅之羅，
咸蒙吉慶。」P.2237：「內外之羅，咸蒙吉慶。」二例黃征等早校「之」
作「枝」〔註36〕，而葉氏失檢。Φ263＋Φ326：「然後闔家〔長〕幼，都
崇清淨之因；內外之羅，並〔受〕無境之益。」P.3084＋P.3765、S.5957、
S.6417 同句都作「枝羅」，尤為確證。P.2578《開蒙要訓》「芙蓉枝草」
之「枝」注直音「之」。字亦作「支羅」，S.8178：「合家大小，並報（保）
清宜；遠近支羅，咸蒙吉慶。」又考 P.2226V：「然後合家大小，並保
休宜；遠近親姻，咸蒙吉慶。」S.5561：「然後家眷大小，並保休宜；
遠近親羅，咸蒙吉慶。」P.2854：「亦願官吏，克保休宜；法界有情，
同賴斯☐（慶）。」又「亦願諸親眷屬，並報（保）休宜；法界有情，
同賴斯慶。」P.2481：「合門宗眷，永保休宜；凡厥親姻，俱蒙福利。」
S.0343：「為（惟）願諸親眷屬，恒保休宜；法界有情，用賴斯慶。」
P.2631：「亦願諸親眷屬，恒報（保）休宜；法界有情，同賴斯慶。」
諸文並足相證。P.2237V：「合家大小，並〔保休〕宜；遠近親姻，咸
蒙吉慶。」「並」下脫「保休」二字，黃征等補作「沐休」〔註37〕，
得失參半。P.3545：「家族大小，並休休宜；內外親姻，咸蒙吉慶。」
上「休」字當作「保」。

〔註33〕 S.5637、P.3765、Φ263＋Φ326 同，S.5640 二「而」作「如」，「資」作「茲」，
餘同。
〔註34〕 此是趙家棟博士與我討論時的意見，下引其說未列出處者亦同。
〔註35〕 葉貴良《敦煌社邑文書詞語選釋》，《敦煌研究》2004 年第 5 期，第 79 頁。
〔註36〕 黃征、吳偉《敦煌願文集》，第 625、710 頁。
〔註37〕 黃征、吳偉《敦煌願文集》，第 738 頁。

（14）S.8178：「**□佛見劫（潔）濁未清，若輪而不息，法雖無得，緣則常慈大。聲隨類而必▭物而皆洽。志聖之作，豈詿也哉！**」（P587）

按：原卷「若」作「苦」，「物」上有「稱」字尚可辨識。原卷「詿」作「」，當錄作「誈」，是「誣」俗訛字。《龍龕手鏡》：「誈：俗。誣：正。」S.5463《開蒙要訓》：「勿忘（妄）謗。」「」亦是「誣」〔註38〕，可以比勘。P.3706：「誈謗君父，平薄師長。」又「強誈良善，憎嫉賢人，故獲斯罪。」又「誈傍（謗）賢善，輕慢尊長。」皆作此字形。「劫」讀如字，「大聲」連文，「洽」讀作「合」，「志」讀作「至」。「劫濁」是五濁（劫濁、見濁、煩惱濁、眾生濁、命濁）之一。「苦輪」是佛典常語。苦輪不息，謂苦於輪回而不停止。Дx.0141V：「諸仏見劫濁未清，苦輪不息，法雖無得，緣則常慈。大聲隨類而必告，一兩稱物而皆合。志（至）聖之作，豈其（欺）也哉！」可據以校補。S.4992：「諸佛見劫濁未清，告（苦）輪不息；法雖難得，緣則常慈。大聲隨穎（類）而必告，〔一〕兩稱物而皆洽（合）。志（至）聖之作，豈其（欺）者哉云云。」〔註39〕雖有脫誤，亦足參證。

（15）S.8178：「**乃相謂曰：夫益者□□，合契一志。雖居世綱之內，而慮出形體之外。遂胥現生之津路，聚來□□互習，六齋旬（循）環累月。**」（P587）

按：原卷「居」作「枸」，當是「拘」俗字〔註40〕；「綱」作「」，當錄作「網」；「胥」作「」，當是「咠」形誤，借作「葺」。「益者」下缺字當補「三友」。S.4992：「乃相謂曰：『……夫盆（益）者三友，宜合契一志。雖抅（拘）世網之內，而慮出形骸之外。』遂葺現生之津路，聚來報之資糧；互習六齋，修（循）環累月。」〔註41〕末二句亦當據校補。「益者三友」語出《論語・季氏》。

〔註38〕參見黃征《敦煌俗字典》，上海教育出版社2005年版，第430頁。

〔註39〕黃征、吳偉《敦煌願文集》「告輪」失校，「類」誤作「穎」，脫「皆」上「而」字，第141頁。

〔註40〕趙靜蓮《〈敦煌社邑文書輯校〉補正十七則》已經指出當作「拘」，《圖書館理論與實踐》2011年第1期，第52頁。

〔註41〕黃征、吳偉《敦煌願文集》「盆」字失校，「爲」誤作「口（恒）」，「撥」誤作「撥」，第141頁。

（16）S.8178：「惟齋主某公宿善口口知因果；敬信為念，崇重居懷。」（P587）

按：S.4992：「惟齋主公宿植善緣，早知因果；敬信爲懷，崇重無掇（輟）。」〔註42〕此卷「宿」下脫「植」字，缺字據補「緣早」二字。

（17）S.8178：「是以徑捨珍口之引，供於是（釋）釋（氏）廷（庭）宇儼尊容，蘆（爐）焚海抨（岸）香，供烈（列）天廚撰（饌）。」（P587～588）

按：原卷「焚」作「樊」，當是「焚」音誤。S.4992：「是以佺（佺－徑）捨珎（珍）修（羞），今（令）之引供。於是云云。」〔註43〕此卷當於「引供」斷句。趙家棟曰：「『引』字當爲『列』字形訛，『列供』指陳列的供品。『於是』爲承接連詞。『釋』爲動詞，『釋廷（庭）宇』與『儼尊容』相對。『釋』爲『拭』之音借，擦拭、掃拭義。『拭』又與『飾』同源通用，《周禮・地官・封人》鄭玄注：『飾，謂刷治潔清之也。』《釋名》：『飾，拭也。物穢者，拭其上使明。』整句當校讀爲：『是以徑捨珍口〔財〕，口之（？）引（列）供，於是釋（拭）廷（庭）宇，儼（嚴）尊容，蘆（爐）焚海抨（岸）香，供烈（列）天廚撰（饌）。』」〔註44〕趙說是也，上圖 060：「是日也，飾庭宇，儼尊容，金爐焚海岸之香，玉饌下天廚之味。」正作「飾庭宇」。S.2832：「於是詣寶察（刹），拭蓮宮。」P.2449V：「故開紺殿，瑩飾蓮宮。」又「故開清刹，營飾蓮宮。」亦作「飾」、「拭」。P.4536V：「於是灑庭宇，嚴道場，焚名香，列珍饌。」文例相同。S.4992 作「於是云云」者，「於是」下是願文套語，故用「云云」表示省略。

（18）S.8178：「惟願獲功德身，成菩提心；拔煩惱生死之口，解脫堅宰之果。」（P588）

按：原卷「宰」作「窂」，乃「牢」俗字；「解」上殘存字的右旁「乍」。

〔註42〕黃征、吳偉《敦煌願文集》「抅」誤作「构」，「聚」誤作「望」，第 141 頁。
〔註43〕黃征、吳偉《敦煌願文集》「佺」誤作「便（遍）」，「珎」誤作「弥」，「修」字失校，第 141～142 頁。
〔註44〕趙家棟《敦煌文獻疑難字詞研究》，南京師範大學 2011 年博士學位論文，第 224～225 頁。

　　S.4992：「願獲功德身，成菩提心；拔煩惱之災，作解脫堅牢之果云云。」〔註45〕

（19）S.8178：「惟願身安體固同山嶽，口福益命，增等靈泉而不竭。」（P588）

　按：趙靜蓮指出原卷「山嶽」下有「而」字，當讀作：「惟願身安體固，同山嶽而〔口口〕；福益命增，等靈泉而不竭。」〔註46〕趙說是也，「同山嶽」與「等靈泉」是對文。S.6417：「福將山嶽以齊高，壽等海泉而深遠。」〔註47〕P.2058：「福將山嶽與（以）齊高，受（壽）等海泉如（而）深遠。」P.3149：「次伏爲某公己躬延壽，同五嶽而齊崇；天公主、少（小）娘子、郎君比西滇而不竭諸之所作也。」P.3262：「次伏爲尚書己躬鴻壽，應山嶽而永昌；公主、夫人寵榮祿而不竭。」〔註48〕S.5957：「天地盡而福不窮，江海傾而祿不竭。」諸文文義並近。

（20）P.4536V：「越愛染之燾林，悟真如之境界。」（P597）

　　校記：之燾，P.3545、P.3765、S.6923V 均作「於稠」。（P599）

　按：燾林，除寧可指出者，S.5640、BD7824V2、Дx.11070 亦作「稠林」，Дx.07179 殘文同。古音壽、周相通〔註49〕，「燾」是「稠」音轉借字，稠密也。《史記・龜策列傳》：「上有燾蓍，下有神龜。」《索隱》：「燾音逐留反。『燾』是古『稠』字也。」《史記・禮書》《索隱》：「幬，音稠。」皆是其證。《雜阿含經》卷 20：「尊者摩訶迦旃延在稠林中住。」聖本「稠」作「籌」，亦是借字。越，各卷同，獨 S.5640 作借字「悅」。《方廣大莊嚴經》卷 11：「越生死稠林，故名爲商主。」

（21）P.3362V：「挹人（仁）義於交遊，熟信行於鄰里。溫恭元夫，禮樂周身。」（P601）

　按：「元夫」當作「无失」，形近而譌。Дx.04964V 有殘文「行於鄰里，溫恭

〔註45〕黃征、吳偉《敦煌願文集》「心」誤作「路」，「惱」誤作缺文，第 142 頁。
〔註46〕趙靜蓮《〈敦煌社邑文書輯校〉補正十七則》，《圖書館理論與實踐》2011 年第 1 期，第 52 頁。
〔註47〕P.2807、P.2915 同，S.4537、S.4625「將」作「比」，餘同。
〔註48〕S.5589「鴻」作「延」，餘同。
〔註49〕例證參見張儒、劉毓慶《漢字通用聲素研究》，山西古籍出版社 2002 年版，第 113～114 頁。

无失」八字，可助校正。趙家棟說「挹」當作「抱」，「熟」當作「執」。

（22）P.2820：「牛巡海眾之前，魚梵遶螭梁了。石勝利既作諸佛，必鑒於丹冊（「冊」字衍）誠；景福斯隆，賢聖照臨於私懇。」（P608）

按：原卷「巡」作「𨑕」，原卷「了」作「之」。當讀作：「牛𨑕〔焚〕海眾之前，魚梵遶螭梁之石。勝利既作，諸佛必鑒於丹誠；景福斯隆，賢聖照臨於私懇。」我舊說云：「『𨑕』疑『𩠐』之缺訛（苗昱博士說），『𩠐』即『首』古字。此句疑作『牛首〔焚〕海眾之前』，補『焚』字。牛首，即『牛頭』，指栴檀香。海眾，指僧眾。螭梁之石，當作『欐梁之后』。『后』用同『後』。《列子·湯問》：『昔韓娥東之齊，匱糧，過雍門，鬻歌假食，既去，而餘音繞梁欐，三日不絕。』S.5957：『魚山梵靜，梁塵故飛；虹（紅）海香停，院煙猶馥。』亦以『魚山梵』與『紅海香』對舉。」〔註50〕P.2820：「梁塵落而魚梵清，貝葉開而柳煙燢。」亦用「繞梁」典寫所奏魚梵之音。

（23）P.3276V：「早智（知）色身不實，夙曉四大非賢（堅）。」（P613）

校記：賢，當作「堅」，據文義改。（P616）

按：賢，讀作堅。《廣雅》：「賢，堅也。」《御覽》卷402引《風俗通》：「賢，堅也，堅中廉外。」字本作「臤」，《說文》：「臤，堅也，古文以爲賢字。」「色身不實」與「四大非堅」只是一義，是說身體如泡幻飛電，虛假不堅牢，此佛家常識。

（24）P.3276V：「燈（燈）光朗眃，普照阿鼻。」（P613～614）

校記：燈，當作「燈」，據文義改。（P616）

按：眃，原卷作「晄」，當錄作「曜」。P.3561：「年矢每催，羲暉朗曜。」S.1924：「日月輪回，星辰朗曜。」字亦作耀，S.3071：「今故立齋燒香，然（燃）燈朗耀諸天。」（凡二見）

（25）P.3276V：「功德寶聚，念念慈繁；如吞花智，詮己善芽，運運增就而（如）秋菜（葉）。」（P614）

校記：菜，當作「葉」，據文義改。（P616）

按：原卷「詮己」作「𡉉巳」，當是「彗」字誤書，讀爲慧。「吞」當作「天」，

「慈」讀作「滋」。當讀作：「功德寶聚，念念慈繁如天花；智慧善芽，運運增就而（如）秋荣（葉）。」BD0017V：「功德寶聚，念念滋繁；智惠善牙，運運增長。」S.6417、BD7824V3「滋」作「慈」，「增」作「曾」；BD7824V3「寶」作「保」；P.2058V、P.3282V、P.2915、S.0343「智惠」作「福智」；P.2058V、P.3282V「滋」作「茲」，其餘皆同BD0017V。P.4062：「（上殘）慈繁；福智善牙，運運增長。」「寶」、「滋」、「慧」、「芽」、「增」是本字，其餘異文皆借字。但說智慧善芽運運增就「如秋葉」，頗爲不倫，疑是誤書。

（26）P.2483：「知四大而無注（主），橈（識）五蘊而皆空。」（P619）

校記：注，當作「主」，據 P.3362V 改。橈，當作「識」，據 P.3362V 改。（P621）

按：卷號 P.2483，此書誤作 P.2843。注，P.4012、S.0663、S.1441V 同，P.2058V、P.4062、S.5573、Φ263V＋Φ326V、BD0017V 亦作「主」。佛家說四大假合成身，故言「无主」。《維摩詰所說經》卷中：「四大合故，假名爲身；四大無主，身亦無我。」《維摩經略疏》卷 7：「四大無主，無主故即無我。」《禪祕要法經》卷 1：「如此火者從四大有，我身空寂，四大無主。」黃征等校「注」、「主」作「住」〔註51〕，非是。橈，BD0017V 作「識」。當校「橈」作「曉」，與「識」同義，P.4012、S.0663、S.1441V、S.4428、S.5573 正作「曉」，P.2058V、P.4062、Φ263V＋Φ326V 脫此字。S.4458「曉知五蘊」，亦足旁證。S.0663 脫「四大」前「知」字，當據各卷補。

（27）S.5593：「福隨日次增榮，罪彫林而變滅。」（P629～630）

按：「罪」下脫一字，疑補「如」或「若」、「同」等字。S.5161：「福用（同）春樹，吐荣（葉）生花；罪如秋林，隨風飄落。」〔註52〕P.2526V：「福如春草，不種自生；罪若秋林，隨風雕（凋）落。」〔註53〕秋林隨風凋落，故稱作「彫林」。

〔註51〕黃征、吳偉《敦煌願文集》，第 35、268、545、639 頁。
〔註52〕P.2226、P.2231V「罪如秋林」作「罪若稠秋」，「飄」作「雕（凋）」。
〔註53〕S.5637「隨風雕落」作「霜隳彫落」；Дx.10256 脫「自」字，「林」誤作「相」，「隨風雕落」作「霜雕（凋）而落」。

（28）P.4012：「加以妙因宿殖，善芽發於今生；業果先登，道心堅於此日。」（P633）

按：登，Φ263V＋Φ326V同，P.2058V、S.0663、S.5573、BD0017V作「淳」，P.2483作「停」。「停」是「淳」形譌，P.2226：「識達精停。」黃征等校「停」作「淳」〔註54〕，是也，P.2331V、P.3541正作「淳」字。淳，淳熟，與「登」同義。

（29）P.3765：「〔須（雖）居〕欲納（綱）之內，心攀正覺之書。」（P637～638）

校記：須（雖）居，據甲、乙二本補。納，乙本同，甲本作「綱」。須（雖）居欲納（綱）之內，丙本作「往依佛前」。書，甲、丙二本同，乙本作「盡」，疑誤。（P642）

按：甲、乙、丙三本分別指S.5957、P.3172、P.2854V。但校記不準確，所謂「綱」，乃「網」俗字，又失校他卷。茲重校如下：S.5957、P.3276V作「須居欲網之內，心攀正覺之書」，P.3172作「須〔居〕欲納之內，心攀正覺之盡（書）」〔註55〕，P.2854V作「居𡆥往依佛前，心攀正覺之書」，P.3765作「〔雖居〕欲納之內，心攀正覺之書」，P.3545作「雖昇居炊網之內，而心攀正覺之書」，Φ263＋Φ326作「須居欲網之內，心攀正覺之書」，S.5638作「雖昇〔居〕欲網之內，而〔心〕攀正覺之書」〔註56〕，S.6923作「雖昇居欽欬之內，而心攀正覺之書」，Дx.1008殘存「須……覺之書」四字。趙鑫曄合校上舉一部分寫卷，云：「完整句式作『雖昇居欲網之內，而心攀正覺之書』。『昇』通『身』。『書』通『樹』，『正覺之樹』即『覺樹』，菩提樹也。『𡆥』疑為『身』字之草書。『往依佛前』不詳，疑為齋主祈願時的動作記載，而非『欲網之內』的誤抄。『頃』乃『須』字之訛，『須』通『雖』。『欽』為『欲』的誤寫，P.3545又訛成『炊』。『欬』原卷字形作『𱎶』，為『網』字之

〔註54〕黃征、吳偉《敦煌願文集》，第317頁。但黃氏校「達」作「見」則誤，P.3541亦作「達」；P.2331V作「建」，是「達」形訛。P.2631：「文高二陸〔之〕前，識達百家之外。」S.4642：「使君識達時政，風惠通明。」亦其例。

〔註55〕黃征、吳偉《敦煌願文集》「須」誤錄作「頃」，第516頁。敦煌寫卷「須」、「頃」二字形近互混。

〔註56〕黃征、吳偉《敦煌願文集》「書」誤錄作「盡」，第414頁。

誤，而 P.3172 又訛成『納』。」〔註 57〕趙君說是也，李丹禾亦謂「納」是「網」俗字之誤〔註 58〕。P.2820「弟子久攀覺樹，曩契宗源」，S.2832「莫競暮（慕）空門，爭攀道樹」，S.5639「似攀無憂之樹」，皆讀「書」爲「樹」之證。「攀」同「攁」，《說文》：「扟，引也，從反廾。攁，扟或從手從樊。」

（30）P.2237V：「惟賢邑乃自云長居大也，榮故昏，火宅恨以重關嶮路矢（失）其明。敬將願但藥王知先貴道，喜見諸高縱。」（P644）

按：黃征錄作：「惟賢邑乃自云長居大也（夜），榮（永）故昏〔衢〕，火宅恨（限）以重關，嶮路矢（失）其明敬（徑）。將願保樂王知（之）先貴，道（遵）喜見諸（之）高蹤。」〔註 59〕黃氏斷句是也，但校文也有失誤。P.2767V：「惟某長居大夜，永固昏迷；火宅限以重關，險路失其口口。口口口口口口，導善見之高蹤。」Дx.7198+Дx.4964V殘文作：「惟賢邑乃自云（下殘）重關，嶮路失其名（明）（下殘）諸（之）高蹤。」〔註 60〕原卷「昏」下空一格，當據 P.2767V 補「迷」字。趙鑫曄曰：「P.2767V 可據校。『固』通『錮』，囚禁之義。」又曰：「保，原卷作『但』，當即『俱』，『俱』當通『繼』，樂，原卷作『藥』。『貴』當通『軌』，二者音近。且 P.2767 上句雖殘缺，但是最後一字剩餘的偏旁是『車』，是『軌』的可能性較大。『軌』即高尚的道德規範。『道』校作『遵』，是。此句當校作：『將願俱（繼）藥王知（之）先貴（軌），道（遵）喜見諸（之）高蹤。』」〔註 61〕趙君讀貴爲軌，是也；但軌當訓軌道。但，讀爲徂、迌，行也。縱，讀爲蹤。道、導，讀爲蹈，踐也、躐也。《漢書・揚雄傳》《河東賦》：「軼五帝之遐跡兮，躡三皇之高蹤。」《後漢書・逸民列傳》：「樂以忘憂，將蹈老氏之高蹤。」《晉書・陳敏傳》：「躡桓王之高蹤，蹈大皇之絕軌。」《瑜伽師地論》卷 1：「胎彰辯慧，躡身子之高蹤；生稟神奇，嗣摩什之芳軌。」《大唐大慈恩寺三藏法師傳》卷 9：「追淨眼之茂跡，踐月蓋之高蹤。」

〔註 57〕趙鑫曄《敦煌佛教願文研究》，南京師範大學 2009 年博士學位論文，第 203 頁。

〔註 58〕李丹禾《〈敦煌社邑文書輯校〉補正》，《敦煌研究》1999 年第 2 期，第 58 頁。

〔註 59〕黃征、吳偉《敦煌願文集》，第 537 頁。

〔註 60〕二卷之綴合，可參看趙鑫曄《俄藏敦煌殘卷綴合八則》，《藝術百家》2010 年第 6 期，第 174 頁。下同。

〔註 61〕趙鑫曄《敦煌佛教願文研究》，南京師範大學 2009 年博士學位論文，第 215 頁。

文例皆同。P.2767V「善見」爲「喜見」之形誤。喜見菩薩爲藥王菩薩之前身。

（31）P.2237V：「遂能憍智相於玄門，啟（乞）成佛於仁道。」（P644）

按：趙鑫曄曰：「P.2767 此句有殘損：『遂能翹至想於玄門，罄誠□□□□。』『佛』原卷作『心』。『憍』通『翹』，表露之義。『智相』通『至想』，謂至深之思慕也。『成』通『誠』。『啓』、『罄』皆通，可並存。」〔註62〕原卷作「佛」俗字，不是「心」；「仁」作「正」。誠，讀爲成，趙說傎矣。Дx.7198 殘存「遂能憍智於」五字（脫「相」字）。趙君讀「憍智相」爲「翹至想」，是也。S.5640：「加以歸心大覺，翹想玄門。」P.2761：「每想玄門，勿恡卑場。」皆其旁證。「罄」當是「啓」誤書。啓，開導。

（32）P.2237V：「乃於新年啟示之日，初春上月，諸神員施，久忍之倫，當於寶塔之側。」（P644～645）

按：原卷「啓示」作「啓正」。黃征錄作：「乃於新年啓正之日，初春上月諸神（之辰），員（遠）施久忍諸（之）倫當（黨）於寶塔之側。」〔註63〕原卷「諸倫」作「知倫」，二家錄文皆失眞。P.2767V：「新年啓正之日，初春上月之辰，爰施九仞之輪，當茲□□□□。」Дx.7198 殘文作：「（上殘）年啓正諸（之）日，初春上月諸（下殘）塔知（之）側。」黃氏讀「諸神」爲「之辰」是也。趙鑫曄讀作「員（爰）施久忍知倫（九仞之輪），當於寶塔之側」〔註64〕，亦是也。P.3765：「厥今合邑諸公等乃於新年上律，肇啓加晨（嘉辰），建淨輪於寶坊，燃惠（慧）燈於金地者。」P.2058V、P.2854V、P.3172、P.3545、S.1441V、S.5638、S.5957、Дx.1008 各卷有相近之文，可以互校，重要異文是 P.3545「淨輪」作「炬（巨）輪」，P.2058「燃惠燈」作「然俊燈」。「九仞之輪」即「巨輪」。

（33）P.2237V：「期登乃每良惠狗，娥如西漢相連；壹凍橫開，律共煙假（霞）競遠。」（P645）

按：黃征錄作：「期登（其燈）乃每良（梅梁）惠狗（普照），〔□〕娥以（與）

〔註62〕趙鑫曄《敦煌佛教願文研究》，南京師範大學 2009 年博士學位論文，第 215 頁。
〔註63〕黃征、吳偉《敦煌願文集》，第 537 頁。
〔註64〕趙鑫曄《敦煌佛教願文研究》，南京師範大學 2009 年博士學位論文，第 216 頁。

西漢相連；圭凍（桂棟）橫開，〔囗〕律共煙假（霞）竟（競）遠。」
〔註65〕黃征錄文較準確，但「竟」原卷作「覔」，即「競」俗字。Дx.7198
殘文作：「期（其）燈囗（乃）每良（梅梁）囗（下殘）律供（共）煙
叚（霞）竟（競）遠。」趙鑫曄曰：「P.2767：『梁構嵯峨，與星漢相連；
桂棟橫開，囗囗囗囗囗。』此數句可校爲：『期登（其燈）乃每良（梅
梁）惠狗（危構），〔嵯〕娥（峨）以（與）西（星）漢相連；圭凍（桂
棟）橫開，〔囗〕律共煙假（霞）竟（競）遠。』『危構』即高聳之建築
物。」〔註66〕趙君說大致是也，惟「惠狗」與「橫開」對文，疑當作「豎
抅（鈎）」。「西」爲「星」變音，S.5949：「更深月朗，西斗（斗）齊明。」
D246同，P.3350作「星」。黃征讀西作星〔註67〕。P.3350：「〔月〕落星
光曉，更深恐日開。」S.5515「星」作「西」。S.5475：「不能了見日月
西辰。」敦博本077、BD.4548V「西」作「星」。都是其例。「〔囗〕律」
與「嵯峨」對文，當是形容詞，疑當作「屈（倔）律」或「鬱律」，狀
其形勢鬱結不散貌。《文選・江賦》：「氣瀚渤以霧杳，時鬱律其如煙。」
李善注：「鬱律，煙上貌。」

(34) P.2237V：「宜燈土（吐）其誅（珠）焰，禮日爭明；龍燭了其周
暉，更義金剛知吉，法才（財）日富，給孤知（之）寶盈家；天
服時嚴，滿月齊眼空鍾（中）九蘭，上通有頂，知天虛慮，令籠
下昭阿毗地狹。」（P645）

按：原卷「宜」作「冥」，「吉」作「苦」，「眼」作「眼」，「九」作「丸」。
「眼」是「朗」俗字，《玉篇》：「眼，明也。」黃征錄作：「冥（明）
燈土（吐）其誅（珠）焰，禮日爭明；龍燭了其周暉，更義（儀）金
剛。知苦法才日富給孤，知（珠）寶盈家，天服時嚴，滿月齊朗。空
鍾（中）九蘭，上通有頂知（之）天；虛慮令（金）籠，下昭（照）
阿毗地獄。」〔註68〕Дx.7198+Дx.4371V殘文：「冥（明）燈囗（吐）
其（下殘）暉，更義（擬）金囗（下殘）嚴，滿月齊眼。空鍾（中）

〔註65〕黃征、吳偉《敦煌願文集》，第537頁。
〔註66〕趙鑫曄《敦煌佛教願文研究》，南京師範大學2009年博士學位論文，第216
頁。
〔註67〕黃征《敦煌俗音考辨》，收入《敦煌語文叢說》，新文豐出版公司1997年版，
第137頁。
〔註68〕黃征、吳偉《敦煌願文集》，第537頁。

（下殘）㷖（照）阿毗地獄。」Дx.1309+Дx.1310+Дx.1316+Дx.2969+Дx.3016+Дx.3024+Дx.3153+Дx.3159：「惠命逾長，擬金剝（剛）之固；法財日富，給孤之寶盈家；天服時嚴，提伽之繒滿庫。」趙鑫曄曰：「P.2767：『囗燈吐其朱焰，麗日爭明；龍燭曜其丹輝，滿囗囗囗囗。』又同卷：『惠（慧）命逾長，更囗囗剛之固。法財日富，給孤之寶盈家；天服時嚴，提伽之繒滿庫。』P.3806：『惠命逾長，更凝金剛之固。』『凝』當通『擬』，比也。故本卷可校點爲：『冥（明）燈土（吐）其誅（朱）焰，禮（麗）日爭明；龍燭了（燎）其周（丹）暉，更義（擬）金剛知苦（之固）。法才（財）日富，給孤知（之）寶盈家；天服時嚴，滿月齊朗。』且疑『更義（擬）金剛知苦（之固）』與『滿月齊朗』二句互爲錯簡。又『天服時嚴』下應接『提伽之繒滿庫』，本卷抄成『更義（擬）金剛知苦（之固）』，與『天服時嚴』毫無關聯。」趙君又曰：「P.2767：『囗囗囗囗，上通有頂之天；虛裏昑曨，下照阿鼻地獄。』『九』原卷實爲『丸』。丸蘭，通『煥爛』。P.3672：『夜現神燈，層層煥爛而星集。』與本段義同。『慮』通『裏』，『虛裏』與『空中』同義。『令籠』、『昑曨』，通『玲瓏』，明徹貌。此句當校點爲：『空鍾（中）丸蘭（煥爛），上通有頂知（之）天；虛慮（裏）令籠（玲瓏），下昭（照）阿毗（鼻）地獄。』」〔註69〕趙君說皆是也，古音魚部與之部旁轉，故「慮」可讀爲「裏」。另外趙君又曾檢示，P.2547：「（上殘）其丹暉，與滿月而齊朗；空中煥爛（下殘）。」正作「丹暉」、「空中煥爛」。「丸蘭」、「芄蘭」、「汍瀾」、「汍蘭」、「萑蘭」、「煥爛」並同源，中心詞義爲「四散」、「分散」〔註70〕。

（35）P.2237V：「惟願慈喜滿成（城），定惠僧（增）榮；爲蒼生之潛良，洪作法之住（柱）食（石）。」（P645）

按：黃征錄作：「惟願慈喜滿戒，定惠僧（慧增）榮；爲蒼生之良洪（肱），作法〔門〕之住食（柱石）。」《校記》謂「良洪」上衍一「潛」字〔註71〕。原卷作「戒」俗字，不是「成」字。二家各有得失。P.2237V

〔註69〕趙鑫曄《敦煌佛教願文研究》，南京師範大學 2009 年博士學位論文，第 216～217 頁。

〔註70〕參見蕭旭《「煥爛」考》，收入《群書校補（續）》，第 2419～2423 頁。

〔註71〕黃征、吳偉《敦煌願文集》，第 537～538 頁。

另一篇有同文，黃征校錄作：「伏願威光倫（轉）勝，戒定惠僧（增）；永爲蒼生之良弘（肱），〔長〕作法門之住食（柱石）。」〔註72〕黃征補「長」字，是也。S.4536：「長爲社稷之深慈，永口（作）蒼生之父母。」文例相同。S.4081：「戒定惠增，慈悲喜滿。」BD0017V：「惟願戒定惠增，慈悲喜滿；爲口口之道（導）首，作三有之津良（梁）。」又「諸佛灑甘露，菩薩施醍醐；戒定惠增，慈悲喜滿。」Дx.4371V殘文：「惟願慈（下殘）蒼生之潛良洪，作法門（下殘）。」「潛」字確爲衍文，「慈」下脫「悲」字。此卷當校補作：「惟願慈〔悲〕喜滿，戒定惠僧（增），榮（永）爲蒼生之良洪，〔長〕作法〔門〕之住（柱）食（石）。」願文常以「慈悲」與「戒定」作對文，如 P.2481：「戒定雙修，慈悲並運。」榮，讀爲永。P.2237V「榮故昏〔迷〕」，P.2767V作「永固昏迷」。P.2237V：「謂（位）列名宮，同山何如榮故（河而永固）。」又「燕撫（偃武）修文，榮（永）無正（征）戰。」〔註73〕P.3545、P.3765 並有「國泰安人，永無征戰」。都是其證。P.2255：「惟願榮爲轉（輔）德，歡愚（娛）告鄉。」依黃征校錄〔註74〕，榮亦當讀作永，黃氏則失校。良洪，趙家棟讀作「梁栱（拱）」。

（36）P.3276V：「加以深謀志榮，能帖淨於四方。」（P646）

按：榮，原卷作「𥝲」，當錄作「策」，乃「策」俗字。下文「而乃悟世榮是結苦之本」，原卷「榮」作「𣛻」，字形上部明顯不同。帖，原卷作「怗」。志，讀爲智。志策，即「智策」。淨，讀爲靜。《廣雅》：「怗、安，靜也。」《玉篇》：「怗，服也，靜也。」「怗靜」同義連文，寫卷習見，如 P.2649「獲內外而怗靜」，P.2058、P.3494、S.6923「怗靜西戎」，P.3566「四維怗靜」，S.5957、S.6417「怗靜六戎」，皆其例也。

（37）P.3276V：「金枝誕質，玉葉際生。」（P647）

按：李丹禾曰：「際當讀作濟，成也。『濟生』是成就人生當意思。」〔註75〕李說非是，「際生」不辭。原卷「際」作「㳿」，趙家棟說「際」當是「降」誤書。「降生」、「誕質」同義對舉。

〔註72〕黃征、吳偉《敦煌願文集》，第 459 頁。
〔註73〕皆據黃征、吳偉《敦煌願文集》校錄，第 459 頁。
〔註74〕黃征、吳偉《敦煌願文集》，第 551 頁。
〔註75〕李丹禾《〈敦煌社邑文書輯校〉補正》，《敦煌研究》1999 年第 2 期，第 58 頁。

（38）P.2058V：「人修十善之因，都離三塗之苦」（P649）

按：都，原卷作「永」。黃征錄「人」作「又」，「永離」作「益聚」〔註76〕，
　　亦誤。

（39）P.3282V：「狀若空裏而分星，口天邊而布月。」（P652）

按：P.2588：「狀若空裏之分心（星），如天邊之布月。」Дx.0350+Дx.0728+
　　Дx.0989+Дx.6797：「狀若定（空）裏而分皇（星），直似天邊而布月。」
　　〔註77〕BD6132V2：「狀若空利（裏）之分星，似天邊之補（布）月。」
　　P.3545：「銀燈晃耀，狀空裏之分星；皎潔凝清，似天邊之布月。」
　　P.3497：「於是燈花焰散，若空裏之分星；習炬流暉，似高天之布月。」
　　S.4506：「其燈乃良霄燈焰，若寶樹之花開；淨（靜）夜流暉，似天邊
　　之布月。龍神夜睹，賢聖潛來；扶（狀）空裏之分星，對天堂之勝燭。」
　　〔註78〕據此缺字可補「如」或「似」。S.6417：「壯（狀）若空利之分
　　星，一似披蓮如用（而湧）出。」P.2178V：「迴皎而空裏星攢；銀炷
　　晶暉，明朗而天邊月照。」文義亦同。

（40）P.3282V：「故能人人例（勵）己，各各率心。」（P652）

按：例，P.2588同。讀例為勵，是也。《廣韻》、《集韻》例、勵同音力制切。
　　S.6417「遂乃人人勵己，各各傾心」，正作本字「勵」。Дx.0350+Дx.0728+
　　Дx.0989+Дx.6797：「（上殘）礼己，各各率心。」「礼」亦是借音字。

（41）S.5924：「夫攘災却難者，莫大於正覺雄尊；致福延祥者，寔資於真
　　　乘法藥。」（P654）

按：P.2542同文「攘」作「摧」，「却」作「靜（靖）」，「延」作「逐」。P.2255：
　　「夫讓災却難者，莫越於正覺雄尊；至（致）福延祥者，寔資於眞乘
　　於（「於」字衍文）密印。」「摧」是「攘」形訛，攘、却同義對舉，
　　「讓」是借字。字亦作攘，Φ263V+Φ326V有「攘災靜難」語。「却」
　　亦作「祛」，P.2613：「獲（攘）〔災〕祛禍者，莫過千（于）佛頂心呪。」

〔註76〕黃征、吳偉《敦煌願文集》校錄，第518頁。
〔註77〕四卷之綴合，可參看趙鑫曄《俄藏敦煌文獻綴合四則》，《文獻》2008年第3
　　　　期，第86頁。又《俄藏敦煌文獻整理中的幾個問題》，《文獻》2013年第2
　　　　期，第62頁。下同。
〔註78〕P.2058V有同文，「暉」誤作「揮」，「似」作「以」，「來」誤作「光」，「扶」
　　　　作「狀」。

S.2146作「禳（禳）灾怯（祛）禍」。「逐」當作「延」，「延祥」是願文習語。P.2940：「丹楔葉慶，紫極延祥。」S.6417：「次爲己躬延祥益壽之福會也。」S.2687：「狼煙息焰，千門快樂而延祥；塞虜無喧，萬戶獲逢於喜慶。」S.5640：「亦〔爲〕己躬清泰，甲子延祥。」都是其例。S.2146：「夫除災靜難者，莫善於佛頂蜜密言；集福延休者，事（實）資於行城念誦。」P.2854同，文義與此卷及P.2542同，「延休」即是「延祥」。

（42）S.5924：「是知佛日開也，昏衢契鑒而長耀。」（P654）

按：P.2542：「是知佛日開也，則口口啓鑒而長暉。」契、啓一聲之轉。P.3259：「佇禪何（林）而契福。」P.4963、S.5573、S.6417同，P.3566V作「守（佇－佇）禪林而慶福」。契、慶並讀作啓，S.5638有「如斯啓福」語，S.2832有「焚香啓福」語，P.3562V有「仰慈尊而啓福」語。S.4976V「契天明之勝福」，P.3545同，契亦讀作啓。BD8099：「跪雙足、啓一心、陳款願依（於）佛僧。」P.2982V：「同契一心。」S.4992：「宜合契一志。」「啓一心」即「契一心」。S.5638：「建慈力之誓蹤，契四弘之上願。」P.3172、P.3545、P.3765、S.4506、Φ263+Φ326同，黃征讀契爲啓〔註79〕，S.1441V、S.5957同句正作「啓」；S.0343V「啓四弘以馳誠」，亦作「啓」。S.4537：「加以四弘啓想，假百秉以爲心；十信冥懷，廣豎三堅之會。」〔註80〕P.2226：「四弘契想，十信冥懷。」〔註81〕P.4672：「才光即契，德美孫吳。」P.2058「契」作「啓」，趙鑫曄曰：「作『契』是。『即』疑通『稷』。『稷契』爲稷和契的並稱。」〔註82〕都是其例。S.1137：「伏願我尙書承時契運，繼業登皇。」P.2915、P.3497同，契亦讀爲啓，「啓運」是中古俗語詞。S.6321：「任運契可聖遺言。」P.3288V同，P.2563、P.2658V、P.2713、P.3915、S.779、S.3287、Дx.1629「契」作「啓」。S.3287：「身心遠離契〔眞〕教。」P.3288V、S.5966同，P.2563、P.2658V、P.2713、P.3915「契」作「啓」；S.779作「喫」，則是「契」增旁誤字。S.4690V「啓首歸依三學滿」，S.668V

〔註79〕黃征、吳偉《敦煌願文集》，第414頁。而第513、516、535頁同句又失校。
〔註80〕Дx.4780「以」作「與」，「冥」作「居」，「廣」作「大」。
〔註81〕P.3084、S.5957、Φ263+Φ326、Дx.10296「想」作「相」。
〔註82〕趙鑫曄《敦煌佛教願文研究》，南京師範大學2009年博士論文，第156頁。

「啓」作「喫」。BD8168「迴乾就濕將勢啓」，S.1807「啓」作「契」。
P.2915：「唯願從福智（至）福，永超生滅之原；從明入明，常啓菩提
之路。」「啓」字 P.2237、S.6417 同句同，P.2237 另一處作「慶」；S.2854
作「契」，Дx.5961 作「啓契」。慶讀作啓〔註83〕，開也。「啓契」是
異文，當衍一字〔註84〕，可證啓、契亦是音轉。

（43）P.3941：「□光普照，萬炎俱明；若多二果之分呈，似高天之布□光
明。」（P657）

按：原卷「多」作「空」，「呈」作「星」，「布」下缺字作「月」。原卷「二
果」作「🈂」，必當是「裏」字。這二句即是上文所引的「若空裏之
分星，似高天之布月」，「光明」二字屬下文。據 P.2341「千光普照，
百燭俱明」，則「光」上缺字必是「千」。又 P.2058V、P.2588、P.2854V、
P.3172、P.3545、P.3765、S.5957、Φ263+Φ326 並有「千燈普照，百焰
俱明」，P.2915「千燈普照，百炎俱明」，S.6417「千登（燈）普照，百
炎俱明」，P.3282V「千燈普照，萬炎俱明」，亦足資佐證。

（44）P.3941：「今乃光明不用，夜炎正高。憧臥百天於庭前，橫十丈材而
息（悉）坟（焚）於此時，□臺置像，寶□（下殘）。」（P657）

校記：息，當作「悉」。坟，當作「焚」，均據文義改。（P658）

按：原卷「材」右旁有乙轉符號，當乙作「而材息」。古無「坟」字，原卷
實作「故」草書。「故於此時」屬下文。「憧」當作「幢」，指幢幡。「百
天」疑當作「百尺」，「材」借作「才」。原卷「寶」下有「宮」字，下
殘二字。此句文義不能盡通，俟考。

（45）P.3941：「從今向去，身如▭▭▭ 而俱存。智力高明等須彌之勝
遠。」（P657～658）

按：P.2588：「惟願身如大地，以（與）劫石而俱存；智力高明，等須彌之
勝遠。」缺文可據補「大地與劫石」五字。S.4860V1：「身如劫石齊
寧。」

（46）P.3941：「六根清淨如皎月之昇天，身若蓮花之映水。」（P658）

〔註83〕 參見黃征、吳偉《敦煌願文集》，第 710 頁。
〔註84〕 P.3821：「鬱鬱赴覆雲霞，且擁高峰頂。」S.4571：「佛慈悲，心願赴覆，累劫
　　　　僧祇修六度。」「赴覆」亦是寫卷抄寫合存正字、假字例。

按：原卷「映」作「暎」，俗字；又「昇天」下有三字殘缺，失標缺字符
號。P.2588：「六根清淨，如皎月之昇天；三障離身，若蓮花之影水。」
缺文可據校補「三障離」三字。影，讀為映。P.3575：「禮仏則三障雲
消，誦呪則六根清淨。」Дx.殘存「即三障雲消，誦呪六根清」十字。
S.5640：「喜得六根清泰，如月照秋江；三障雲消，似紅蓮舒於碧沼。」
亦以「三障」與「六根」對文。

（47）S.0474：「歸依者苦原必盡，迴向者樂果其深。」（P670）

按：其，S.0343 作「期」，P.3765、S.5561、S.5957、Ф263+Ф326 作「斯」。
「斯」當作「期」，「期」同「其」，其、期亦必也，副詞。P.2331V 作
「樂其深」，脫「果」字。P.2226 作「樂其斯深」，亦脫「果」字，又
存「其」字異文「斯」。黃征校「期」作「斯」〔註85〕，非是。

（48）P.3276V：「使歸依者滅累劫之蓋繟，懇仰者獲無邊之勝利。」（P672）

按：繟，圖版作「繟」，不甚清晰，據文義必是「纏」，俗字作「纒」。Ф263V
＋Ф326V：「歸依者遐超苦海，迴向者永離蓋纏。」《佛學大詞典》：「蓋
纏：五蓋與十纏，皆煩惱之數。」

（49）P.3276V：「莫不匠微郢手，巧出班心。」（P673）

按：郢，圖版作「郢」，當錄作「郢」。原卷「班」作「斑」，當照錄，再
校作「班」。班指魯班，即公輸班。「匠微郢手」典出《莊子·徐無鬼》：
「郢人堊慢其鼻端若蠅翼，使匠人斲之。匠石運斤成風，聽而斲之，
盡堊而鼻不傷，郢人立不失容。」S.4474：「〔其〕鐫也，在郢人之手。」
亦用此典。

（50）P.4995：「菩提枝機抽芳。」（P675）

按：原卷「機」作「机」，當錄作「机」。「枝机」當讀為「枝梧」，即「枝
枒」的音轉，用為名詞，謂木之枝條〔註86〕。黃征、王璽誤錄作「机」
〔註87〕。

〔註85〕黃征、吳偉《敦煌願文集》，第 11 頁。

〔註86〕參見蕭旭《敦煌變文校正舉例》，《敦煌研究》2014 年第 2 期，第 100 頁。又
《敦煌變文校補（二）》，收入《群書校補（續）》，花木蘭文化出版社 2014 年
版，第 1549～1550 頁。

〔註87〕黃征、吳偉《敦煌願文集》，第 967 頁。王璽《敦煌社邑文書詞語考釋》，陝
西師範大學 2012 年碩士學位論文，第 50 頁。

（51）P.4995：「鄧軍使轅門綱紀，防範恒鎮邊疆。」（P675）

按：範，黃征錄作「危」〔註88〕，與圖版合。「恒」當是「垣」形訛。

（52）P.2982V：「今則爐焚百寶，路朣披肝，合掌虔恭，慶陽（揚）功德。」
（P678）

按：「路朣」不辭。李丹禾曰：「原卷實作『路膽披肝』，『路』應為『露』
的同音通假字。」〔註89〕李說是也，圖版「朣」作「膽」，當錄作「膽」。
S.3427、S.6417、Ф263V+Ф326V、Дx.10255 即有「露膽披肝」語，
S.0343、Ф263V+Ф326V 又有「披肝露膽」語。

（53）S.4860V1：「偶因閒暇，湊梨俱臻。」（P680）

按：梨，讀為列，排列。

（54）S.4860V1：「次為合邑眾社，身如劫石齊寧，法界倉（蒼）生，並獲
（免）三途之難。」（P680～681）

校記：獲，當作「免」，據文義改。（P682）

按：「免」無緣誤作「獲」。「獲」不誤，趙家棟讀作豁，豁免、免除。

（55）P.2614V：「思悲隕扰而㵎淚。」（P688）

按：李丹禾曰：「『㵎』應作『捫』。『扰』疑為『抛』字俗訛，俟再考。」
〔註90〕鍾書林錄作：「思悲涓涓，憂而㵎淚。」鍾氏曰：「『㵎』字字
書不載，然據文義，似為『兩』的形近誤字。」〔註91〕據原卷，鍾氏
錄文準確，但所釋非也。李氏前說是，後說非也。捫，猶言揩拭、抹
拭，字亦作𢴧、揙、抿、扷，皆「揙」字音轉。

（56）北圖周字65號：「寒風漸凍（動），白雪分分。」（P692）

按：今編號是 BD9344V。「凍」讀如字，寒冷也。分分，同「紛紛」、「雰
雰」。

（57）P.3266V：「金（今）遇貴社，欲義投入。」（P706）

按：義，讀為擬。P.2237V：「龍燭了其周暉，更義金剛知苦（之固）。」

〔註88〕黃征、吳偉《敦煌願文集》，第968頁。卷號黃氏誤作 P.4995V。
〔註89〕李丹禾《〈敦煌社邑文書輯校〉補正》，《敦煌研究》1999年第2期，第59頁。
〔註90〕李丹禾《〈敦煌社邑文書輯校〉補正》，《敦煌研究》1999年第2期，第59頁。
〔註91〕鍾書林、張磊《敦煌文研究與校注》，武漢大學出版社2014年出版，第778頁。

Дx.7198＋Дx.4371V 殘文：「冥（明）燈囗（吐）其（下殘）暉，更
義金囗（下殘）。」Дx.1309＋Дx.1310＋Дx.1316＋Дx.2969＋Дx.3016＋
Дx.3024＋Дx.3153＋Дx.3159：「惠命逾長，擬金剬（剛）之固。」P.3806：
「惠命逾長，更凝（擬）金剛之固。」此「義」讀爲擬之證。P.4651：
「今見龍沙貴社，欲疑投取。」「疑」亦讀爲擬。

（58）BTⅡ1000：「囗囗唅（含）靈，俱霑聖道。」（P756）

按：此卷抄錄池田溫《中國古代寫本題記集錄》〔註92〕。缺文必是「蠢動」
　　二字。「蠢動含靈」、「含靈蠢動」是敦煌寫卷習語。P.2807：「蠢動含靈，
　　俱沾樂果。」

（59）P.3491：「亡妣捨化以來，經今某七，不知神識囗生何道。」（P763）

按：缺文可補「往」字，P.3149：「況自從捨化，俄經數秋；不委神魂往生
　　何界？」P.3765：「奉爲某闍梨自捨化已來，不知神識往生何路。」
　　S.5957：「奉爲某闍梨因捨化已來，不知神識往生何逕。」S.6417：「奉
　　爲厶闍梨自掩世已（以）來，不知靈識往生何界。」例多不勝枚舉，
　　句式皆同。

（60）P.3491：「思念（下殘）囗福是資。」（P763）

按：原卷「思念」下「无」字尙可辨識，其下殘脫二字，當補「益唯」，讀
　　作「思念无益，唯福是資」，S.4992正有此二句。亦可補「已唯」二字，
　　讀作「思念無已，唯福是資」。S.5637：「思念無已，唯福是憑。」是
　　其證也。S.0343、S.2832：「無處控告，惟福是資。」S.2832：「無已（以）
　　遠託，惟福是資。」S.5639：「觸途孝道，惟福是資。」可證「福」上
　　必是「唯」或「惟」字。

（61）P.3491：「奉為亡妣設齋〔追〕福，遂即焚香清囗囗至，延僧就此家
　　　庭，建斯壇會。」（P763）

　　校記：追，據文義補。（P764）

按：原卷「清」作「請」，其下脫一字，而非二字；「庭」作「停」，旁改作
　　「廷」。「請」下缺字當作「佛」，「至」字當是衍文。「設齋追福」、「請

〔註92〕「題記」當作「識語」，池田溫《中國古代寫本識語集錄》，《東洋文化研究所
　　　叢刊》第11輯，大藏出版株式會社1990年版，第194頁。

佛延僧」是敦煌願文習語。當讀作：「遂即焚香，請佛延僧，就此家廷
（庭），建斯壇會。」

（62）P.3491：「昔昔來世，還與至孝等作菩提卷（眷）屬。」（P763）

按：原卷「昔」作「苔」，下有重文符號，當錄作「當當」。S.5957：「當當
來代，還以（與）至孝作菩提眷屬。」〔註93〕S.5573：「當當來代，還
與至孝作菩提善因。」〔註94〕又「當當來代，還以與至孝作涅盤善因。」

（63）P.3491：「唯願從今向去，諸佛加備，眾善莊嚴，災障清除，福壽長
遠。」（P763）

按：原卷「清」作「消」。P.3575：「惟願諸仏家（加）備，龍天護持；災障
不侵，功德圓滿。」備，防護。BD0017V：「檀越、優婆夷等從今向去，
三寶覆護，眾善莊嚴，災障消除，功德圓滿。」S.5957：「三寶覆護，
眾善莊嚴；災障不侵，功德圓滿。」〔註95〕是其證也。P.3350：「善神
齊心加備，日勝日（月）昌。」黃征讀備為被〔註96〕，非是。

（64）P.3491：「然後上窮九項，傍括無邊，同出□□，齊成佛果。」（P763）

按：原卷「九項」作「有頂」之草書，「同出」後「苦」字尚可辨識，其下
當是「源」或「原」字。P.2341：「上至有頂，下及無邊，俱出苦源，
咸登佛果。」又「然後上穹（窮）有頂，下及無邊，同出苦源，齊登
覺道。」P.2226：「上致（至）有頂，下及無邊；俱出苦原，耳（齊）
成佛果。」並其確證。P.2341：「上窮有頂，下及泥黎，俱沐（除）蓋
纏，咸登佛果。」Φ263V+Φ326V：「然後上通有頂，傍括十方，俱沐
芳因，齊登佛果。」Дx.0981+Дx.1311+Дx.5741+Дx.5808V：「然後
上通有頂，傍括無邊，賴此勝姻（因），俱登覺路。」文例並同。

（65）P.2450V：「長時抱病，要藉似□覆水難杖，理無再覆。」（P766）

按：原卷缺字作「監」，「杖」作「收」，下「覆」作「復」。「要藉似監」下
用句號。

〔註93〕 P.3084+P.3765、Φ263+Φ326 同。
〔註94〕 P.2483、S.5637 同。
〔註95〕 P.2226V、P.2331V、P.2854、S.0343V、S.6417 同。
〔註96〕 黃征、吳偉《敦煌願文集》，第 400 頁。

（66）P.2450V：「如要老大囗囗賢良，任請諮迎，終頃息囗目雷月鄙囗忽囗（下殘）。」（P766）

按：末句錄文不知何義。據原卷，當錄作：「終須息望，目爲庸鄙。囗忽囗銜（下殘）。」「爲」作草書「（为）」。「忽」上之字從「礻」旁，右旁不可辨識。

（67）P.2450V：「囗斷絕分囗，如囗律管俄際（下殘）。」（P766）

按：據原卷，當錄作：「願斷絕分放，如能律管俄囗（下殘）。」原卷「俄」下之字從「阝」旁，右旁不可辨識，決非「際」字。

（68）莫高窟第216窟《功德記》：「（上殘）願風燭以須，使識五蘊之皆空，囗四囗（下殘）。」（P782）

按：「知四大而無主，識（或『曉』）五蘊之皆空」是願文習語，已詳上文。末句必是「知四大而無主」殘缺。

補遺（一）

（1）北圖新882：「自從立條已後，便須齊齊鏘鏘，接秏歌歡，上和下睦，識大敬小。」（P23）

按：新編號BD14682。原卷「齊齊」作「鑇鑇」，黃霞錄文不誤〔註97〕，郝春文說曾參考過黃霞錄文，不知何以反誤。原卷「秏」作「秏」，「歌」作「訶」。鑇鑇，讀爲「濟濟」，涉「鏘鏘」而改作金旁。濟濟鏘鏘，即「濟濟蹌蹌」。《詩・楚茨》：「濟濟蹌蹌，絜爾牛羊。」毛傳：「濟濟蹌蹌，言有容也。」又《公劉》：「篤公劉，於京斯依，蹌蹌濟濟。」鄭玄箋：「蹌蹌濟濟，士大夫之威儀也。」秏，同「秏」、「耗」，讀爲好。敦煌文獻中還有「結耗」、「結号」二詞，張小豔謂與「接耗」並讀作「結好」（自注：「『结号』讀爲『結好』，趙家棟有類似的說法。」）〔註98〕。「接耗」當讀作「接好」，「接」當如字，謂交接、交往。《國語・吳語》：「兩君偃兵接好，日中爲期。」韋昭注：「接，合也。」《左傳・文公九年》杜預注：「故不譏其緩而以接好爲禮。」

〔註97〕黃霞《北圖藏敦煌「女人社」規約一件》，《文獻》1996年第4期，第264頁。下同。

〔註98〕張小豔《敦煌社會經濟文獻詞語論考》，上海人民出版社2013年版，第425頁。

（2）北圖新 882：「日月往來，此言不改。」（P23）

按：日月往來，原卷作「日往月來」，黃霞錄文不誤。

補遺（三）

（1）P.3129：「聞齊心整身，曰戒齋防非。止惡曰戒，戒是出家之梯。
（下殘）之資糧，非福無以置歡娛，非智無以斷煩惱。」（P29）

按：原卷「出家」下衍一「世」字，亦當說明。「戒是出家之梯」與「……
之資糧」是對句，「梯」下缺字必是「橙」或「隥」、「蹬」字，「梯橙」、
「資糧」對文。第一個「戒」是衍文，當讀作：「聞齊心整身曰齋，
防非止惡曰戒。戒是出家之梯〔橙〕，〔齋是入道〕之資糧。非福無以
置歡娛，非智無以斷煩惱。」「梯橙」下當用逗號，「資糧」下當用句
號。BD0017V：「恭聞菩薩戒者，乃是入道之梯橙，出世之舟船，大
士之洪基，薩云若之正路。」《大唐西域求法高僧傳》卷 2：「作含生
之梯橙，爲欲海之舟艫。」宋本等「橙」作「隥」。《注大乘入楞伽經》
卷 8：「輟已惠人曰施，防非止惡曰戒。」《翻譯名義集》卷 4：「防非
止惡曰戒，息慮靜緣曰定，破惑證眞曰慧。」P.2578《開蒙要訓》：「堊
鏝梯蹬。」「出家」與「入道」對文，故補作「〔齋是入道〕之資糧」。
P.2481：「捨榮貴以出家，猒囂塵而入道。」S.0522：「或有出家入道，
證得四沙門果。」

（2）P.3129：「朝朝而竟覓歸依，日日而（下殘）。」（P30）

按：原卷「竟」作「竟」，俗「競」字。

（3）P.3129：「擺脫塵襟，隳張愛綱。」（P30）

按：原卷「綱」作「![網]」，俗「網」字。

（4）P.3129：「（上殘）憑般若之舡，周趣菩薩之路。」（P30）

按：原卷「周」作「同」，「菩薩」作「![菩]」。「![菩]」當是「菩提」合文。

（5）P.3129：「人八萬歲，歲歲慈尊，咸皆值過。」（P30）

按：原卷「過」作「遇」。

（6）Дx.1008：「夫仰啟蓮花，藏（下殘）法身百益（億），如來衡（下
殘）佛。清涼山頂，大聖文（下殘）嚴中得道，羅漢龍宮秘曲（典），

就（鷲）嶺微言，道眼他心。一切賢聖惟願發神（下殘）悲心，降
臨道場。登□（下殘）。」（P31）

按：原卷「衡」作「恒」（殘去左旁），「嚴」作「巖」（上部「山」有殘損），
「登」作「證」（殘去左旁），「龍」字殘脫，「證」下一字下部「皿」
尚可辨，當錄作「盟」。據 P.2058V、S.3875、S.5561、Дx.11069，可
以補足其缺文，當讀作：「夫仰啓蓮花藏〔界〕〔註99〕，〔清靜〕法身。
百益（億）如來〔註100〕，恒〔沙化〕佛；清涼山頂，大聖文〔殊；雞
足〕巖中，得道羅漢〔註101〕。〔龍〕宮秘曲（典），就（鷲）嶺微言；
道眼他心，一切賢聖。惟願發神〔足，運〕悲心；降臨道場，證盟（明）
〔功德〕。」《敦煌社邑文書輯校》第 649 頁已錄 P.2058V，斷句亦誤。
S.4474：「仰啓蓮花藏界，清淨法身；百億如來，恒沙化佛；清涼山頂，
大聖文殊；雞足岩中，得道羅漢；龍宮秘典，鷲嶺微言，道（下殘）。」
S.5957、Дx.4406 並有「蓮花藏界，百億如來」二句。

（7）P.3129：「（上殘）示現，為破執常之想。令詮糾里之心表，無相無
常。明有為而終。」（P32）

按：原卷「糾里」作「究理」，「無相」下有「以」字。「終」下補「滅」字，
當讀作：「（上殘）示現，爲破執常之想，令詮究理之心。表無相以無常，
明有爲而終〔滅〕。」王勃《釋迦如來成道記》：「將欲明有爲之有滅，
表無相以無生。」唐人道誠有註，見《卍新續藏》第 75 冊，此不錄。
此卷文字，當本於王勃《成道記》。

（8）P.3129：「（上殘）座視金河，遍遊三昧之門，將復一真之性。或逆入
順，全超半超，依四禪之（下殘）之圓寂。」（P32）

按：原卷「順」下有「入」字，小字補於右下方。王勃《釋迦如來成道記》：
「於是還登玉座，首臥鶴林。遍遊三昧之門，將復一眞之性。逆入順入，
全超半超。依四禪之等持，湛三點之圓寂。」「四禪之」下缺文可據補。
原卷「點」右旁「占」及下四點「灬」尚可辨識。

〔註99〕Дx.1008 另一殘片有「蓮□（花）藏戒」語（原卷「花」字殘存上部艸頭），
亦可據補「戒」字，再讀作「界」。
〔註100〕Дx.1008 原卷有句讀，即於「身」下、「來」下斷句。
〔註101〕Дx.1008 原卷有句讀，即以「得道羅漢」爲一句。

（9）P.3129：「於是枕肱累足，北首面西，夜半子時，寂然告滅。」（P32）

按：原卷「累」作「纍」，「夜半」上有「中春」二字。

（10）P.3129：「是時（下殘）哀號飄風，驟雲山吼，水波逆支。聞緣覺形，摧枯木之容（下殘）現奢莘之血。」（P32）

按：原卷「哀」上尚有一字作「狩」，即「狩」字；「支」作「亐」，當錄作「聲」〔註102〕；「莘」作「華」，趙家棟說當錄作「華」。此卷「水」是衍文，當讀作：「是時〔鳥〕狩（獸）哀號，飄風驟雲，山吼波逆。聲聞緣覺，形摧枯木之容，口（體）現奢華之血。」王勃《釋迦如來成道記》：「是時也，人天叫躄，鳥獸哀唬，飄風驟雲，山吼波逆。」又「山搖地動，俱興苦痛之聲；異類變容，同現奢華之血。」道誠註云：「《涅槃經》云：『一切天龍八部，人民悲惱痛切，身皮血見，如波羅奢華。』梁僧亮法師釋云：『天竺有此華，其葉白，其脉赤也。』」

（11）P.3129：「然後案輪王之古式，方俟葬儀，慕（募）力士以捧持，竟（下殘）而金棺自舉，繞俱尸之大城，逡巡而聖火潛焚。應者雖之聖。」（P32）

按：原卷「應者雖之聖」作「應闍維之盛口（禮）」，「繞」作「遶」。王勃《釋迦如來成道記》：「案輪王之古式，方俟葬儀。命力士以捧持，竟無能動。繇是金棺自舉，遶拘尸之大城。寶炬不然，駐闍維之盛禮。莫不未生怨在於王舍，創結夢於十號慈尊。大迦葉遠下雞峯，獲瞻禮於千輻輪足。畢以兜羅緻氎，聖火自焚。爇王眾栴檀之薪，注帝釋金瓶之水。」

（12）P.3129：「（上殘）已。願力猶專，碎金剛身，遺舍利骨。」（P32）

按：原卷「專」作「尃」。尃，布也。王勃《釋迦如來成道記》：「彼願力猶在，悲心尚熏。碎金剛之勝身，爲舍利之遺骨。」

（13）P.3129：「遂得八國羅衛，四兵肅容，各（下殘）寶塔嗚噓，聞名感戀，恨不滅身，睹相攀哀，寧存生性。」（P32）

按：原卷「羅」作「嚴」，當錄作「嚴」。王勃《釋迦如來成道記》：「於是八國嚴衛，四兵肅容。各自捧於金壜，競歸興於寶塔。」嗚噓，讀作「嗚呼」，屬下句。

〔註102〕字形參見黃征《敦煌俗字典》，上海教育出版社 2005 年版，第 362 頁。

（14）P.3129：「今院主揮（上殘）喻金文，常懷憶佛之心。每佇壞梁之
　　　痛。」（P32）

　按：原卷「揮」作「輝」，「佇」作「貯」。「常懷憶佛之心」與「每貯壞梁之
　　　痛」是對文，「心」下當用逗號。

（15）P.3129：「念四海而嗚咽。」（P32）

　按：原卷「海」作「河」，「嗚」作「呼」。

（16）D.202：「豈圖西山奄隙，淚落瓊塊；東水流魂，身同埋玉。」（P33）

　按：原卷「圖」作「啚」，「塊」作「瑰」。

（17）D.202：「並以克己晨耕，利豐屯聚，獲田旰食，廩實盈儲。」（P33）

　按：原卷「獲」作「穫」，同「穫」。

（18）D.202：「行歌李遜，嗟白髮以催年；避迹桃園，歎狂花而不久。」
　　　（P33）

　按：原卷「園」作「原」。「桃原」同「桃源」，與「避迹」相應。

（19）D.202：「頑嚚嗜忕，像龔滔天。」（P33）

　按：像龔，當作「象恭」。「象恭滔天」語出《書·堯典》。

（20）D.202：「荷校滅耳責其愆，擢髮不足續其罪。」（P33）

　按：「荷」乃「何」之俗字。《易·噬嗑》：「何校滅耳，凶。」《象》曰：「何
　　　校滅耳，聰不明也。」

（21）D.202：「須訪有智而棄麻，忌應憎而投杼。」（P33）

　按：「投杼」用曾參母典。「棄麻」當作「棄床」。須，讀作雖。「棄床」典
　　　出《根本說一切有部毗奈耶破僧事》卷9：「時摩納婆與王同宿，王即
　　　具設種種淨饌上妙衣服資身臥具，令其寢息，更無伴侶。便作是念：『若
　　　得半國爲半國王，後宮婇女悉當屬我，隨意自在當受快樂。』復作是
　　　念：『半國之賞豈足在言，何如殺王而取全位。』復作是念：『凡尊勝
　　　位人皆共貪，我今何須半國及以全位。何以故？由貪國位欲害國
　　　王。』……念此頌已，便即睡著。中宵覺後，心生悔恨，從床而起，
　　　取舊鹿皮敷地而臥。時梵授王於晨朝時告使者曰：『喚摩納婆來！我今
　　　當賜半國之位。』使者奉教詣摩納婆所，白言：『大王！我觀彼人威儀

所作，無堪半國之位。』王問其故，答言：『大王！我向親觀棄妙床褥，委身在地，寢臥鹿皮，斯下之人，豈當王位？』王曰：『彼是智人，非無緣故，當去喚來。』使人復往報言：『王喚。』既至王所，王告之曰：『何棄床褥臥鹿皮耶？』彼便次第具以事答，重前啓曰：『王若許者，我欲出家，願王放許。』」

（22）D.202：「每開甘露之門，勸濟塵窂之苦。」（P33）

按：原卷「窂」作「窂」，當錄作「窂」，俗「牢」字。

（23）D.195：「寶地芳延，珍庭廣布。」（P33）

按：原卷「延」作「筵」。當作一句讀作「寶地芳筵珍庭廣布」。

（24）P.3984：「寶地深基，金光肩曜……積善積因，願助名君。」（P33）

按：原卷「肩」作「齊」，「名」作「明」。

補遺（四）

（1）Дx.11038：「索靜胤為一派，漸漸異息為房。」（P368）

按：派，圖版作「沠」，當是「派」俗訛字。P.2481V：「而異沠分流，經其歸於一揆。」「沠」亦是「派」，與「流」同義對舉。

（2）BD0017V：「頂禮佛足裏（禮）世尊，於無量劫賀眾苦，烟惱已盡習亦除，梵釋龍神咸恭敬。」（P383）

校記：烟惱已盡習亦除，此句疑有脫文。（P383）

按：黃征錄文「裏」作「衰（哀）」，「烟」作「煩」，讀賀為荷〔註103〕，皆是也。此四句乃抄錄鳩摩羅什譯《百論》卷1中語，黃校正與其文相合。

（3）BD0017V：「見知諸佛功德，無量無邊；恒沙劫中，讚揚難盡。」（P383）

按：原卷「見」作「是」，黃征錄文不誤。

（4）BD0017V：「妙因宿殖，善芽發於今生；叢果先淳，道心堅於此日。」（P383）

按：原卷「芽」作「牙」，「叢」作「業」，黃征錄文不誤。

〔註103〕黃征、吳偉《敦煌願文集》，第268頁。下同。

（5）BD0017V：「崇百味，供十方，價（解）十纏而資十力。」（P383）

校記：價，當作「解」，據文義及 P.2058V、P.3363 改。（P383）

按：P.3363 當作 P.3362V。黃征於「供」上補「以」字，讀價爲假〔註104〕。
二家各有得失。黃氏補「以」是也，P.2058V、S.6315 並有「以」字，
與下句對文，P.3362V 亦脫「以」字。郝氏讀價爲解是也，S.6315 亦
作「解」。《續高僧傳》卷 17：「然後尋八正以味一眞，解十纏而遣三
患。」

（6）上圖 060：「惟願災殃解散，若高雲之卷白雲；業障逍（消）除，等
炎陽而鑠輕雪。」（P385）

按：「高雲」之「雲」字誤，當據 P.2526V、P.2543V、S.0343 作「風」。卷，
P.2526V、P.2543V 同，S.0343 誤作「建」〔註105〕。炎陽，P.2526V、
P.2543V 作「陽炎」，S.0343 作「涅槃」。鑠，P.2526V、P.2543V 同，
S.0343 作「湯」。

（7）Дx.11038：「某乙今聞貴社眾會忽臨，華翰之芳異累，不辟土奇誕質，
義重二陸，立珍宗而（之）約，於時斷決三章，兢竹清而其語蓮襟，
絕代不違向化之心。」（P386）

按：原卷「辟」作「群」。趙家棟讀作：「某乙今聞貴社眾會，忽臨華翰之
芳，異累（類）不群，土（吐）奇誕質。義重二陸，立珍宗而約於時；
斷決三章，兢竹清而其（期）〔於〕語。蓮襟絕代，不違向化之心。」
趙校讀是也。但他解釋說：「斷決，指判案、判決。『三章』泛指簡單
明確的法律或規章。兢，小心謹慎。『竹清』指竹簡，用來記錄文字
的青竹須經過一道殺青工序，又稱汗青。『斷決三章，兢竹清而其〔於〕
語』意爲法律案件的判決按章法執行，並且小心謹慎地記錄下申訴的
言語。」〔註106〕此則有可議者。「竹清」與「竹青」不同，不指竹簡。
「兢」當作「競」，《爾雅》：「競，強也。」《廣雅》：「競，高也。」
競、強一聲之轉，猶言勝過。「斷決三章」指鄉約。寫卷言鄉約之語

〔註104〕黃征、吳偉《敦煌願文集》，第 269 頁。
〔註105〕郝春文校「建」作「見」，非是。郝春文主編《英藏敦煌社會歷史文獻釋錄（第
二卷）》，社會科學文獻出版社 2003 年版，第 139 頁。
〔註106〕趙家棟《敦煌文獻疑難字詞研究》，南京師範大學 2011 年博士學位論文，第
13 頁。

清清楚楚，勝過竹之清色也。

（8）Дx.11038：「六親痛熱，騾騎撿愛而奔星。」（P386）

按：原卷「撿」作「撿」。趙家棟曰：「『騾』指白馬黑唇，又作『駓』。『騾騎』不詞，張小豔疑『騾』乃『驛』的形訛，『睪』旁俗寫或作『皋』，『皋』與『泉』形近，可能訛混。張說可取。『撿愛』應讀爲『險隘』，本指險要處，引申比喻艱難險阻。『奔星』本指流星，引申則指似流星般疾速。」〔註107〕而，讀爲如，一聲之轉，「而奔星」即「如奔星」。P.3666《燕子賦》：「鷦鷯奉命，不敢久停。半走半驟，疾如奔星。」P.2990V：「既因王事，〔遠〕適他方，去若奔星，歸期未卜。」〔註108〕張小豔改「騾」爲「驛」，一改再改，殊非校勘之法。再說鄉民爲六親請醫生，何以得動用官家驛騎？騾，讀爲俴，古字「錢」作「泉」，「綫」作「線」，是其證。俴騎，指騎乘不施鞍鞍的馬。《鹽鐵論·散不足》：「古者庶人賤騎繩控，革鞮皮薦而已。」孫詒讓曰：「案『賤』疑當作『俴』，《詩·小戎》：『俴駟孔群。』《釋文》引《韓詩》云：『駟馬不著甲曰俴駟。』俴騎，蓋謂不施鞌勒而徒騎，故用繩控也，與『俴駟』義略同。」〔註109〕此狀其心急，來不及施鞍鞍而徒騎也。俴俗字或作踐、驏、剗、剷、攌、鏟、產〔註110〕。撿愛，讀作「兼愛」。

（9）Дx.11038：「草人中微，少稟宗飼笋之因。」（P386）

按：趙家棟曰：「草人，古官名，這裏指稱土化之風俗，即民風。稟，遵循，奉行。『飼笋』當作『嗣訓』，謂繼承先王或祖先的教訓。『稟宗嗣訓』意謂遵守奉行祖宗先人教訓。」趙君說「稟」是，其餘皆誤。草人，草野之人，草民。「飼」當作「祠」，祭祠。「稟宗祠笋」用孟宗以冬笋祭母之典。「宗」指三國吳人孟宗（即孟仁）。《三國志·孫皓傳》裴松之注引《吳錄》：「（孟）仁字恭武，江夏人也，本名宗，避皓字，易焉。」又引《楚國先賢傳》：「宗母嗜筍，冬節將至，時筍尚未生，宗入竹林

〔註107〕趙家棟《敦煌文獻疑難字詞研究》，南京師範大學 2011 年博士學位論文，第 14～15 頁。下同。

〔註108〕P.4062 殘存「既因王事，遠適」六字，據補「遠」字。

〔註109〕孫詒讓《札迻》卷 8，中華書局 1989 年版，第 245 頁。

〔註110〕參見蕭旭《鹽鐵論校補》，收入《群書校補（續）》，花木蘭文化出版社 2014 年版，第 944～945 頁。

哀歎，而筍爲之出，得以供母，皆以爲至孝之所致感。」〔註111〕「筍」同「笋」。P.2524、P.2636、S.79《語對》「多笋」條亦引《孝子傳》孟宗事。後因用作孝典。《類聚》卷 20 引謝靈運《孝感賦》：「孟積雪而抽筍，王斫冰以鱠鮮。」周·庾信《周上柱國齊王憲神道碑》：「忠泉出井，孝笋生庭。」P.2044V：「將冀永抽林笋，常臥冰魚。」S.6417：「於家竭孝弟（悌）之名，寔有感笋之業。」皆用孟宗典。因，趙家棟讀作禋，引《說文》：「禋，潔祀也。一曰精意以享爲禋。」〔註112〕

（10）Дx.11038：「既攬高仁，懇修傳劫。」（P386）

按：趙家棟曰：「原卷字形作『攬』，當爲『攬』的俗寫。『攬』爲『延攬、接納』義。懇修，誠心修行。『傳劫』當讀爲『傳偈』，劫、偈音近而借。『偈』是佛經中的唱頌詞。『傳偈』指傳頌偈語經文。」攬，讀作鑒（鑑），借鑒。「高仁」即指孟宗。懇修，懇請書寫。傳，圖版作「傳」，當錄作「傅」，讀作附。劫，讀爲協，合約，指鄉約、鄉規。附協，指加入鄉約，入社。《說文》：「劫，人欲去，以力脅止曰劫。」即以脅爲劫聲訓。《左傳·莊公八年》「劫而束之」，《管子·大匡》「劫」作「脅」。《韓詩外傳》卷 2「易懼而不可劫也」，《荀子·不苟》「劫」作「脅」。皆其聲轉之證。

（11）Дx.11038：「社長晚習周吻，未披成曉，徹半千善業，醫方置神街，立向自差。」（P386）

按：趙家棟錄「成」作「或」，讀作：「社長晚習周吻未披，或曉徹半千善業。」趙君曰：「『周吻』似讀爲『周文』，指周公和文王之道。『曉徹』與上文『晚習』相對爲文。『徹』有彰顯、顯明義。『半千』爲唐員餘慶的別名。《舊唐書·文苑傳》：『員半千，本名餘慶……義方嘉重之，嘗謂之曰：「五百年一賢，足下當之矣。」因改名半千。』『半千善業』當指半千歲旱曾勸縣令殷子良開倉賑貧餒。子良不從，半千便趁子良赴州之際，開倉發倉粟周濟飢民一事。」趙說寫卷用唐人員半千典，頗爲可疑。圖版作「成」，當是「成」字。當讀作：「社長晚習周吻，未披成，曉徹半千善業。」吻，讀爲墳，指三墳，即墳籍，古代書籍。

〔註111〕《類聚》卷 89 引《楚國先賢傳》略同。
〔註112〕此是趙家棟與我討論時的意見，非其博士論文中語。

「社長晚習周墳，未披成」指社長年老時讀書，但未讀成。「曉徹」是同義連文，「曉」不與「晚」對文。「善業」與「惡業」相對，是佛家語詞，指善行。「半千」狀其多。曉徹半千善業，指知道做許多善事。

（12）Дx.11038：「若投貴社，甚劣難陳告狀，伏望三官眾社等，特賜收名入案。」（P386）

按：上二句趙家棟讀作：「若投貴社甚劣，難陳告狀。」當讀作：「若投貴社，甚劣，難陳告狀。」劣，駑劣、愚弱。投社人自己謙稱愚劣，不會呈狀。

五、《敦煌文研究與校注》舉正

　　鍾書林、張磊《敦煌文研究與校注》，收入《武漢大學學術叢書》，武漢大學出版社 2014 年出版。尚永亮在《序言》第 3 頁中稱讚此書「展示出樸學的功底和宏通的眼光」，看到了「『獨斷之學』和『考索之功』二者合一的趨勢」。某君評論此書說「從文學、文體、語言、歷史名俗、文獻等多個方面對敦煌文作品進行研究，全面深入，厥功至偉」、「考其源流，彰其體徵，舉例釋類，甚爲精審」、「《敦煌文研究與校注》一書在訓詁、校勘及史證等方面均有貢獻」〔註 1〕。我翻閱一過，我看到的與評論意見大相徑庭，覺得此書甚不精審，甚爲粗糙，有以下問題：

　　1. 文獻常識錯誤。如第 49 頁引方孝孺《通雅》：「方子謙曰：『今人上樑之中稱兒郎偉即邪虎類也。此何孟春說也。』」並指出均爲宋人說法。按《通雅》是明代著名學者方以智所著，不知何以錯成方孝孺？據《四庫全書總目》，方子謙、何孟春亦都是明人。方日升字子謙，明萬曆時人，撰《古今韻會小補》30 卷。何孟春字子元，明弘治時人，撰《何文簡疏議》10 卷、《孔子家語註》8 卷等。又如第 374 頁引王先謙《荀子集解》「躑躅，以足擊地也」，此是《集解》所收唐人楊倞注語，不是王先謙的解釋，唐人、清人都分不清。

　　2. 寫卷錄文甚不精謹，錯謬極多。以第 250～253 頁所錄 P.3620《請試僧尼及不許交易書》爲例（P.3608V 亦有此文，合稱作「二卷」），即有數處錯誤。①「何不己度僧尼，賜少安樂」，二卷「己」作「已」，同「以」。②「忽被俗士輕陵，媽兵觸突」，二卷「媽」作「奴」。③「且如上皇去國，先

〔註 1〕 辜天平、張新朋《敦煌文研究的新進展——〈敦煌文研究與校注〉評介》，《北方文學》2017 年第 12 期，第 249～250 頁。

帝辭朝」，二卷「帝」作「聖」。④「陛下令日有國」，二卷「令」作「今」。
⑤「純衣羅綺之服」，二卷「羅綺」作「綺羅」。⑥「貧道亦非回教邪害政」，
二卷無「教」字。⑦「克降百降」，二卷「百降」作「百祥」。又如第 311 頁
所錄 S.4473V《鄉貢進士譚象啓》「晨直彤宮，緩出而從容玉殿」，又「目聽
絲綸」，原卷「出」作「ㄓ」、「目」作「耳」，「ㄓ」乃「步」字。再如第 345
頁所錄 S.2213《法海與都統和尚書》「然昏炬或曜潛衢」，原卷「昏」作「智」；
又「幸幸其心」，原卷作「幸甚」，二字下各有重文符號，鍾氏竟誤分「甚」
作「其心」二字，以致不知所云。第 629 頁所錄 P.3276V《常定政事樓廳》
「女妙」二字，乃「㜪」字誤分；第 697 頁所錄 P.3267《維摩詰所說經序》
「擲上下日月」，「上下」乃「卡（弄）」字誤分，亦足一哂。第 349 頁所錄
S.3880《書信文範》「伏乞不責罪遂」，原卷「遂」作「逆」。第 490～491 頁
所錄 S.1889《敦煌氾氏家傳》，第 517～547 頁所錄 P.2640V＋P.3686＋P.3901＋
P.4867《沙門釋法琳別傳》，錄文錯謬亦多，茲從略不舉。第 637～639 頁所
錄《靈州龍興寺白草院史和尚因緣記》，有 S.0528、S.0276V、P.2680、P.3570V、
P.3727 五個寫本，其失校誤校既多，卷號又每每混錯。第 722 頁所錄 S.5692
《亡名和尚絕學箴》，鍾氏所作《題解》云：「其題名與 S.2165《亡名和尚絕
學箴》相同。但除開篇四句相同外，其餘內容毫不相同。此當為同一題材的
另一悟道箴語。」鍾氏所說大誤，S.5692、S.2165 二卷《絕學箴》內容相同
（僅有數個異文），只是 S.5692 所鈔《絕學箴》夾鈔在《山僧歌》與《禪門
秘訣》中間，又次序顛倒，鍾氏只看到開篇的四句而已。鍾氏所錄開篇四句
後的「只向岜前取性遊」以下一大段，乃是《禪門秘訣》的內容（其中鍾氏
錄文「劫」誤作「動」，標點也有許多錯誤）。又「亡名」是後周僧人法號，
所作《絕學箴》，亦名《息心贊》，《續高僧傳》卷 7、《法苑珠林》卷 48 都有
記載。其錄文粗疏已甚，以上只是舉例，本文不全部出校。

　　3. 新式標點錯誤很多，不明句讀。如第 531 頁所錄 P.2640V《法琳別傳》：
「所以白石赤松之流。皆非鬼卒、王喬、羨門之輩，並匪治頭。」所點不知
所云，當讀作：「所以白石、赤松之流，皆非鬼卒；王喬、羨門之輩，並匪
治頭。」〔註2〕這類問題，全書到處都是，為省篇幅，本文不一一訂正。

〔註2〕《廣弘明集》卷 8：「陵傳其子衡，衡傳於魯，魯遂自號天師君。其來學者，
　　　　初名鬼卒，後號祭酒。祭酒各領部眾，多者名曰治頭。」《四分律隨機羯磨疏
　　　　正源記》卷 5：「治頭言能梳髮導氣也，鬼卒言能驅策神鬼也。」

4. 該書大量鈔錄今本《大正藏》的相關文字，只作簡單校對。如第580
～590頁所錄P.2124《付法藏傳》：「王言：『大聖，蘇性難消，能不爲疾？』」
「王言」二字，乃鍾氏鈔錄《付法藏因緣傳》卷3，敦煌原卷作「阿恕伽王
白言」六字。又「從初一日至滿七日」，原卷「至」上有「乃」字。另外，「是
（此）言」（括弧中的字是敦煌原卷用字，下同），「洗浴（欲）」，「上座（坐）」，
「琉（流）璃」，下文「鳥名拘（駒）那羅」，「宜勤（懃）精進」，「置掌而
觀（觀之）」，「求哀（食）」，「免（勉）脫」，「令心憔悴（燋焠）」，「汝眼（目）」，
「值大（天）雹雨」，「厭（猒）惡」，「厭（猒）患」，「姝（殊）妙」，「生尊
貴家（豪）」，「經（逕）數日中」，「昔佛在日（世）」，「即是本日（日）隨喜
童（重）子」，「金盤（槃）」，「半果（菓）」，「皆爲（悉）虛誑」，「殄（弥）
滅」，「未免（勉）生死」，「即（既）說偈言」，「龍盤（槃）」，「小徑（俓）」，
「復（便）生疲厭（猒）」，「涎（唌）唾」〔註3〕，「一切飲食（凡一切食）」，
「好美飲（餘）食」，「求受（索）勝法」，「使令（人）上之」，「惡瘡（創）」，
「今汝身有蛆（疽）蟲瘡（創）耶（也）」，「逮（逯）得阿羅漢果」，「宜可出
向旃（眞）陀（陁）羅村」，「轉更前進（行）」，「精勤（懃）」，「生始（始年）
一歲」，「復現（見）群賊」，「可共我渡（度）」，「挽（拋）而出之」〔註4〕，「蟲
蛆（疽）並出」，「兒皆幼稚（小）」，「苦切呵責（嘖）」，「眾人（人眾）咸往」，
「獲（獲得）大饒益」，皆是鈔錄今本《付法藏傳》卷3及卷4，而非敦煌
原卷舊貌。鈔錄今本而號稱「敦煌文」，妄也。此僅是舉例，本文不討論的
問題則不一一覆核原卷圖版。

5. 參考文獻不完備。如第640～643頁所錄S.3050V《善惠買花獻佛因
緣記》，鍾氏僅參考劉銘恕、施萍婷二人的校錄，不知王重民等《敦煌變文
集》、潘重規《敦煌變文集新書》、黃征等《敦煌變文校注》亦有校錄，題作
《不知名變文》〔註5〕。《變文》中的正確錄文，鍾氏反誤，如「佛心」誤

〔註3〕 「唌」同「涎」，亦作「潝」。S.388《正名要錄》：「潝、唌：右字形雖別，音義
是同。古而典者居上，今而要者居下。」

〔註4〕 此處「拋」是「挽」俗譌字，S.1730「并力拋之」，亦同。《慧琳音義》卷77：
「挽弓：正作輓，譜從拋，誤也。」又卷81：「牽挽：或從車作輓，錄作拋，
誤也。」《玉篇殘卷》「綍」字條引《禮記》鄭玄注：「綍，拋車索也。」「拋」
亦是「挽」，今本《禮記·曲禮上》作「引」。「拋」又是「拋」俗譌字，此不
作討論。

〔註5〕 王重民等《敦煌變文集》，人民文學出版社1957年版，第819～821頁。潘重
規《敦煌變文集新書》，文津出版社有限公司1994年初版，第809～813頁。

作「佛經」，「猛（盲）聾」誤作「極聾」，「偏佈施」誤作「遍佈施」，「銀鑿」誤作「銀塹」，「千金」誤作「千年」，「貝漏猛（盲）聾」誤作「貧遍極聾」，「瓨中」誤作「流中」，「僻著」誤作「僻老」。又如第 726 頁所錄 P.3591《青剉和尚誡後學銘》，不知徐俊《敦煌詩集殘卷輯考》已有校錄〔註6〕。第 794 頁所錄 P.2854《祭四天王文》，不知黃征等《敦煌願文集》已有校錄〔註7〕；第 803 頁所錄 P.3259《祭母文》，不知 S.5573 有同文，黃征等《敦煌願文集》已有校錄〔註8〕。《願文集》中的正確錄文、斷句及校讀，鍾氏反誤。可謂後出轉粗者也。第 826 頁所錄《瞿良友祭太原王丈人文》，不知寧可等《敦煌社邑文書輯校》已有校錄〔註9〕。

6. 引用今人著作，也甚不嚴謹，抄錄每有錯字。如第 95、500 頁都引饒宗頤《法藏敦煌書苑精華》「交邏」，饒氏原文作「交逕」〔註10〕。第 778 頁注（8）、（15）引寧可、郝春文《敦煌社邑文書輯校》「隤」、「鑿」二字，寧可原文分別作「隕」、「塹」〔註11〕。

7. 當校不校，當注不注，而於人所共知者，則又不憚辭費，多所引證。如第 246、494、683 頁「『由』通『猶』」，第 318 頁「『小』通『少』」，第 361 頁「『授』通『受』」，第 362 頁「『少』通『小』」，第 423 頁「『至』通『致』」，都舉了書證，甚無謂也。

8. 文字、音韻、訓詁、校勘不是作者所長，每多臆說。書中的解釋，除大量抄錄《漢語大詞典》外，於疑難處無甚發明。

9. 作者不熟悉佛經文獻及中土文獻，不能考查典故出處，不明古代禮制，多所誤解文義。作者同樣也不熟悉敦煌文獻，不能舉以互證。如第 757 頁所錄 S.2139 祭文，文中有「奉爲故和尚大祥追念之福會也」之語，《英藏敦煌文獻》、《敦煌遺書總目索引新編》定名作《故和尚大祥祭文》，並無不當。「大祥」是與「小祥」相對的禮制，「大祥」指死者喪後兩週年的祭禮，「小祥」指死者喪後一週年的祭禮。P.2622 有《大小祥祭文》，云：「上延考

黃征、張涌泉《敦煌變文校注》，中華書局 1997 年版，第 1134～1138 頁。

〔註6〕徐俊《敦煌詩集殘卷輯考》，中華書局 2000 年版，第 273 頁。

〔註7〕黃征、吳偉《敦煌願文集》，嶽麓書社 1995 年版，第 620 頁。

〔註8〕黃征、吳偉《敦煌願文集》，嶽麓書社 1995 年版，第 780 頁。

〔註9〕寧可、郝春文《敦煌社邑文書輯校》，江蘇古籍出版社 1997 年版，第 691～692 頁。

〔註10〕饒宗頤《法藏敦煌書苑精華》第 1 冊，廣東人民出版社 1993 年版，第 282 頁。

〔註11〕寧可、郝春文《敦煌社邑文書輯校》，江蘇古籍出版社 1997 年版，第 688 頁。

姁，不自殞滅。日月逾邁，奄及祥禮。」敦煌願文中，其云「大祥」祭禮者，如 P.3084+P.3765：「奉爲故師闍梨大祥追念之福會也。」P.3566：「奉爲厶人大祥追念之福會也。」S.2832：「奉爲考妣大祥之所設也。」S.5637：「奉爲考妣大祥追福諸（之）嘉會也。」其云「小祥」祭禮者，如 S.4536：「奉爲故小娘子小祥追念之福會也。」S.4992：「奉爲亡賢者小祥追念諸（之）嘉會也。」而鍾書林卻說「大祥和尚當是被祭祀的對象，《英藏》、《索引新編》定名易給人造成大祥和尚是祭祀的主動者的錯覺」，因而題名改作《祭大祥和尚文》。鍾氏不明禮制，把「大祥」當作和尚的法號，而勇於妄改，大誤。

其書名《研究與校注》，本文亦分作二部分，就上述最後三項作補正，隨文標示其書頁碼，引文僅標卷號，文獻篇名則從省焉。

一、研究篇

（1）P.3909：「何處年少，漫事縱橫！」

鍾書林曰：事、肆音近。漫、肆，兩字義同，均有「放縱」、「散漫」之義。（P80）

按：鍾說全誤。漫，猶言胡亂、隨便〔註12〕。「事」是「自」借音字。溫庭筠《春日雨》：「南朝漫自稱流品，宮體何曾爲杏花。」趙嘏《送李給事》：「眼前軒冕是鴻毛，天上人間漫自勞。」字也作「謾自」，黃滔《寓題》：「吳中煙水越中山，莫把漁樵謾自寬。」薛逢《送蕭俛相公歸山》：「眼前軒冕是鴻毛，天上人情謾自勞。」

（2）P.3214：「爲僧清恪，並無氛氳。」

鍾書林曰：「清恪」指廉潔恭謹。氛氳，意爲氛濁動怒。「清」與「氛」相對，「恪」與「氳」相對。（P81，又P800）

按：鍾氏「清與氛對，恪與氳對」全是臆說。「氛氳」是疊韻連語，字亦作「氳氳」、「紛緼」、「葐蒀」等形，音轉又作「紛貥」、「紛云」、「汾沄」、「紛員」、「紛紜」，盛多而亂皃，此指穢亂。

（3）P.2640V：「觀斯霑露，深可厭哉。」

鍾書林曰：霑露，《大正藏》作「惡露」。《漢語大詞典》釋爲：「佛教謂身上不淨之津液。中醫特指婦女產後胞宮內遺留的餘血和濁液。」（P81）

〔註12〕參見張相《詩詞曲語辭匯釋》，中華書局 1979 年版，第 234 頁。

按：所釋是，但未能探明詞源。「㿃」是「胞」借音字，「惡」是「汙（污）」同音借字。《維摩經文疏》卷 9：「爲說九孔常流汗露不淨。」《佛說大安般守意經》卷 1：「內體污露，森楚毛竪，猶覩膿涕。」明本作「惡露」。《佛說大迦葉本經》卷 1：「得諸不淨，屎、尿、膿血、死蛇、死人、污露，不以愁憂。」宋、元、明本作「惡露」。字也作「偓露」，「偓」是「惡」俗字。《慧琳音義》卷 54：「惡露：《考聲》云：『惡，猶憎嫌也。』」又卷 75：「惡露：顧野王云：『惡，猶憎也。』《玉篇》云：『惡露，洩漏無覆蓋也。』形聲字，經從人作『偓露』，俗字，非正體。」慧琳訓「惡」爲憎嫌，非是。字也作「蕙露」，《可洪音義》卷 8：「蕙露：上烏故反，諸經云『污露不淨』，亦云『蕙露』，是也。」「蕙」亦是「惡」俗字。「露」的語源，則是「漏」借音字，指洩漏之穢物。《增壹阿含經》卷 13：「欲爲穢污漏不淨行。」又卷 14 作「穢惡漏」。《增壹阿含經》卷 32：「猶如癰瘡，無一可貪，然此眼中，亦漏不淨。」此皆作「漏」字。《佛光大詞典》：「惡，爲憎厭之義。露，即津液。」《佛學大辭典》：「惡者憎厭之義，露者津液也。」所說皆誤。

（4）P.2568：「長城以北，休聞沓鉔之交；大漠以南，戮斷兩戎之臂。」

鍾書林曰：鉔，饒宗頤曰：「《廣韻》、《龍龕手鑒》未見，《廣韻》：『鈒，戟也，鋌也。』又『沓，重也，合也。』沓鉔殆謂兵器交邅。」沓鉔之交，似指兵器相互碰撞之聲。（P95，又 P500）

按：饒宗頤引《廣韻》「鈒，戟也，鋌也」，非是。且《廣韻》各版本都作「鋌」，《說文》、《集韻》同，不作「鋌」。饒宗頤誤作「鋌」，鍾氏照鈔，而不知檢正〔註13〕。趙家棟曰：「『沓鉔』當讀爲『沓縱』。『沓』指在行進中擊鼓。敦煌寫卷中字體構件『疌』、『忽/匆』、『恩』、『怱』、『從』常相混⋯⋯『縱』又與『摐』通，謂撞擊鐘鼓。」〔註14〕沓鉔，疊韻連語，當是「沓颯」記音字，往來紛雜之貌。李賀《河南府試十二月樂詞》：「金翅峨髻愁暮雲，沓颯起舞眞珠裙。」倒言則作「颯沓」、「颯邐」，《古文苑》卷 2 宋玉《舞賦》：「駱驛飛散，颯沓合并。」《類

〔註13〕饒宗頤《法藏敦煌書苑精華》第 1 冊，廣東人民出版社 1993 年版，第 282 頁。又「交邅」饒氏原文作「交邅」，鍾氏誤鈔。

〔註14〕趙家棟《敦煌文獻疑難字詞研究》，南京師範大學 2011 年博士學位論文，第 228 頁。其說又見趙家棟《敦煌碑銘讚語詞釋證》，《敦煌研究》2012 年第 4 期，第 79 頁。

聚》卷 43 引作「颯遝」。《文選‧笙賦》:「終嵬峩以蹇愕,又颯遝而繁沸。」劉良注:「颯遝、繁沸,聲勇起貌。」又作「靸雲」,《文選‧吳都賦》:「靸雲警捷,先驅前塗。」李善注:「靸雲,走疾貌。靸,素合切。雲,徒合切。」此狀走疾之聲。馬行疾之聲曰「駀騟」,同源詞。《文選‧吳都賦》:「澀靐槑㺜。」一本作「傱靐」。呂向注:「澀靐,言語不止兒。」又《琴賦》:「紛傱靐以流漫。」六臣本作「傮靐」。李善注:「傮靐,疾貌。」胡刻本善注作「傱靐,聲多也」。《書鈔》卷 109 引誤作「掍靐」。蔣斧印本《唐韻殘卷》:「靐,傱靐,言不止兒。」又「傱,傱靐。」《集韻》:「諐,諐靐,言不止。」亦是同源詞。

(5) P.2883:「彌天之德,課虛扣府,聊序云。」

鍾書林曰:此「扣府」,義不詳。(P96,又 P692)

按:據圖版,錄文當作「爰憑乙夜之餘,或替彌天之德,課虛扣宩,聊序云」。鍾氏削去前八字不錄,殊為不宜。此句 S.0462 殘缺。府,圖版作「宩」,《可洪音義》卷 11、16、17 同(卷 16 二見),當錄作「寂」。「寂」字俗寫,S.388《正名要錄》作「宩」,S.0462《金光明經果報記》作「宩」,S.0343《脫服》作「宩」,P.2056《阿毗曇毗婆沙論》作「宩」,P.2804《越州諸暨縣香嚴寺經藏記》作「牽」,皆可比勘。「扣寂」也作「叩寂」。「課虛叩寂」語出《文選》晉‧陸士衡《文賦》:「課虛無以責有,叩寂寞而求音。」《類聚》卷 50 梁‧陸倕《授潯陽太守章》:「鏤冰雕脂,不見大龍之象;課虛叩寂,寧聞駕辯之音?」《廣弘明集》卷 30 北齊‧盧思道《從駕經大慈照寺詩序》:「課虛引寂,仍發詠歌。」「引」必是「叩」形誤。《圓覺經大疏釋義鈔》卷 1:「課虛扣寂,率愚為疏。」又卷 13:「扣寂之言,即子書云扣寂寞以求意也。」《圓覺經類解》卷 1:「如是則與心運行,扣寂謀虛,合掌低頭,聚沙畫地。」「謀」必是「課」形誤。課亦扣(叩)也,擊也。課之言敤(敥),扣(叩)之言敂。《說文》:「敂,擊也。」《廣雅》:「敤,椎也。」又「敤、敂、攷,擊也。」敤、敂、攷一聲之轉。《文選》李周翰注:「課,率也。」其說非是。

(6) S.0526:「只為和尚在此之日,小來如兄弟,似水似魚,遞互謙恭,不聞弱事,今者為甚不和?」

鍾書林曰：「弱事」似爲流言蜚語、離間之事。（P96）

按：弱，讀爲挐，俗作惹。「姌嫋」或作「茸弱」，亦作「茸惹」、「誀惹」
〔註 15〕，是其比也。《方言》卷 10：「挐，揚州、會稽之語也，或謂
之惹。」《廣雅》：「惹，挐也。」惹、挐一聲之轉。「弱事」即「惹事」，
《宏智禪師廣錄》卷 3：「和光惹事，刮篤成家。」

（7）S.6271：「吾雖爲敗軍將，猶天子爪牙臣，何義拜賊？」

鍾書林曰：何義，《隋書》、《北史》均作「何容」。何容，意思爲「豈可、
豈容」。此處不管是用「何容」，還是用「何義」，在文義均爲通順。但該傳
旨在強化張季珣的忠義形象，強調的是君臣之「義」，因而敦煌寫本作「何
義」，似乎更符合原傳文本。（P171，又 P485）

按：鍾氏未達通假，強生分別。讀「義」如字，指君臣之義，成何句法？
義，讀爲宜，不煩舉證。何宜，猶言不宜、不應當。《隋書》、《北史》
作「何容」，容亦當也、應也、宜也〔註 16〕。

（8）P.2612V：「百姓移風易俗，不樂跳口求錢。」

鍾書林曰：口，黃征等出校記說：「闕文原卷筆勢不清晰，似『趺』或『狄』。
『跳趺』疑當作『跪伏』。」「跳趺」不辭，疑當作「跪伏」僅是理校，
不當。查原卷，「口」殘留「鰐」及「大」字形，疑爲「趺」字，爲「躍」
字之今體。（P208）

按：黃說固非，鍾說尤爲無理。「跃」是現代簡化字形，唐代「躍」不作
「跃」。查圖版，此字確實作「趺」。據《龍龕手鑒》，「跋」俗字作「趺」
或「趺」。《可洪音義》卷 7：「跋跨，同『趺跨』。」又卷 4：「羅颮：
音趺。」S.388《正名要錄》「跋」作「趺」，「拔」作「扖」。P.2602《無
上秘要》卷 29：「扖度好尙心。」上博 48：「扖死救生。」P.2640V：
「拓扖。」「扖」、「扖」、「扖」即「拔」。「趺」進一步譌省，其右旁
因譌作「犬」形。S.2072《佚類書・善射》「乃扖棘針」，「扖」即「拔」，
是其例也。則「趺」是「跋」俗譌字，絕無可疑。《資治通鑑釋文》
卷 5「跋扈」條云：「水居者於水未至時作竹籬以候魚之入，水退小魚

〔註15〕 參見蕭旭《敦煌變文校補（二）》，收入《群書校補（續）》，花木蘭文化出版
社 2014 年版，第 1416～1417 頁。

〔註16〕 參見楊樹達《詞詮》，中華書局 1954 年版，第 454 頁。裴學海《古書虛字集
釋》，中華書局 1954 年版，第 85 頁。

獨留，大者跳趺籬闠而出，故言趺闠。」亦作「跳趺」。倒言則作「趺跳」，杜甫《短歌行》：「鯨波趺浪滄溟開，且脫佩劍休徘徊。」宋郭知達輯《九家集注杜詩》卷 10 引趙彥材注云：「以美木大魚比之，趺浪則趺跳而出，如趺闠之趺，趺馬之趺。」趺，讀作踄。《方言》卷 1：「踄，跳也。」《說文》、《廣雅》同。字或作趈，《說文》：「趈，走也。」「走也」當作「走皃」，即指跳躍。字或作趒，《集韻》：「踄、趒，跳也，或從走。」《玉篇》、《廣韻》、《集韻》並云：「趒，走皃。」《龍龕手鏡》：「趈：或作。趒：今。走皃。」《祖堂集》卷 6：「南泉趒跳下來。」字亦音轉作踄，《宗門統要續集》卷 1：「踄跳：踄，蒲沒切，跳也。」《大慧普覺禪師語錄》卷 15：「三脚驢兒踄跳。」字亦作勃，《漢將王陵變》：「盧綰勃跳下階，便奏霸王。」項楚曰：「勃跳，蹦跳，同『踄跳』。」〔註17〕《大慧普覺禪師語錄》卷 9：「蝦蟇勃跳上天，蚯蚓驀過東海。」《拈八方珠玉集》卷 2、《古尊宿語錄》卷 6、《續古尊宿語要》卷 5、《聯燈會要》卷 8 作「踄跳」。近、現代音轉作「蹦」。「跳趺」即「趈跳」，也即「踄跳」、「勃跳」、「蹦跳」。

（9）P.3270：「太保神威發憤，遂便點緝兵衣。」

　　鍾書林曰：點緝，即點籍。（P209）

按：緝，會聚也。緝，讀爲集，字亦作輯。P.4011《兒郎偉》：「點集兵鉀（甲）軍人。」P.3783V：「旗（旗－期）點集之祭詞。」S.1159：「點集槍棑並弓箭。」《舊唐書·承天皇帝倓傳》：「收拾戎馬，點集防邊。」也倒作「集點」，S.5828：「忽然放帖，集點社人。」本字爲緝，《說文》：「緝，合也。」兵衣，即「兵甲」。「衣」亦可能是「卒（卒）」字誤書。

（10）P.3909：「向來所說，將君作劇。恰恰相要，欲便所索。」

　　鍾書林曰：「作劇」即「作詛」，詛咒之義。疑「所索」當爲「勒索」。（P210）

按：《通鑑》卷 189：「請選銳士數百與之劇。」胡三省注：「劇，戲也。今俗謂戲爲『則劇』。」胡說是也，「劇」即《左傳·僖公二十八年》「請與君之士戲」之「戲」。作劇，唐宋人俗語詞，猶言作戲。S.2073《廬山遠公話》：「上來言語，總是共汝作劇，汝也莫生頗我之心，吾也不見汝過。」《酉陽雜俎》卷 9：「郎君莫惡作劇。」今猶有「惡作劇」

〔註17〕項楚《敦煌變文選注》，中華書局 2006 年版，第 177 頁。

之語。《炎徼紀聞》卷 4：「春時竿女戲鞦韆以誘散子，攜手蹋歌，名曰作劇。」「則劇」即「作劇」音轉〔註18〕，《朱子語類》卷 104：「此等議論，恰如小兒則劇一般。」《密菴和尚語錄》卷 1：「師云：『二尊宿驀箚相逢，大似小兒則劇相似。』」皆其其例。左思《嬌女詩》：「玩弄眉頰間，劇兼機杼役。」劇指遊戲。李白《越女詞》：「吳兒多白晳，好爲蕩舟劇。」蕩舟劇，即蕩舟戲，典出《史記·管蔡世家》：「齊桓公與蔡女戲船中，夫人蕩舟。」便，原卷作「何」。欲何所索，猶今言要索取什麼。

（11）P.3909：「蘭（攔）街興酒，扰（枕）巷開延（筵）。」

　　鍾書林曰：《敦煌願文集》錄作「扰」，校爲「枕」，不當。原卷當錄爲「扰」字。「扰」與「攔」字正相對應。（P210～211）

按：原卷作「扰」，其右旁確是「尤」字。S.0328《伍子胥變文》：「結恨尢深。」「尢」即「尤」。但「扰」今作「擾」的簡體字，在古代與「擾」不是一字，鍾氏不辨，混而爲一。《五音集韻》：「扰，動也。」蓋即驚動義。蘭，當讀爲闌，遮也，「攔」是俗字。陸游《乍晴出遊》：「小樓酒旆闌街處，深巷人家曬練時。」金·李俊民《習家池》：「兒童拍手闌街笑，驚破滄浪一曲歌。」皆作正字。

二、校注篇

（1）S.2679：「利涉言：痛者不能緩其聲事，急者不能安其言〔口〕。」

　　鍾書林曰：唐耕耦校斷句爲「利涉：言痛者不能緩其聲，事急者不能安定」，將「言」字下屬，不當。劉銘恕校本的斷句爲「利涉言：痛者不能緩其聲，事急者不能安定」，將「事」字下屬，亦不當。「安其言」之「言」，諸家校作「定」，非是。（P230）

按：諸家各有得失，當作「利涉言：〔心〕痛者不能緩其聲，事急者不能安其言」。語出《後漢書·劉陶傳》陶上疏：「臣聞『事之急者不能安言，心之痛者不能緩聲』。」寫卷「痛」上脫「心」字。《舊唐書·良吏傳》

〔註18〕趙家棟《禪籍方俗詞待問錄考辨》亦有此說，《中國訓詁學研究會 2014 年學術年會論文集》，上海交通大學 11 月 14～16 日，第 441～442 頁；又《中國訓詁學報》第 3 輯，商務印書館 2018 年版，第 187～188 頁。

李君球上疏:「臣聞『心之病(痛)者不能緩聲〔註19〕,事之急者不能安言』。」亦用此語。

(2)S.2679:「洗木(沐)求痕,至存妄解。」

鍾書林曰:木,通「沐」,劉銘恕校本作「水」。(P230)

按:錄作「木」,讀作「沐」,是也。其典出《韓子·大體》:「不吹毛而求小疵,不洗垢而察難知。」《後漢書·趙壹傳》《刺世疾邪賦》:「所好則鑽皮出其毛羽,所惡則洗垢求其瘢痕。」《劉子·傷讒》:「是以洗垢求痕,吹毛覓瑕。」《辯正論》卷6:「子雖洗垢求疵,無損南威之麗。」《新唐書·魏徵傳》:「好則鑽皮出羽,惡則洗垢索瘢。」《寒山詩》:「銓曹被拗折,洗垢覓瘡瘢。」亦皆出《韓子》。「洗沐求痕」與「吹毛求疵」同義,都比喻刻意找小毛病。

(3)P.3399:「如其濫罰,悔亦何徒?臣是農人,每自鋤耨,草長則速殺,禾小則緩鋤。」

鍾書林曰:徒,唐耕耦校同。陳祚龍校認為該字為「徙」字之訛,「何徙者,何可徙善遠罪之謂也」。(P235)

按:陳祚龍殊為臆說,絕不可信。寫卷「何」下脫「及」字,「徒」字屬下句。「悔亦何及」是古成語。臺灣學者王國良曾指出陳祚龍「文字、聲韻、訓詁、校勘等基本功夫顯得欠紮實……陳氏校錄敦煌卷子的諸多問題,可參見張涌泉教授《陳祚龍校錄敦煌卷子》專文(原注:文載《學術集林》卷6,1995年,頁295~320)」〔註20〕,信不誣也。

(4)P.3399:「故知判(叛)臣逆子,何代無之;雖慈父嚴君,未能全免。只可斬其首,寧害引者,皆誅殺人。」

鍾書林曰:寧,似為「佞」字之訛。此處指迷惑、誘惑。人,似為「之」字之誤。(P236)

按:當「寧害引者皆誅殺人」作一句讀。校「人」為「之」字可取。「寧」則是反詰副詞。害引者,指禍害而連及者。謂只可斬其首惡,其徒黨不可盡誅。

〔註19〕《唐新語》卷2「病」作「痛」。
〔註20〕王國良《談敦煌所藏隋唐古體小說整理研究之成果》,《百年敦煌文獻整理研究國際學術討論會論文集》上冊,浙江大學2010年4月10~12日,第78頁。

（5）P.2314：「孰有能擊揚真實，弘宣隱奧。」（P238）

按：擊，讀爲激。《莊子·逍遥遊》：「水擊三千里。」《慧琳音義》卷 87、《御覽》卷 927 引作「激」。《淮南子·齊俗篇》：「故水擊則波興。」《治要》卷 41 引作「激」，《淮南子·氾論篇》、《文子·下德》同。《列子·湯問》：「以激夾鍾。」《釋文》：「激音擊。」《論衡·雷虚》：「雷者，太陽之激氣也。」《玉燭寶典》卷 11 引作「擊」。P.3172：「恒懷激柱之心，常蘊誓山之節。」黃征等讀「激柱」爲「擊楫」〔註21〕。皆其證也。

（6）P.2314：「陛下以聖智潛通，至靈昭咸。」（P238）

按：咸，讀爲感。

（7）P.2555：「列（烈）士抗節，勇不避死。」（P240）

鍾書林曰：勇，原卷作「曾」，唐耕耦校照錄，茲據《舊唐書·李邕傳》校。（P240）

按：《文苑英華》卷 619 孔璋《請替李邕死表》作「勇」，注：「後篇作『奮』。」「曾」當是「奮」形誤。

（8）P.2668：「□三詳覽，涂可嘉焉。」（P244）

按：首字缺文必是「再」字。所謂「涂」，原卷確實如此，當作「深」，形近而誤。唐釋圓照集《代宗朝贈司空大辨正廣智三藏和上表制集》卷 6《恩命拂拭京城諸寺塔像訖進表》，寶應元聖文武皇帝批「虔誠所至，深可嘉焉」；《詩品》卷 3 有「甚可嘉焉」語，甚、深一聲之轉。

（9）P.3620：「豈料長安日遠，〔謁見無由；函〕谷關遙，陳情不暇。」

鍾書林曰：料，原卷作「謂」，唐耕耦校本從之。此據《舊唐書·封常清傳》、《全唐文》校。從文義判斷，以「料」字於義爲長。（P246）

按：作「謂」是其故書。謂，料想也，常「豈謂」、「不謂」連文〔註22〕，鍾氏不之知而妄改。P.4065：「豈謂壽限有期，俄歸逝路。」P.4640：「豈謂風燈運促，黃雄之崇妖侵；手足長辭，痛鶺鴒之失羽。」例多不煩舉。

〔註21〕黃征、吳偉《敦煌願文集》，嶽麓書社 1995 年版，第 686 頁。

〔註22〕參見徐仁甫《廣釋詞》，四川人民出版社 1981 年版，第 174 頁。蔡鏡浩《魏晉南北朝詞語例釋》，江蘇古籍出版社 1990 年版，第 27 頁。王鍈《唐宋筆記語辭匯釋》，中華書局 2001 年版，第 175 頁。

（10）P.3620：「三期陛下若不斬臣，無以例關西之將。」

　　鍾書林曰：例，饒宗頤校作「儆」。按：作「例」意思亦通。例，即規則、規範。（P247，又 P167）

按：饒校固非，鍾說尤誤。例，讀爲勱，字亦作勵、勱，激勵、勸勉。S.543V《亡文》：「惟靈齒積蘭帷，標清（情）柰苑；供（恭）惟四德與四弘而〔兼〕例，習對六修將六行而齊媚（美）。」P.2631「例」作「勵」。

（11）P.3620：「奈何於中而生退墮？」（P250）

　　鍾書林曰：退墮，P.3608V 作「退墜」。「退墮」義爲長，猶言退步落後。（P250）

按：墮、墜古音相通。指退失菩提心，而墮於二乘凡夫之地。亦作「退惰」，《四諦論》卷 2：「復次退惰正法。」宋本等「惰」作「墮」。

（12）P.3620：「陛下不聞尸毗王割〔股〕救鴿，剜身然燈。」

　　鍾書林曰：原卷脫「股」字，唐耕耦校補之，甚是。（P250）

按：P.3608V 作「割股」，不知如何不引。

（13）P.3620：「使綺縠不衣，食肉勒節。」

　　鍾書林曰：綺，原卷作「倚」，唐耕耦校據 P.3608V 改，是。勒，原卷作「強」，唐校據 P.3608V 改，是。勒，通「肋」。（P251）

按：綺縠，原卷作「倚縠」，當徑錄，再括注。勒，原卷作「𦤷」，其右旁是「堇」。P.3608V 作「𦤷」，是「勤」字。勤，讀爲謹，恭謹。原卷可能即「謹」字。節，節儉。讀勒作肋，「肋節」不知所云。

（14）P.3620：「晚食痛心，憂人出震，總括六乾之德，躍〔居〕九五之尊。」

　　鍾書林曰：P.3608V 奪「晚」字。「晚食」典出《戰國策·齊策四》：「顏斶願得歸，晚食以當肉，安步以當車，無罪以當貴，清靜貞正以自虞。」此處「晚食」指淡泊名利之人，被皇帝疏遠之人。「晚食」與「憂人」相對，意思近同。原卷脫一字，唐耕耦校補作「居」，今從之。（P252）

按：「晚食痛心，憂人出震」二句是寫天子。《左傳·昭公二十年》：「奢聞員不來，曰：『楚君、大夫其旰食乎！』」杜預注：「旰，晚也。」《風俗通·過譽》：「早朝旰食，夕惕若屬。」「旰食」即「晚食」，指事務繁忙不能按時吃飯、勤於政事。八卦中的「震」卦位應東方。出震，

即出於東方。徐陵《勸進梁元帝表》:「伏惟陛下出震等於勛華,鳴謙同於旦奭。

（15）P.3201V:「夫為將者,務欲增人我之滿惑,取浮俗之虛譽。」
　　鍾書林曰:滿惑,唐耕耦校作「深感」,似不確。(P262)
　按:滿,讀爲懣。

（16）P.3633:「直爲本朝多事,相救不得,□（陷）沒吐蕃。」
　　鍾書林曰:直爲,由於遇上。爲,介詞,由於、因爲。直,遭遇、遭逢。
　　缺字疑作「陷」。(P279)
　按:直爲,猶言只爲。「爲」讀去聲。鍾氏所釋,全未得訓詁之法,甚是奇
　　特。

（17）P.4065:「控扼山河,稍播恩威之詠;撫安疲俗,微彰寬猛之謠
　　（徭）。」
　　鍾書林曰:謠,唐耕耦校、趙和平校照錄。按「謠」通「徭」。(P293)
　按:唐、趙讀「謠」如字,是也。謠亦指歌詠。「寬猛」典出《左傳·昭公
　　二十年》:「仲尼曰:『善哉!政寬則民慢,慢則糾之以猛。猛則民殘,
　　殘則施之以寬。寬以濟猛,猛以濟寬,政是以和。」

（18）P.4065:「竊知皇帝陛下,天倍天補,聖得（德）神扶。」(P294)
　按:倍,讀爲培,補益也。

（19）P.2623V:「某聞珍財滿意百年,息豪富之名;經書貫心千載,播芳
　　蘭之響。」
　　鍾書林曰:意,張錫厚校爲「盈」。按:「意」通「億」,引申爲極多、滿。
　　「滿意」有「充盈」義,不必校改。(P319)
　按:「滿意」、「貫心」對文,「意」讀如字,指心意。

（20）P.2623V:「況以常懷負德,隨淥水而願作白龜;永報深恩,捧金環
　　而誓爲黃雀。」
　　鍾書林曰:負,張校逕錄爲「貞」。負,爲「貞」字之譌。(P320)
　按:上句典出《世說新語·方正》梁劉孝標注引《孔愉別傳》:「愉字敬康,
　　會稽山陰人。初辟中宗參軍,討華軼有功,封餘不亭侯。愉少時,嘗
　　得一龜,放於餘不溪中。龜中路左顧者數過。及後鑄印而龜左顧,更

鑄猶如此印。師以聞，愉悟，取而佩焉。」《初學記》卷 30 引臧榮緒《晉書》、《御覽》卷 200 引《晉中興書》、《晉書‧孔愉傳》略同。下句典出梁‧吳均《續齊諧記》：「弘農楊寶性慈愛，年九歲，至華陰山，見一黃雀爲鴟梟所搏，逐（墜）樹下，傷瘢甚多，宛轉，復爲螻蟻所困。寶懷之以歸，置諸梁上，夜聞啼聲甚切，親自照視，爲蚊所嚙，乃移置巾箱中。啖以黃花，逮十餘日，毛羽成，飛翔，朝去暮來，宿巾箱中，如此積年。忽與群雀俱來，哀鳴遶屋，數日乃去。是夕寶三更讀書，有黃衣童子曰：『我王母使者，昔使蓬萊，爲鴟梟所搏，蒙君之仁愛，見救，今當受賜（使）南海。』別以四玉環與之，曰：『令君子孫潔白，且從登三公事如此環矣。』寶之孝大聞天下，名位日隆，子震，震生秉，秉〔生賜，賜〕生彪，四世名公。」又引蔡邕《論》云：「昔日黃雀報恩而至。」〔註 23〕李商隱《謝座主魏相公啓》：「孔龜効印，未議於酬恩；楊雀銜環，徒聞於報惠。」亦用此二典。

（21）S.0811：「永比自江東，十六而學，七年茅嶺，被受饑荒。」

鍾書林曰：被，施萍婷校疑爲「備」字。（P336）

按：「被」當讀如字，被亦遭受義，不得妄改。鮑照《通世子自解》：「遭逢謬幸，被受恩榮。」

（22）S.3880：「伏惟倍北保重，是使望也。」（P349）

按：使，讀作所。P.2237：「使有恐（怨）家齋（債）主。」黃征等括讀使爲所〔註 24〕，S.980、S.1441V、S.3427、S.5589、P.3819+P.3825、BD2148 題記、BD3228 題記、BD14501 題記正作「所有」。S.5957：「遂有怨家債主。」「遂」是「所」聲誤〔註 25〕。P.3084+P.3765：「以知大雄聖力，有求必獲於使求。」亦其例。寫卷中「所」、「使」同音互借，亦見借「所」字爲「使」者：P.3494：「願所年消九橫，月殄三災。」P.2058、P.2588、P.3084+P.3765、S.5957、S.6417、Φ263+Φ326 作「使」。S.5637：「所惠（慧）海而長波，法船恒駕。」P.3503、P.4062 作「使」。S.5957：「留像法於人間，所得通於塵劫。」P.2361、P.2854 作「使」。P.3172：

〔註 23〕「逐」、「賜」當據《類聚》卷 92、《御覽》卷 922 引訂作「墜」、「使」，「生賜賜」三字據《類聚》、《御覽》引補。
〔註 24〕黃征、吳偉《敦煌願文集》，嶽麓書社 1995 年版，第 709 頁。
〔註 25〕黃征、吳偉《敦煌願文集》失校，第 590 頁。

「遂所千燈普照，百焰但（俱）明。」P.2058、P.2854、P.2588、P.2915、P.3545、S.5957、S.6417 作「使」。P.3172：「故所巨夜還朝，返迷津〔而〕悟道。」P.2058、P.2341、P.3084+P.3765、P.3545、S.5638、S.5957、S.6417 作「使」。以上諸例，黃征等皆括讀所爲使〔註26〕，是也，茲隨文補舉異文材料。P.4061：「致所經魂闇室，覆義幽途。」「所」亦讀所爲使。北，原卷作「𠂤」，當是「加」形譌。「倍加保重」、「善加保重」是敦煌書儀習語，S.4677「伏惟以時倍加保重」，是其例。

（23）S.4711V：「大師時閑，悲愍廣濟，黎民悃悝，千里之僧。」

　　鍾書林曰：閑，疑爲「賢」字之譌。（P357）

按：「時閑」二字，原卷作「特閑」，當錄作「特閑」。二句當讀爲「大師特閑，悲愍廣濟黎民，悃悝千里之僧」。閑，讀爲憪，俗作憪、憪，字亦省作閑，閒適、安靜。《說文》：「憪，愉也。」段玉裁注：「《廣韻》曰：『憪，心靜。』然則今人所用『閒靜』字當作此字。許云愉者，即下文『愉愉如也』之愉，謂憺怕之樂也。」〔註27〕《爾雅》：「悝，憂也。」

（24）S.6537V：「此吾及內外親姻，男女大少（小），物得安泰，幸勿憂慮。」（P362）

按：「物」是「惣」誤寫。「惣」是「總」俗字。

（25）P.2155V：「運後奔趓問訊。」

　　鍾書林曰：趓，大步快跑。《廣韻》：「趓，大走。」（P364）

按：奔趓，即「奔軼」、「奔佚」、「奔逸」。P.2962《張議潮變文》：「行經一千里已来，直到退渾國內，方始趓趓。」胡適藏本《降魔變文》：「天仙空裏散名花，贊唄之聲相趓迭。」「趓迭」即「趓趓」〔註28〕，「趓」亦「軼」字音轉。

（26）P.2555：「遠垂翰墨，兼惠銀盤，覩物思賢，愧珮非兮。」

　　鍾書林曰：非，鄧小南校疑爲「萬」字。按：「非」似爲「翡」字之省形。

〔註26〕黃征、吳偉《敦煌願文集》，第 41、237、238、449、516 頁。
〔註27〕段玉裁《說文解字注》，上海古籍出版社 1981 年版，第 509 頁。
〔註28〕參見蔣禮鴻《敦煌變文字義通釋》，收入《蔣禮鴻集》卷 1，浙江教育出版社 2001 年版，第 156 頁。

愧，疑爲「懷」字形譌。（P370）

按：鄧、鍾二氏胡亂改字，絕不可信。兮，圖版作「⿰」，當錄作「分」。
S.2832：「故位今三事。」P.3819+P.3825：「領功德⿰。」P.2941《燕
子賦》：「曲躬⿰疎。」亦皆是「分」字，可以比勘。「非分」謂不是
本分所應有。珮，讀作佩。《類聚》卷 56 引陳·徐陵《移齊文》：「愧
佩良深。」《太平廣記》卷 458 引《博異志》：「李答以媿佩之辭。」「媿」
同「愧」，見 S.388《正名要錄》。愧佩，猶言感念、感激。

（27）P.2555：「南有鐵嶺之固，北有雪山之宇。」

鍾書林曰：宇，同「宇」，該字下部「于」，原卷作「干」，鄧小南校照錄。
（P370）

按：嶺，原卷作「領」。宇，原卷作「宇」，鍾氏妄改作「宇」，無據。「宇」
是「牢」俗字，與「固」對舉〔註 29〕。

（28）P.2555：「帝於是乾扶桑弓，杖倚天劍。」

鍾書林曰：桑弓，桑木作的弓，泛指強弓、硬弓。杜甫《歲宴行》：「漁夫
天寒網罟凍，莫徭射雁鳴桑弓。」（P371）

按：此文明顯是「扶桑弓」與「倚天劍」對舉，鍾氏不察，但知鈔錄《漢
語大詞典》「桑弓」條，非是。二句用宋玉典，《錦繡萬花谷》前集卷
33 引《荊楚故事》：「襄王與唐勒、景差、宋玉等遊於雲陽之臺，王謂
左右曰：『能爲大言乎？』……宋玉曰：『方地爲輿，圓天爲蓋。彎弓
掛扶桑，長劍倚天外。』」《事類賦注》卷 13 引宋玉《大言詩》：「彎
弓掛扶桑，長劍倚天外。」尋陸厥《臨江王節士歌》「彎弓掛若木，
長劍竦雲端」，李白《代壽山答孟少府移文書》「將欲倚劍天外，挂弓
扶桑」，亦皆用宋玉典。扶桑木極高，《齊民要術》卷 10 引郭璞《玄
中記》：「天下之高者，扶桑無枝木焉，上至天，盤蜿而下屈，通三泉。」
弓掛扶桑，極言弓之大耳。乾，讀爲縣，懸掛。P.2717《碎金》：「皮乾：
音縣，帶也。」P.3906、S.6204《碎金》「乾」作「鞙」。是「乾」、「縣」
音同。「乾」異體字作「鞙」（《廣韻》），《釋名》：「鞙，縣也，所以縣
縛軛也。」

〔註 29〕此是趙家棟博士說。

（29）P.2555：「包推海量。」

　　鍾書林曰：包，鄧小南校作「色」。包推，猶言公認、公推。「包」有「囊括」義。（P371）

按：「包」有「囊括」義，不得引申出副詞「公」義。包，圖版作「」，當錄作「邑」。S.0343《亡文》：「閻閻鼎蓋，郡邑推賢。」

（30）P.3044V：「昨日飲多，醉甚。過度危疏言詞，都不醒覺。朝來見諸人說，方知其由，無地容身。慚悚尤積，本懇反仄反仄。」

　　鍾書林曰：仄，通「責」。（P394）

按：危，圖版作「」，當錄作「麁」，乃「麤」俗字。反仄，指內心不安，也作「反側」。《三國志・陳思王植傳》《上責躬詩表》：「僻處西館，未奉闕廷，踴躍之懷，瞻望反仄。」《文選》作「反側」。

（31）P.3100：「彼此釋門，喜接言。」（P396）

按：接，讀爲捷。捷言，直捷而言，猶今語直說。

（32）P.3349P1：「汝好收計廩粟。」

　　鍾書林曰：廩，原卷該字僅由「广」與「禾」兩偏旁構成，當爲「廩」字的省形。（P400）

按：鍾氏妄改，非是。原卷作「床」，非形聲字，乃「糜」字譌省，指穄子。《呂氏春秋・本味》高誘注：「穄，關西謂之麇，冀州謂之䵂（緊）。」《玄應音義》卷14「床米」條引作「關西謂之床，冀州謂之穄」，《涅槃經疏私記》卷12引高注「麇」作「麋」。《玄應音義》卷2：「粟床：字體作糜、麇二形，同。關西謂之床，冀州謂之穄。」正字當作「糜」，《說文》：「糜，穄也。」又「穄，糜也。」《玄應音義》卷15「穄米」條云：「關西謂之麇。」《慧琳音義》卷58「麇」作「糜」。《集韻》：「糜、麇，《說文》：『穄也。』或從禾，亦書作䵃。」Дx.2822《雜集時用要字》：「床穰。」穰指禾莖，床穰指穄莖。

（33）P.3555P2V：「又緣乍到，並無一物充信，乞莫怪九。」

　　鍾書林曰：九，疑爲「罪」字之訛。（P403）

按：「九」是「究」省文，或讀爲咎〔註30〕。怪究，猶言責怪。

〔註30〕讀「咎」是趙家棟博士說。

（34）P.3555P2V：「每蒙情念曲賜。」（P403）

按：情，原卷作「憐」。「憐念」是中古俗語詞。《慧琳音義》卷 41 引《古今正字》：「愛，憐念也。」《佛說孛經抄》卷 1：「母憐念之，數曉二子，二子不止。」《起世經》卷 2：「見此男女，心生憐念。」

（35）P.3555P12：「……員口口並起居萬福。」（P405）

按：二缺字，圖版作「」，當錄作「擖搔」。「擖」乃「攋」俗譌字，「攋搔」音轉又作「邋遢」，是其人的名字。S.3877V4：「一仰口承人男擖搔兄弟祇當。」亦作人名。又 P.3070V、P.3418V 有「宋擖搔」，P.3234V 有「安擖搔」、「康擖搔」，P.3379 有「楊擖搔」，P.3418V、P.5032 有「張擖搔」，P.3418V 有「氾擖搔」、「石擖搔」，S.2894V2 有「白擖搔」，S.5073 有「李擖搔」，S.4060、Дx.2954 有「索擖搔」，亦皆作人名，不勝枚舉。P.3906《碎金》：「棄擖搔。」P.2011 王仁昫《刊謬補缺切韻》：「搔，攋搔，和雜。」蔣斧印本《唐韻殘卷》：「攋，攋搔，破壞。搔字才盍反。」《集韻》：「搔，攋搔，和攪也。」也譌省作「揭摙」，蔣斧印本《唐韻殘卷》：「摙，揭摙，和雜。」

（36）P.3632：「昨夜拳峑侹最贏，至今猶愜素中情。賽峑應有傾杯樂，老仁爭敢不相迎。」（P409）

按：拳峑、賽峑，皆當是「賽拳」誤書。愜，圖版作「」，當錄作「慝」。慝，慚愧，是說贏了猜拳而感到難爲情。

（37）P.3632：「芳饌馨馨，莫非飽飽。」（P409）

按：飽，圖版作「」，當錄作「飳」。《玉篇殘卷》「飳」字條「飳」作「」。P.2883：「擿芝秀於東山，清流於南澗。」「」即「挹」，可以比勘。蔣斧印本《唐韻殘卷》：「飳，食飽。」指吃飽了欬氣。本字爲噫，《說文》：「噫，飽食息也。」字或省作意，《素問・至眞要大論篇》：「腹脹，善噫。」馬王堆帛書《陰陽十一脈灸經》甲本同，乙本作「善意」。字亦音轉作餩、欬、咳，今吳語猶作此音，云「欬氣」、「欬聲」，讀苦代切。《廣韻》：「餩，通食氣也。欬，上同。」《集韻》：「噫，或作欬，通作餩。」唐・元稹《寄吳士矩端公》：「醉眼漸紛紛，酒聲頻餩餩。」Φ365V《妙法蓮華經講經文》：「若裏菜蔬三五啖，摩娑肚子

飽咳咳。」〔註31〕

（38）P.3885：「太和拱奉口堦，侍衛天子。」

　　鍾書林曰：拱，陳祚龍校作「供」，是。堦，同「階」。（P416）

按：「拱」當讀如字，陳說非是。拱奉，拱衛奉持。

（39）P.3936：「自從一別，已俞（逾）一秋。夜夜懸渧，朝朝仰望。」

　　鍾書林曰：渧，同「嗁」，啼哭。（P417）

按：啼哭如何可懸，不思之甚也。渧，字亦作滴，此文指眼淚、淚滴。《慧
　　琳音義》卷 13 引《韻詮》：『渧，涕淚也。』」P.2621《孝子傳》：「褒
　　父母渧淚所沾著之樹，樹色慘以（與）語（餘）樹不同。」日本龍谷
　　大學藏本《悉達太子修道因緣》：「武士擁至火坑傍，含渧淚落數千
　　行。」渧亦淚也。P.2553《王昭君變文》：「虞舜妻賢，渧能變竹。」
　　又「單于受吊復含渧，漢使聞言悉以悲。」皆其例，或校「渧」作「嗁」
　　〔註32〕，非是。《御覽》卷 962 引任昉《述異記》：「舜南巡不返，歿
　　葬於蒼梧之野，堯之二女娥皇、女英追之不及，相思慟哭，淚下沾竹
　　文，悉爲之班班然。」此即「淚能變竹」之典。周·庾信《哀江南賦》：
　　「城崩杞婦之哭，竹染湘妃之淚。」亦用此典。

（40）P.4002V：「（前缺）覩未由，空積矚戀。」（P420）

按：矚，圖版作「曜」，當錄作「瞻」。P.4638V：「未由拜伏，下情倍增瞻
　　戀。」P.5007V：「但積瞻依。」「瞻戀」是唐人俗語詞，佛經中常見。

（41）Дx.01385：「參寒冷冷，白雪加凌，凍煞同學時年。明了信性，淨
　　智德照。律師等少日增寒，被矩衣單。」

　　鍾書林曰：冷，通「泠」。（P444）

按：參，原卷作「多」。「冷冷」讀如字，極言其冷。劉長卿《戲贈於越尼
　　子歌》：「春泉漱玉寒冷冷，雲房寂寂夜鐘後。」矩，圖版作「祗」，
　　當錄作「短」。當讀作：「……凍煞同學。時年明了、信性、淨智、德
　　照律師等，少日增寒，被短衣單。」「明了、信性、淨智、德照」都

〔註31〕參見蕭旭《敦煌變文校補（二）》，收入《群書校補（續）》，花木蘭文化出版
　　　社 2014 年版，第 1442～1444 頁。
〔註32〕黃征、張涌泉《敦煌變文校注》引徐震堮、潘重規說，中華書局 1997 年版，
　　　第 168、476 頁。

是律師法號〔註33〕。

（42）BD3406V：「昔歸鳥口失羽，不能暢遊。」（P449）

按：據圖版，「失羽」上之字作「鴒」。寫卷當作「鶺鴒失羽」。P.2631：「豈
謂鴻鴈分行，鶺鴒失羽；悲深手足，痛結星霜。」〔註34〕P.4640：「豈
謂風燈運促，黃雄之崇妖侵；手足長辭，痛鶺鴒之失羽。」P.3718：「一
枝無望，哽噎万千。鶺鴒失羽，堂燕何邊。」「鶺鴒」即「脊令」，典
出《詩‧常棣》：「脊令在原，兄弟急難。」「鶺鴒失羽」指兄弟亡故。

（43）P.3590：「在職默然不樂，私有挂冠意屬。契丹以營州叛，建安郡王
攸宜親總戎律，臺閣英妙，署在軍麾，時敕子昂參謀帷幕。」

鍾書林曰：意屬，猶言「屬意」。（P494）

按：鍾氏未得其讀。「屬」當屬下句，時間副詞，猶言恰好遇到、適逢。下
文「有挂冠之志」，「意」即「志」。

（44）P.2568：「臨陣擐甲，騗馬揮槍。」

鍾書林曰：騗，指側身抬起一條腿跨上，同「騎」。《南史‧蘭欽傳》：「宋
末隨父子雲在洛陽，恒於市騗橐馳。」《通志》作「騎」。（P499）

按：鍾氏臆說耳，「騗」字怎麼會同「騎」？《玄應音義》卷5：「騗騎：
謂躍上馬也，今俗謂不躡隥上馬為騗。」又卷7「騗象」條引《文字
集略》：「騗，躍上馬也。」《玉篇》：「騗，匹扇切，上馬也。」《演繁
露》續集卷5：「嘗見藥肆鬻脚藥者榜曰『騗馬丹』，歸檢字書，其音
為匹轉，且曰『躍而上馬也』。又見唐人武懿宗將兵遇敵而遁，人為之
語曰：『長弓度短箭，蜀馬臨堦騗。』言蜀馬既已低小，而又臨堦為高，
乃能躍上，始悟『騗』之為義。《通典》曰：『武舉制土木馬於里閭間，
教人習騗。』」《新唐書‧百官志》：「樂工、獸醫、騗馬、調馬、群頭、
栽接之人皆取焉。」《新唐書釋音》卷19：「騗，躍上馬。」後漢‧安
世高譯《佛說㮈女祇域因緣經》卷1：「作一木馬，高七尺餘，日日學
習，騗上初學，適得上馬。」吳‧支謙譯《賴吒和羅經》卷1：「氣力
射戲，上象騗馬，行步趍走。」字亦作驔，蔣斧印本《唐韻殘卷》：「驔，
躍上馬。」P.2717《碎金》：「驔馬：疋善反。」《玄應音義》卷13「驔

〔註33〕此趙家棟博士說。
〔註34〕P.4062有同文。

上」條、卷 22「鴈騎」條並引《纂文》:「鴈,謂躍上馬也。』」又卷
19「鴈馬」條引《字略》同。《慧琳音義》卷 15「鴈騎」條引《考聲》:
「鴈,躍以上馬也。」又卷 35「鴈上馬」條引《考聲》:「鴈,躍身上
馬。」《廣韻》:「鴈,躍上馬。」《集韻》:「鴈,躍而乘馬也,或書作
騙。」《龍龕手鑑》:「騙、鴈,躍上馬也。」騙(鴈)之言媥也、翩也,
《說文》:「媥,輕貌。」P.2011 王仁昫《刊謬補缺切韻》:「媥,身輕
便兒。」「騙(鴈)」是輕身躍上馬的分別字。字亦作偏,《可洪音義》
卷 14:「偏馬:上疋見反,正作鴈。」又卷 4:「騙象:上普扇反,躍
上馬也,正作鴈、偏二形。」可洪謂其字源是「偏」,非也。

(45) S.0556:「於時大本未至,孤明先發,獨見迁眾。」

　　鍾書林曰:迁,郝春文校作「忤」,謂形近而訛。茲從校。(P505)

按:迁,圖版作「迁」,當是「迕」形譌,《出三藏記集》卷 15 正作「迕」。
　　「迕」同「忤」,《高僧傳》卷 7 作「忤」。《淨名經關中釋抄》卷 1 又
　　形誤作「迁」。

(46) S.0556:「若我所說反於經義者,請現身厲疾。」

　　鍾書林曰:厲,病災、瘟疫。《左傳・襄公三十一年》:「盜賊公行,而夭
　　厲不戒。」是其例。《高僧傳》、《法苑珠林》皆同。S.3074《高僧傳略》作
　　「癘」。(P505)

按:厲,圖版作「厲」,是「癘」省筆字。《高僧傳》卷 7、《出三藏記集》
　　卷 15 作「厲」,宋本《高僧傳》作「癘」,《法苑珠林》卷 24 引《高僧
　　傳》作「癩(宋本作「厲」)。癘,惡瘡病,字或省作厲,音轉亦作癩。
　　《慧琳音義》卷 2:「癩疾:來大反,俗字也。《廣雅》:『癩,傷也。』
　　《蒼頡篇》:『痛也,病也。』《說文》正作『癘』,惡病也。」

(47) S.0556:「言竟,拂衣而逝。」

　　鍾書林曰:逝,郝春文據《高僧傳》,改為「遊」。按作「逝」文義亦通,
　　不煩改。《法苑珠林》正作「逝」。此處「逝」指消逝。(P505)

按:說「逝」不煩改,是也。《出三藏記集》卷 15、《淨名經關中釋抄》卷 1
　　亦作「逝」。逝,去也,行也。《廬山記》卷 3 作「去」。《宋高僧傳》卷
　　18「語罷拂衣而去」,文義全同。「遊」是「逝」形譌。

（48）P.2640V：「謹課庸辭，略申管見，塵黷御覽，伏深戰越。」

　　鍾書林曰：戰越，因惶恐而戰慄。越，殞越、惶恐。（P519）

按：鍾說妄耳，「殞越」與「惶恐」二義迥別，不啻天壤，如何引申？「戰越」是中古俗語詞。《廣弘明集》卷 24 周‧釋曇積《諫周太祖沙汰僧表》：「是以呻吟策杖，送此丹誠，忓忓之悆，伏增戰越。敬白。」《北史‧序傳》：「輕用傳聞，伏深戰越。謹言。」S.329《書儀鏡》：「何幸頻奉問及，不勝戰越。」越，讀爲厥，驚恐。《禮記‧緇衣》鄭玄注：「越之言蹶也。」清華簡《說命中》：「越疾罔瘳。」《書‧說命》、《國語‧楚語上》、《潛夫論‧五德志》「越」作「厥」。《莊子‧在宥》：「蹶然而起。」《釋文》：「蹶，驚而起也。」《素問》有「厥」病，指驚厥。戰，讀爲憚，恐懼也。

（49）P.2640V：「懇矣真如，非生非滅。」

　　鍾書林曰：懇，《大正藏》誤作「邈」。（P519）

按：鍾氏所引《大正藏》，指《唐護法沙門法琳別傳》卷 2（下文省稱作《法琳別傳》），《破邪論》卷 1 亦作「邈」。「懇」是「邈」形譌，鍾說傎矣。S.1441V：「至覺幽深，真如綿邈。」又「夫法體希成，妙出有無之境；真如綿邈，迴超生滅之方。」P.3819+P.3825 亦有「至覺幽深，真如綿邈」之語。尤爲確證。

（50）P.3686+P.3901+P.4867：「〔仲卿〕優努之論，十有九條；進喜顯正之文，纔〔唯一軸。〕」（P520）

按：優努，圖版殘存「優」字下半，下字作「𠣤」，當錄作「劣」字。《法琳別傳》卷 2 作「優努」，鍾氏錄文乃鈔傳世本，而非敦煌本也。P521 頁錄文「奏高祖言」，敦煌本「言」作「云」；P522 頁錄文「播身名榮被一門」，敦煌本「身」作「聲」，亦都是鈔傳世本，而未仔細核對寫卷，本篇這種情況多有，不一一列舉。努，讀爲駑。駑爲劣馬，引申之，則有駑頓、劣弱義。「優努」與「優劣」同義〔註35〕。

（51）P.3686+P.3901+P.4867：「只欲以今類古。」（P520）

按：類，讀爲律。《北史‧太武五王傳》：「以今類古，恐或非儔。」亦作借字。

─────────────

〔註35〕此趙家棟博士說。

（52）P.3686+P.3901+P.4867：「備陳三教，商榷微言」

按：榷，圖版作「攉」，《法琳別傳》卷 2 作「礭」。「攉」是「摧」俗字，同「榷」。《文選·江賦》：「網絡群流，商攉涓澮。」《初學記》卷 6 引作「商攉」。《世說新語·文學篇》：「直以塵尾柄确幾。」《御覽》卷 703 引「确」作「敲」。《書鈔》卷 134、《御覽》卷 393 引《郭子》「确」作「礭」。「确」即「確」，「礭」亦俗字。

（53）P.3686+P.3901+P.4867：「裹佷（？）坐甲，顧敵是求。」

鍾書林曰：佷（？），《大正藏》作「糧」。甲，《大正藏》作「鉀」。顧，《大正藏》作「固」。（P519）

按：佷，圖版殘存作「**佷**」，當錄作「粮」，同「糧」。顧，讀爲固。「裹糧坐甲，固敵是求」語出《左傳·文公十二年》。

（54）P.3686+P.3901+P.4867：「今懆懆而犯顏。」

鍾書林曰：懆懆，《大正藏》作「愕愕」，非是。「懆懆」指憂愁的樣子。（P523）

按：據圖版，寫卷無「而」字，鍾氏錄文乃鈔傳世本而誤衍。懆，圖版作「**愕**」，其右旁作「咢」，乃「咢」俗寫，仍當錄作「愕」，不是「懆」字。P.2299《太子成道經》：「大王聞之，非常驚**愕**。」S.0516《歷代法寶記》：「法師聞說，驚**愕**忙然。」也都是「愕」字。寫卷中「蕚」作「萼」（P.2319），「咢」作「萼」（P.2605），亦可比勘。愕愕，讀作「諤諤」，也作「鄂鄂」、「咢咢」，直言諫諍貌。《隸釋》卷 6《鄭固碑》：「犯顏謇愕。」洪适曰：「碑以愕爲諤。」可證此文。《新序·雜事一》：「眾人之唯唯，不如周舍之諤諤。昔紂昏昏而亡，武王諤諤而昌。」《類聚》卷 35 引作「愕愕」。《史記·趙世家》：「諸大夫朝，徒聞唯唯，不聞周舍之鄂鄂。」《文選·辯亡論》李善注引作「諤諤」。《漢書·韋賢傳》：「喻喻諂夫，咢咢黃髮。」《文選·韋賢·諷諫詩》作「諤諤」，李善注引《史記》作「咢咢」，云：「『咢』與『諤』同。」《御覽》卷 457 引《桓氏要論》：「《易》曰：『王臣謇謇。』《傳》曰：『諤諤者昌。』」《治要》卷 47 引作「愕愕」。

（55）P.3686+P.3901+P.4867：「故仲尼答季路曰：『生與之（人）事，汝尚未知；死與鬼神，爾焉能事？』」

鍾書林曰：孔子語，未見儒家典籍。（P524）

按：典出《論語·先進》：「季路問事鬼神，子曰：『未能事人，焉能事鬼？』曰：『敢問死？』曰：『未知生，焉知死？』」此常見之典，而竟然不能考。

（56）P.3686+P.3901+P.4867：「**擅生巴毀。**」

鍾書林曰：巴毀，《大正藏》作「爬毀」，指誹謗、詆毀。參王紹峰《「巴毀」新考》，《古漢語研究》2009 年第 1 期。（P525）

按：生，圖版作「」，當錄作「坐」，再據《法琳別傳》卷 2 校作「生」。下文「豈敢詔書出後，公然巴毀？」《法琳別傳》卷 2 亦作「爬毀」。P.2640V：「巴毀朕祖，謗黷先人。」《法琳別傳》卷 3、《集古今佛道論衡》卷 3、《貞元新定釋教目錄》卷 11 作「爬毀」，《續高僧傳》卷 24 作「把毀」。《開元釋教錄》卷 8 作「圮毀」（宋本作「把毀」，元、明本作「犯毀」），《釋氏通鑑》卷 7 作「犯毀」。P.2653《燕子賦》：「奪我宅舍，捉我巴毀。」P.3666、S.0214 作「把毀」，P.2941 作「毀」。《可洪音義》卷 26：「把毀，上步巴反，搔也。又北馬、北嫁二反」又卷 28：「把毀，上蒲巴反。」可洪認為「把」是搔爬義，同「爬」字。徐復謂「巴毀」即「䄃擘」，訓「用手擊傷」，蔣禮鴻、黃征、張涌泉均從徐說〔註36〕。王紹峰認為「巴毀」指戰國齊人田巴善辯又謗黷非毀三皇五帝，「毀」是「非毀」、「詆毀」義，「巴」指田巴，「把」、「爬」是記音字，「犯」、「圮」是「把」形譌，「」是「詆」形譌〔註37〕。王說大致得之，但說「巴」指「田巴」則誤。「田巴非毀三皇五帝」，不得省稱作「巴毀」；且「巴毀」與「謗黷」對文，「巴毀」明顯是並列複詞，巴亦毀也。我舊說疑「巴毀」即「罵毀」；毀之詆毀義，本字為嫛，《說文》：「嫛，惡也。」〔註38〕「巴」、「罵」古音可轉，今謂「巴（把、爬）」也可能是「嫚」音轉字，字亦作謾（謾）、慢，欺侮不敬也。《說文》：「嫚，侮易（傷）也。」慢毀，謂輕侮毀辱。《瑜伽

〔註36〕徐復《敦煌變文詞語研究》，《中國語文》1961 年第 8 期；又收入《徐復語言文字學叢稿》，江蘇古籍出版社 1990 年版，第 223 頁。蔣禮鴻《敦煌變文字義通釋》，收入《蔣禮鴻集》卷 1，浙江教育出版社 2001 年版，第 240 頁。黃征、張涌泉《敦煌變文校注》，中華書局 1997 年版，第 396 頁。
〔註37〕王紹峰《「巴毀」新考》，《古漢語研究》2009 年第 1 期，第 81～83 頁。
〔註38〕蕭旭《敦煌賦校補》，收入《群書校補》，廣陵書社 2011 年版，第 857 頁。

師地論略纂》卷 6：「一由愛味故退，二由慢毀故退。」倒言也作「毀慢」，《大毘盧遮那成佛神變加持經》卷 7：「授學處師同梵行，一切勿懷毀慢心。」

（57）P.3686＋P.3901＋P.4867：「琳聞大聖應生，本期〔利物〕，<u>有感</u>新現，無機不矚。」

　　鍾書林曰：新現，《大正藏》作「<u>斯現</u>」。斯，為「新」字之形誤。不矚，《大正藏》作「不燭」。燭，為「矚」字之形誤。（P525）

按：鍾氏不管文義，不考典籍，一依寫卷，其說全誤。期，圖版作「」，當錄作「斯」。矚，圖版作「」，當錄作「嚼」。寫卷「斯」、「新」都是誤寫，當據《大正藏》本訂正。「嚼」即「矚」，是「燭」異體字。《慧琳音義》卷 50：「照矚：之欲反，矚亦明也。」〔註39〕《可洪音義》卷 11：「不嚼：音矚。」字亦作爥，《慧琳音義》卷 82：「時爥：或作燭，照也。」《文選・東京賦》：「輝烈光燭。」五臣本「燭」作「爥」。《文選・甘泉賦》：「逴逴離宮，般以相爥兮。」《漢書・楊雄傳》「爥」作「燭」，《文選・和琅邪王依古》李善注引同。又《甘泉賦》：「流星旄以電爥兮。」五臣本「爥」作「燭」，《漢書》同。《文選・東都賦》：「散皇明以爥幽。」《後漢書・班固傳》「爥」作「燭」。「<u>有感斯現</u>」是佛經習語，也作「<u>有感斯見</u>」、「<u>有感斯應</u>」、「<u>有感斯通</u>」、「<u>有感必通</u>」。「機」當作「幽」，《法琳別傳》卷 2、《法苑珠林》卷 100 亦誤，蓋「幽」形誤作「幾」，又改作「機」。「無幽不燭」亦是佛經習語，也作「無暗不燭」。S.5638：「於是廣照慈光，諒無幽而不燭；遐開妙軌，實有感而斯通。」〔註40〕S.6417：「歸衣（依）者，無幽不燭；迴向者，有感必通。」P.3267：「有感必通，無幽不燭。」P.2341V：「有感必通，無來（求）不應。」Дх.1309＋Дх.1310＋Дх.1316＋Дх.2969＋Дх.3016＋Дх.3024＋Дх.3153＋Дх.3159：「有感必通，無求不應。」〔註41〕《法

〔註39〕海山仙館叢書本《玄應音義》卷 23「矚」誤作「矚」。

〔註40〕P.2058、P.2341、P.2854、P.3084＋P.3765、P.3172、P.3545、S.1441V、S.5638、S.5957、S.6417、S.6923V、Φ263＋Φ326 亦有同句，但 P.2854 二「而」作借音字「如」，S.1441V 脫「實」字，P.2058、P.3084＋P.3765、P.3545、S.5638「照」形誤作「煦」，S.6923V「幽」音誤作「憂」，Φ263＋Φ326 脫「光」字。

〔註41〕P.2341V 有同句，但「求」形誤作「來」，黃征、吳偉《敦煌願文集》失校，嶽麓書社 1995 年版，第 730 頁。

苑珠林》卷 63：「仰惟慧炬潛曜，無幽不燭；神功叵測，有感必通。」
《御製蓮華心輪迴文偈頌》卷 23：「有感必通，無暗不燭。」皆是其
例。《法苑珠林》卷 9：「但大聖應生，本期利物，有感斯現，無幽不
矚。」「矚」當作「矚（燭）」，「幽」字則不誤。

（58）P.2640V：「佛道昱禍宋之服，曳孫恩敗口 ⬜⬜⬜ 之裳。」

　　鍾書林曰：佛，《大正藏》作「飾」。原卷中間殘損，缺數字，而《大正藏》
　　義不載，直接錄作「之裳」，其義難通，不妥。（P528）

按：佛，圖版作「🀄」，當錄作「飾」。宋，圖版作「宗」，當錄作「宗」，
　　再據《大正藏》本校作「宋」。寫卷「敗」下一字作「🀄」，不甚可辨。
　　「敗口」二字下寫卷應當沒有缺字，不當標「⬜⬜⬜」符號，下文
　　「大冠小冠之」、「笏乃侔」、「時聞履」、「所以蕭史」、「而云敗國」等
　　文亦然，其下也沒有缺字，鍾氏說全誤。《法琳別傳》卷 3 作「飾道昱
　　禍宋之服，曳孫恩敗晉之裳」，《辯正論》卷 6、《廣弘明集》卷 13《辯
　　正論》並同，沒有脫誤。「敗」下當是「晉」字。《廣弘明集》卷 11 法
　　琳《上秦王論啓》：「孫恩習仙而敗晉（出《晉書》），道育醮祭因而禍
　　宋（出《宋書》）。」「道昱」即「道育」，姓嚴，是女巫。《宋書・二凶
　　列傳》：「天下有女巫嚴道育，本吳興人，自言通靈能役使鬼物……後
　　遂為巫蠱，以玉人為上形像，埋於含章殿前……」孫恩敗晉事詳《晉
　　書・孫恩傳》。

（59）P.2640V：「道士袁矜妖言或（惑）眾。」（P530）

按：矜，圖版作「㑧」，當錄作「旂」。《法琳別傳》卷 3、《廣弘明集》卷
　　12、《法苑珠林》卷 55 作「矜」。宋、元、明等本《廣弘明集》作「旂」。
　　其人史書無考，《慧琳音義》卷 88《釋法琳本傳音義》：「袁旂：井情
　　反，道士名也。」則唐人所見作「旂」字。

（60）P.2640V：「竊惟賊飾黃巾，興乎鉅鹿；鬼書丹簡，發自陽平。而云
　　服象雲羅，斯言迤逆，衣同雨縠，不近人情。」

　　鍾書林曰：逆，《大正藏》作「挺」。（P531）

按：逆，圖版作「迤」，當錄作「廷」，《法苑珠林》卷 55 正作「迤廷」。
　　《肇論疏》卷 1：「太有迤庭，不近人情。」《弘明集》卷 10：「斯人迤
　　廷，不近人情。」（宋、元本等作「迤侹」）《淨名玄論》卷 6：「去此

大逕逛，不近人情。」「逛」是「庭」俗字。《肇論》卷 1：「吾常以為太甚徑庭，不近人情。」「逕廷」、「逕挺」、「逕庭」、「逕侹」、「徑庭」並同，也作「徑挺」、「徑廷」、「徑侹」、「徑逛」、「俓侹」、「涇涏」、「勁挺」等形，語出《莊子・逍遙遊》「大有逕庭，不近人情焉」，為差異很大之義〔註 42〕。《廣弘明集》卷 18：「吾常以為殊太遙遠，不近人情。」元、明本「遙遠」作「逕廷」。穀，圖版作「⬛」，當錄作「㲉」。《法琳別傳》卷 3 作「㲉」，皆當據《法苑珠林》卷 55 校作「穀」。

（61）P.2640V：「驗之云詐，故觸湯羅。」

　　鍾書林曰：云詐，《大正藏》作「詭詐」。（P532）

按：原卷作「驗之云詭」，「云」當是衍文，「詭」下脫「詐」字。

（62）P.2640V：「癃跛下賤（殘）。」

　　鍾書林曰：賤，《大正藏》作「踐」。「踐」當為「賤」字之音訛。賤，又當為「殘」字之形訛。（P535）

按：踐，讀作賤，《辯偽錄》卷 2、《佛祖歷代通載》卷 22 亦作「下賤」。

（63）P.2640V：「伏惟陛下，好生惡殺，賴及蟲魚。」（P536）

按：殺，原卷作「煞」。賴，《法琳別傳》卷 3 同。賴，利也，一聲之轉，故訓極多。第 532 頁本卷上文「〔凡是〕人倫，熟（孰）不霑賴？」P.3494：「火宅以之霑賴，迷途於是中暉。」〔註 43〕賴亦讀作利。《國語・晉語六》：「夫利君之富富以聚黨，利黨以危君。」俞樾曰：「按『富』字不當疊，『利』與『賴』古字通。」〔註 44〕

（64）P.2640V：「陛下若奮赫斯之怒，則百萬不足以愜情。」

　　鍾書林曰：愜，《大正藏》作「快」，非是。（P536）

按：鍾說非是。《集韻》：「㥦，《說文》：『快也。』或作愜、㥦，亦書作愜。」

〔註 42〕參見蕭旭《〈莊子〉正詁》，《中國語學研究・開篇》第 30 卷，日本株式會社好文 2011 年 9 月出版，第 33～37 頁；又收入《群書校補（續）》，花木蘭文化出版社 2014 年版，第 1949～1957 頁。

〔註 43〕S.1441V 亦有同文，惟「火」誤作「大」，又脫「霑」字。

〔註 44〕俞樾《古書疑義舉例》卷 6，收入《古書疑義舉例五種》，中華書局 1956 年版，第 116～117 頁。俞說又見《國語平議》，收入《群經平議》卷 29，王先謙《清經解續編》，鳳凰出版社 2005 年版，第 6974 頁。

（65）P.2640V：「何為追逐其短，禽首兩端？」

　　鍾書林曰：禽舉，《大正藏》作「禽鼠」，《開元釋教錄》卷8作「首尾」。
　　（P536）

按：禽舉，《續高僧傳》卷24、《貞元新定釋教目錄》卷11、《集古今佛道
　　論衡》卷3、《釋氏通鑑》卷7、《歷朝釋氏資鑑》卷6作「首鼠」，宋本
　　《佛道論衡》作「首尾」。「禽」當作「首」，鼠、舉一聲之轉。「首鼠」
　　即「首舉」，「首鼠」又音轉亦作「首攝」、「首施」，猶言持也〔註45〕。

（66）P.2640V：「天竺有古皇先生者，是吾師也。」

　　鍾書林曰：天竺，《大正藏》作「干竺」。干，當為「天」字之訛。（P536）
按：《法琳別傳》卷3作「乾竺」。鍾氏不辨「乾」、「干」，又欲改作「天」
　　字。妄校妄改，古書亡矣。「乾竺」即「天竺」，不誤。《甄正論》卷2：
　　「但其文合云乾竺。乾者，天也。」《北山錄》卷1：「乾竺，天竺也。」

（67）P.2640V：「陛下若縱雷霆之怒，琳即分骨压軀。」

　　鍾書林曰：即分骨压軀，《大正藏》作「甘紛骨灰軀」。（P537）
按：压，圖版作「灰」，即「灰」字。「压」是現代簡體字形，古無此字。
　　紛，讀作分。

（68）P.2640V：「不覺潸泣。」

　　鍾書林曰：潸泣，《大正藏》作「潜涕」。「潜」當為「潸」字之訛。（P537）
按：潸，圖版作「潸」，即「潜」字。

（69）P.2640V：「物（勿）無勞慮。」

　　鍾書林曰：物，《大正藏》作「幸」。按：「物」通「勿」。（P538）
按：文意是神人叫法師不要有憂慮。「物」當是誤字，《法琳別傳》卷3、《法
　　華經玄贊攝釋》卷4、《法華經玄贊要集》卷35都作「幸」。鍾氏讀物
　　為勿，「勿無勞慮」其義適反。

（70）P.2640V：「感等洪鐘，隨撞擊之大小；應同明鏡，逐庶物以妍嗤。」
　　（P539）

〔註45〕參見蕭旭《「首鼠兩端」解詁》，收入《群書校補（續）》，花木蘭文化出版社
　　2014年版，第2251～2256頁。

按：感，原卷作「威」，《法琳別傳》卷3作「感」。「威」是「感」形譌。日本空海《五部陀羅尼問答偈讚宗祕論》作「智等洪鐘」，亦誤。

（71）P.2640V：「卿若慢而不敬，亦可專心黃老。」（P539）

按：原卷「亦可」作「亦不可」，《法琳別傳》卷3脫「不」字。

（72）P.2640V：「魯孔丘者，英才誕秀，聖德不群，世號素王。」

鍾書林曰：誕秀，《大正藏》作「挺秀」。誕秀，誕生才能優異的人。而「挺秀」指秀異出眾，挺拔秀麗。（P540）

按：《廣弘明集》卷1《歸正篇》、《釋迦方志》卷2、《破邪論》卷1、《法苑珠林》卷55、《集古今佛道論衡》卷1、《續集古今佛道論衡》卷1都作「誕秀」。P.2352V：「臣竊尋魯孔丘者，英才誕秀，聖德不郡（群），天號素王。」「誕」當是「挺」形譌。《三國志·呂凱傳》《答雍闓檄》：「今諸葛丞相英才挺出。」魏《王紹墓誌》：「天縱英才，幼挺岐嶷。」「挺秀」狀其英才出眾，即「挺出」。挺猶拔，超出義，秀亦此義。《廣雅》：「秀，出也。」「秀」不是秀麗義。

（73）P.2640V：「伏惟陛下，至德通神，布雲雨於緇侶；道隣極聖，乘日月於玄門。」

鍾書林曰：乘，《大正藏》作「垂」。「垂」當爲「乘」字之訛。（P541）

按：鍾說傎矣。「乘」是「垂」形譌。垂日月，猶言懸日月。

（74）P.2640V：「西施慊慊百（而）不幸兮，嫫母見親。」

鍾書林曰：慊，《大正藏》作「嬮」。敦煌寫本於義爲長。慊，懶倦、精神不振。（P541）

按：鍾說非是。《說文》：「嬮，好也。」又「懕，安也。」《爾雅》：「懕懕，安也。」《廣韻》：「嬮，和靜。」字或省作厭，《詩·小戎》：「厭厭良人。」毛傳：「厭厭，安靜也。」

（75）P.2640V：「忠諫之不入兮，箕子佯狂。梅（杜）柏（伯）之諒直兮，遭尤逢殃。」鍾書林曰：梅柏，《大正藏》作「杜伯」，茲據校。（P542）

按：鍾氏未知其典，又據《大正藏》誤本改不誤之敦煌寫卷，疏矣。「梅柏」即「梅伯」。《楚辭·天問》：「梅伯受醢，箕子佯狂。」王逸注：「梅伯，

紂諸侯也。言梅伯忠直而數諫紂，紂怒乃殺之，菹醢其身。箕子見之，則被髮佯狂也。」《楚辭·惜誓》：「梅伯數諫而至醢兮，來革順志而用國。」王逸注：「來革，紂佞臣也。言來革佞諂從順紂意，故得顯用持國權也。」「醢梅伯」事亦記載於《晏子春秋·問上》、《韓子·難言》、《呂氏春秋·行論》、《呂氏春秋·過理》、《淮南子·俶真》、《淮南子·說林》、《韓詩外傳》卷 10。

（76）P.2640V：「弈謂僧是禿丁，佛為胡鬼。斯言可〔忍，孰不可〕容？」

鍾書林曰：亦謂，《大正藏》作「弈謂」。亦，通「弈」，大。（P542）

按：「亦」是「弈」省文，通「奕」，指道士傅奕。傅奕謗佛有此言，故法琳謂不可忍。法琳《破邪論》卷上《上秦王論啟》引傅奕云：「佛為一姓之家鬼也。」法琳對曰：「若言佛為胡鬼、僧是禿丁者，案孔老經書……以答邪人。」《續高僧傳》卷 24：「奕乃多寫表狀，遠近公然流布。京室閭里，咸傳禿丁之誚；劇談酒席，昌言胡鬼之謠。」《法琳別傳》卷 1：「但傅氏所陳之事，高祖未遣頒行。奕乃公然宣布遐邇，禿丁之誚閭里盛傳，胡鬼之謠昌言酒席。」P.2640V《法琳別傳》卷上亦有此文（殘脫「邇」、「禿」二字），已見於上文（P519），僅隔二十餘頁，鍾氏竟未知其典，致生妄說，其為學粗疏有如此者乎？

（77）P.2640V：「陟用彈鴞，未若泥劍。」

鍾書林曰：陟用，《大正藏》作「用珠」。泥劍，《大正藏》作「泥梗」，敦煌寫本於義為長。（P542）

按：作「用珠」是也，「陟」是「珠」草書形譌，又誤倒其文。典出《莊子·讓王》：「今且有人於此，以隨侯之珠彈千仞之雀，世必笑之，是何也？則其所用者重而所要者輕也。」〔註46〕《說苑·雜言》：「隨侯之珠，國之寶也，然用之彈，曾不如泥丸。」《太玄·唐》：「明珠彈於飛肉，其得不復。」又「測曰：明珠彈肉，費不當也。」《類聚》卷 60 引《東方朔記》：「東方朔對驃騎難曰：『以珠彈，不如泥丸，各有所用也。』」〔註 47〕《劉子·適才》：「蚌衒之珠，百代之傳寶，以之彈鴞，則不如泥丸之勁也。」

〔註46〕《呂氏春秋·貴生》略同。
〔註47〕《書鈔》卷 124、《御覽》卷 350、803 引同。

（78）P.2640V：「大丈夫肧（胚）幻之軀，信為無用。」

　　　鍾書林曰：肧，同「胚」。胚幻，《大正藏》作「泡幻」。（P544）

按：肧，讀爲坯，俗作坏，土坏。S.5957：「曉知坏幻，飛電不緊（堅）。」
　　P.2588：「厥今有信士厶公曉知坏幻，深悟光隙難留。」P.2631：「自惟
　　命多杯（坏）幻，攝衛乖宜。」坏幻指坏質泡幻。P.4062：「〔悟浮〕泡
　　之若幻，體坏質而非常。」是其證也。泡幻，言如浮泡之幻。S.2832：
　　「人生在世，猶泡幻之不堅。」S.0343：「知〔泡〕幻之不堅，悟浮生
　　之難保。」S.2717V：「知泡幻之不返，口（悟）浮生之難駐。」〔註48〕
　　P.2854：「蓋聞泡幻不停，閱孔川而莫駐。」

（79）P.2640V：「固能智同，測海道亞彌天。」（P544）

按：當讀作：「固能智同測海，道亞彌天。」同，《法琳別傳》卷3同，《破
　　邪論》卷1虞世南序作「周」。「周」是「同」形譌。《廣弘明集》卷
　　10任道林《上表請開法事》：「事等窺天，誰測其廣？又同測海，寧識
　　其深？」

（80）P.2640V：「爾其文情，乃曲而不野，麗而有則。」

　　　鍾書林曰：曲，《大正藏》作「典」。（P544）

按：「曲」是「典」形譌。語出蕭統《答湘東王求文集及詩苑英華書》：「夫
　　文典則累野，麗亦傷浮。能麗而不浮，典而不野，文質彬彬，有君子之
　　致，吾嘗欲爲之，但恨未逮耳。」

（81）P.2640V：「重風充之，拂照林牖；愛山水之，負帶煙霞。」

　　　鍾書林曰：充，《大正藏》作「先」。敦煌寫本於義爲長。「先」當爲「充」
　　　字之形訛。（P544）

按：鍾氏讀不懂而妄說耳。「充」當據《法琳別傳》卷3、《破邪論》卷1虞
　　世南序作「光」（不是作「先」）。當讀作「重風光之拂照林牖，愛山水
　　之負帶煙霞」。「風光」與「拂照」相應，言風拂光照也。

（82）P.2640V：「雖知虞異同奏，表異者九成；蠅驥並馳，見奇者千里。」

　　　鍾書林曰：上「異」，《大正藏》作「衛」。蠅，《大正藏》作「鴛」。（P545）

〔註48〕可以互補「泡」、「悟」二字，參見黃征、吳偉《敦煌願文集》，嶽麓書社1995
　　　　年版，第712頁。

按：鍾氏所引《大正藏》指《法琳別傳》卷 3，《破邪論》卷 1 虞世南序二字分別作「衛」、「蠅」。作「鴽」是臆改。「虞」蓋指虞公，善歌者之名。《晏子春秋‧內篇諫上》：「杜扃對曰：『梁丘據扃入歌人虞，變齊音。』晏子退朝，命宗祝修禮而拘虞，公聞之而怒曰：『何故而拘虞？』晏子曰：『以新樂淫君。』」《文選‧嘯賦》：「虞公輟聲而止歌。」李善注引《晏子》作「虞公善歌，以新聲惑景公，晏子退朝而拘之」。《類聚》卷 43 引劉向《別錄》：「漢興以來，善雅歌者魯人虞公，發聲清哀，蓋（盡）動梁塵。」〔註 49〕齊人善歌者稱「虞公」，漢初魯人虞公當是承其名。「衛」蓋指衛女所作琴曲《思歸引》或《雉朝飛操》，不能確指。《御覽》卷 578 引《樂府解題》：「《思歸引》，衛有賢女，邵王聞其賢，請聘之。未至，王薨。太子曰：『吾聞齊桓得衛姬霸，今衛女賢者，欲留之。』大夫曰：『不可。若賢，必不我聽；若不賢，不足取。』太子不聽，遂拘留深宮，思歸，不得歸，援琴而歌曲，終自縊而死。」又引《琴操》：「《思歸引》，衛女所作。」又引揚雄《琴清英》：「《雉朝飛操》者，衛女之所作也。衛侯女嫁於齊太子，至中道聞太子死。問傅母：『何如？』傅母曰：『且往。』當喪畢，不肯歸，終之以死焉。傅母好琴，取女自操琴於塚上鼓之，忽三雉俱出墓中，傅母撫雌雉曰：『女果為雉耶？』言未卒，俱飛而起，忽然不見。傅母悲痛，援琴作操，故曰《雉朝飛》。」「蠅驥並馳」典出《後漢書‧隗囂傳》光武與隗囂書曰：「而蒼蠅之飛不過數步，即託驥尾，得以絕群。」李賢注引張敞《書》：「蒼蠅之飛不過十步，自託騏驥之尾〔註 50〕，乃騰千里之路，然無損於騏驥。」

（83）P.2640V：「何以凡惻聖之釁責，以俗校真之咎。」

鍾書林曰：何以，《大正藏》作「訶以」。蓋「訶」為「何」字之形訛。惻，《大正藏》作「測」。（P545）

按：鍾氏失其讀，其說殊誤。當讀作：「何以凡惻聖之釁，責以俗校真之咎。」「何」即「訶」古字，與「責」同義對舉。釁，讀為釁，罪過、過錯。

〔註 49〕《御覽》卷 572、《事類賦注》卷 11 引同，《文選‧擬古詩》李善注、《玉海》卷 106 引《七略》「蓋」作「盡」，是也。
〔註 50〕尾，《文選‧廣絕交論》引作「旄」，《類聚》卷 97 引作「髮」。

（84）P.2640V：「闡玉鼓吹法蠡之訓，揚佛日金鏡之光。」

　　鍾書林曰：「吹」字《大正藏》脫。（P547）

　按：二句對文，當是敦煌本衍「吹」字。P.2058：「闡玉鼓法聖之訓，揚金口惠（慧）日之光。」〔註51〕

（85）S.0264V：「辟如寫水量之異器。」（P561）

　按：辟，原卷作「譬」。「量」當是「置」字誤書。《付法藏因緣傳》卷2：「譬如瀉水，置之異器。」《佛說觀佛三昧海經》卷9：「猶如瀉水，置之異器。」《大般涅槃經》卷30：「猶如寫水，置之異器。」「異」或音誤作「一」字，《大般涅槃經》卷40：「如寫瓶水，置之一瓶。」又「喻如寫水，置之一器。」《涅槃經會疏》卷36：「喻如瀉水，置之一器。」

（86）P.3727：「智惠囑照。」（P561）

　按：讀作「智慧囑照」。「囑」是「燭」異體字，字亦作爥，已詳上文。S.0453：「願靈覺迴光，常垂照燭。」S.5639：「佛日照章（昭彰），伏垂照燭。」則作「燭」字。P.2526V：「大勢慈悲，神光而照囑。」亦借「囑」為「囑」〔註52〕。

（87）P.3727：「此言若虛，而不成（誠）實要，當斬舌以謝其屈。」

　　鍾書林曰：要，指所訂立或許下的盟約、諾言，此處指馬鳴所說的「一切世間，所有言論，我能毀懷，而如電摧草」之語。（P565）

　按：鍾氏失其讀，其說殊誤。「要」當屬下讀。「要當」連文，副詞，猶言必須、應當〔註53〕。《妙法蓮華經玄義釋籤》卷3、《法華玄義釋籤》卷3作「此言若虛，要當斬首」。

（88）P.3727：「爾時尊者度令出家，心由（猶）懷限，欲捨身命。」

　　鍾書林曰：由，通「猶」，尚且。限，P.2775、《大正藏》作「恨」，可參校。又，「限」指大限、死期。此處用「限」，指馬鳴猶懷必死之心，意思似乎亦通。（P566）

〔註51〕P.2072有同文。

〔註52〕黃征、吳偉《敦煌願文集》括注「囑」為「燭」，嶽麓書社1995年版，第196頁。

〔註53〕參見劉淇《助字辨略》，中華書局1954年版，第220頁。江藍生《魏晉南北朝小說詞語匯釋》，語文出版社1988年版，第245頁。

按：《付法藏因緣傳》卷5作「心猶愧恨」。「由」通「猶」，是仍然義。「限」
　　必是「恨」形誤。鍾氏謂「限」指大限，懷必死之心，無此訓詁之法。

（89）P.2775：「弱冠馳名，擅妙諸國。」
　　鍾書林曰：擅妙，法隆寺本作「擅涉」，《大正藏》作「擅步」。「妙」、「步」
　　皆應爲「涉」字之誤。（P568）
按：鍾說非也，「擅涉」不辭。當據《付法藏因緣傳》卷5、《法苑珠林》卷
　　53作「擅步」，日本善珠述《唯識義燈增明記》第一亦作「擅步」。《高
　　僧傳》卷3「擅步京邑」，《續高僧傳》卷20「擅步漳鄴」，皆其例。《龍
　　樹菩薩傳》卷1、《金剛暎》卷上、《大乘玄論》卷5作「獨步諸國」，
　　亦可證作「步」是。《可洪音義》卷11：「擅步：上市戰反，謂自專獨
　　步也。」擅步，謂擅有其名而獨步也。

（90）S.1053：「播名天下，獨步諸國。」（P569）
按：播，當據《付法藏因緣傳》卷6、《圓覺經大疏釋義鈔》卷3作「擅」。
　　S.0264作「檀」，亦是「擅」字。

（91）S.1053：「有求願者，今現獲報。」（P570）
按：今，當據S.0264作「令」，《付法藏因緣傳》卷6、《佛祖統紀》卷5
　　同。

（92）S.1053：「夫爲神者，當以精靈，偃伏群類，而假黃金，頗梨爲飾，
　　熒惑人物，何斯命耶？」
　　鍾書林曰：何斯命耶，S.0264作「何其示耶」。二者相較，後者於義清晰。
　　（P570）
按：鍾說作「何其示耶」於義清晰，不知如何清晰？「當以精靈偃伏群類」
　　8字當作一句讀，「黃金」後用頓號。S.0264「而假」作「如假」，一聲
　　之轉。何斯命耶，《付法藏因緣傳》卷6作「何期小也」，宋、元、明本
　　「期」作「斯」。此四字當作「何其小耶」，S.0264「示」是「小」形誤。
　　「斯」當作「期」，古音同「其」。「何其」表示反詰語氣。意謂爲神者
　　本當以精靈伏眾，卻借助外物惑眾，這是多麼的小啊。

（93）S.1053：「精靈純粹，不假形質。」
　　鍾書林曰：精靈，S.0264作「精令」。「令」應爲「靈」的通假字。精靈，
　　神仙。（P570）

按：精靈，S.1730同，承上文「當以精靈」而言，當指精氣、精神，故與「形質」對舉。

（94）S.1053：「從廟而出，求之俱備。明日清旦，敬辭（祠）天神。」

鍾書林曰：之，S.0264作「諸」。備，S.0264作「俗」。S.1053原卷作「俻」，與「俗」字形近而訛。辭，S.1730作「祠」，茲從校。（P571）

按：求之俱備，S.1730作「即於其夜，求諸供備」，《付法藏因緣傳》卷6同；《提婆菩薩傳》卷1、《宗鏡錄》卷99亦同，惟「於」作「以」。S.1053、S.0264二卷脫「即於其夜」四字，「俱」是「供」形誤。下文「一夜之中，供具其備」，尤為確證。「供備」指祭品。辭，S.0264亦作「祠」，傳世本亦同。

（95）S.1053：「一夜之中，供具其備。」

鍾書林曰：其，S.0264作「期」。「其」、「期」均為「齊」的通假字。（P571，又P590）

按：S.1730亦作「期備」，當據《付法藏因緣傳》卷6作「斯備」。斯備，猶言盡備。《月燈三昧經》卷2：「辦諸供具，一夜之中悉備足已。」「悉備」是其誼也。「斯備」是佛經常用詞，如《大般涅槃經集解》卷25「眾義斯備」，《金剛般若經疏》卷1「持戒修福，三德斯備」，皆是也。

（96）P.2776V：「師子比丘稱言：『但煞貧道一人驗取。凡聖訶要，諸師誡形。』」（P574）

按：訶，原卷作「河」。當讀作：「但煞貧道一人驗取凡聖，河（何）要諸師誡形？」上文「心生誡形。」又「其王無道，自手持斬，立於師子比丘之前，口云：『若是聖人，諸師等總須誡形。』」P.2125《歷代法寶記》：「其王無道，自手持利劍，口云：『若是聖人，諸師等總須誡形。』」〔註54〕誡形，即「戒形」。是說只要殺貧道一人，即可驗取是凡人還是聖人，不須要諸師戒形。

（97）P.2124：「應時逮得阿羅漢果。」（P588）

按：下文「即便逮得阿羅漢道」，二文「逮」，原卷作「逯」，即「逯」字。

〔註54〕S.0516有同文。

《集韻》:「逮,及也,古作逯。」「逯」非「逮」古字,當是「逮」
形誤。《干祿字書》:「逮、逯:上及也,徒計反,俗音徒再反,非也。
下人姓,音錄。」《玄應音義》卷 6「逮得:逮,有本作逯。逯音力穀
反,非也。」《慧琳音義》卷 34:「逮得:經作逯,俗字也。」梁普通
元年(520)《蕭敷妃王氏墓誌》:「自秦漢逯於晉宋。」又「提攜撫育,
逯乎成備。」普通三年(522)《蕭憺碑》:「不及卜遠之辰,罔逯易名
之請。」「逯」亦皆是「逮」形誤,毛遠明並失校〔註55〕。P.2497:「偏
露如昨,荏苒逯今。」亦其例。

(98) S.1730:「志剃其髮,度令出家。」(P591)

　按:志,圖版作「悉」,當錄作「悉」。《付法藏因緣傳》卷 6 亦作「悉」
　　字。

(99) S.1730:「其中或有狂寵,奔走共相分衛,追截要路。」(P591)

　按:志,圖版作「突」,當錄作「突」。「奔走」二字屬上句讀。《付法藏因
　　緣傳》卷 6 亦作「突」字。《提婆菩薩傳》卷 1:「或有狂突奔走,追截
　　要路。」

(100) S.1730:「善能憶持,如膺誦習。」(P591)

　按:膺,圖版作「膺」,當錄作「舊」。《付法藏因緣傳》卷 6 亦作「舊」
　　字。下文「似若膺習」,「膺」亦當作「舊」。

(101) S.1730:「既迴每聞,復即明了。」(P591)

　按:每,原卷作「再」。迴,讀作經。《付法藏因緣傳》卷 6 作「既經再聞」。

(102) S.1730:「廣化眾生,極諸苦惱。」(P592)

　按:極,圖版作「拯」,當錄作「拯」。《付法藏因緣傳》卷 6 亦作「拯」
　　字。

(103) S.1730:「昔雖山家未證道〔迹〕,巡遊大海邊,見一宮殿。」

　　　鍾書林曰:根據上下文義,此處原卷脫一字。《大正藏》作「迹」,茲據
　　　補。(P592)

　按:「道」下原卷作「迹」,即「迹」字,鍾氏誤認作「巡」,而又補「迹」

〔註55〕毛遠明《漢魏六朝碑刻校注》第 3 冊,線裝書局 2009 年版,第 175、181 頁。

字。《付法藏因緣傳》卷 6 作「迹」，無「巡」字，《法苑珠林》卷 77、《諸經要集》卷 15 引《付法藏經》亦同。

（104）S.1730：「裸形黑瘦，飢虛羸足。」（P592）

按：足，原卷作「之」，當據《付法藏因緣傳》卷 6 校作「乏」。《法苑珠林》卷 77、《諸經要集》卷 15 引《付法藏經》作「乏」，宮本《法苑珠林》亦誤作「之」。《大般涅槃經》卷 12：「有人遠來，飢虛羸乏。」敦研 365《大般涅槃經》卷 15：「無羸乏乘不退沒乘。」皆其例。津藝 005《大方廣佛華嚴經》：「裸形羸癈。」「癈」同「廢」，與「乏」同義，猶言勞倦。

（105）S.1730：「小復前行，至一住處，堂閣嚴芳。」（P593）

按：閣，原卷作「閣」。芳，原卷作「餝」，同「飾」。《付法藏因緣傳》卷 6 作「堂閣嚴飾」，《法苑珠林》卷 77、《諸經要集》卷 15、《釋門自鏡錄》卷 2、《四分比丘尼鈔》卷 3 引《付法藏經》亦同。《釋氏要覽》卷 3 引《付法藏傳》作「堂閣嚴麗」。

（106）S.1730：「世間造業，終不敗已。如影隨形，誰能捨難？」（P593）

按：已，圖版作「㠯」，當錄作「亡」。難，圖版作「雖」，當錄作「離」，即「離」俗譌字。《付法藏因緣傳》卷 6 正作「亡」、「離」。《玉篇殘卷》「厓」字條引《漢書》：「鑿離佳（厓－堆）。」《漢書·溝洫志》作「離崔（堆）」。《龍龕手鏡》：「離，音離。」敦煌寫卷、六朝碑刻「離」多譌作「離」形〔註 56〕。

（107）S.1730：「彼之功德甚深，淵遠發大，弘行菩薩道。」（P593）

按：原卷「弘」下有「誓」字。當讀作：「彼之功德甚深淵遠，發大弘誓，行菩薩道。」「發大弘誓」是佛經常用語，鍾氏居然斷作二橛，「淵遠發大」不知所云。

（108）S.1730：「有一長者，緣事餘行，以二甕金寄其親友。」

鍾書林曰：餘行，遠行。「餘」有「長」、「遠」義。（P593）

按：下文：「語親友言：『吾欲他行，持此相寄。』」「餘行」即「他行」。中

〔註 56〕 參見黃征《敦煌俗字典》，上海教育出版社 2005 年版，第 237～238 頁。毛遠明《漢魏六朝碑刻異體字典》，中華書局 2014 年版，第 512 頁。

古「餘」可作指示詞，猶言其他、別的，複言則作「諸餘」、「餘諸」、「別餘」〔註57〕。

（109）P.3446V：「明帝寤，不自安。至旦，大集群臣，以召此夢。」（P593）

按：寤，原卷作「悟」，P.2352V 作「寤」。召，圖版作「 」，確是「召」，當是「占」字形譌。P.2352V 正作「占」，《高僧傳》卷1、《法苑珠林》卷12、《續集古今佛道論衡》卷1、《仁王經疏法衡鈔》卷1載此事都作「以占所夢」。

（110）P.2626+2862V：「任扬千途，神應萬變。」（P602）

按：扬，原卷作「物」。古無「扬」字。《續集古今佛道論衡》卷1作「任物千圖」，「圖」是「途」同音借字。任，隨也。

（111）P.2626+2862V：「朕恐螢火之光，攬同日月之照，類彈丸之土，竊比隨珠寶，非其類而欲相比。」（P603）

按：土，原卷作「士」。寶，原卷作「實」，當屬下句作「實非其類，而欲相比」。《續集古今佛道論衡》卷1作：「朕恐卿等螢火之光明（「明」字疑衍），濫同日月之顯；彈丸之土，竊價隋國之珠。實非其類，如欲相比。」「攬」是「濫」音誤。「彈丸」上「類」是衍文。「士」是「土」形譌。「彈丸之土」指泥丸。「竊比隨珠」有脫文，「隨」下當據今本補「國之」二字，或補「侯之」二字。

（112）P.2626+2862V：「況道士小惠，何足調伏。」（P604）

按：惠，讀爲慧。足，難也〔註58〕。何足，猶言不難。茲再舉二例：《漢書·杜周傳》：「如此，即堯舜不足與比靈斯，咎異何足消滅？」《抱朴子外篇·百里》：「三皇岂足四，五帝豈難六哉？」足、難對舉。

（113）P.2352V：「南嶽褚善信、費叔才等在會並自感而死，百餘道士，明帝勅放還嶽。」（P609）

〔註57〕 參見蔣禮鴻《敦煌變文字義通釋》（第4次增訂本），上海古籍出版社1988年版，第504～510頁。江藍生《魏晉南北朝小説詞語匯釋》，語文出版社1988年版，第254頁。蔡鏡浩《魏晉南北朝詞語例釋》，江蘇古籍出版社1990年版，第400頁。王鍈《唐宋筆記語辭匯釋》，中華書局2001年版，第216頁。

〔註58〕 參見裴學海《古書虛字集釋》，中華書局1954年版，第645頁。蕭旭《古書虛詞旁釋》有補證，廣陵書社2007年版，第282頁。

按：百餘，原卷作「自餘」，《續集古今佛道論衡》卷 1 同。自餘，猶言其
餘、其他。本卷下文「自餘聖人雖曉未然之理，必藉蓍龜以通靈卦也」，
亦其例。

（114）P.2352V：「臣當知佛是無上法王。」（P609）

按：圖版作「![當]」，確是「當」字，當據 P.2640V 作「審」，《唐護法沙門法
琳別傳》卷 3、《續集古今佛道論衡》卷 1、《北山錄》卷 10 亦作「審」。
審知，猶言確知。

（115）P.2352V：「納（深）同巨海，不蘭（攔）細流；明同日月，不嫌星
燭。」（P609）

按：蘭，P.2640V、《續集古今佛道論衡》卷 1、《唐護法沙門法琳別傳》卷
3 作「簡」，《北山錄》卷 10 作「揀」。蘭、揀，並讀爲簡，猶言輕視、
嫌棄。《韓子・大體》：「江海不擇小助（渠），故能成其富。」《史記・
李斯傳》李斯上書：「是以太山不讓土壤，故能成其大；河海不擇細流，
故能就其深。」「擇」與「讓」同義，當讀爲庠，俗作斥。《管子・形
勢解》：「海不辭水，故能成其大；山不辭土石，故能成其高。」《淮南
子・泰族篇》：「海不讓水潦，以成其大；山不讓土石，以成其高。」
《韓詩外傳》卷 3：「夫太山不讓礫石，江海不辭小流，所以成其大也。」
《文子・自然》：「故海不讓水潦，以成其大。」

（116）P.2352V：「遂即行道，至心尊求。」（P610）

按：尊，原卷作「專」，《續集古今佛道論衡》卷 1 同。

（117）P.2352V：「見周道陵遲。」

鍾書林曰：陵遲，《廣弘明集》卷 1、《法苑珠林》卷 69 皆作「凌夷」，詞
義近同。（P611）

按：明本《廣弘明集》卷 1 作「凌夷」，《大正藏》本作「陵遲」，宋本等作
「凌遲」。明本《法苑珠林》在卷 69，《大正藏》本《法苑珠林》在卷
55，都作「凌遲」，不作「凌夷」。「凌夷」、「陵遲」一聲之轉，不得含
混地說「詞義近同」。

（118）P.2352V：「普化三千，均濟六道。」（P612）

按：均，圖版作「![兼]」，當是「兼」字。《續集古今佛道論衡》卷 1 作「均」。

（119）P.2352V：「師子一吼，外道歸真；法鼓慚鳴，邪魔從正。」（P612）

按：慚，原卷作「慙」，《續集古今佛道論衡》卷 1 作「自」。慙，當讀爲暫。《廣弘明集》卷 11 法琳《上秦王論啓》：「師子一吼，則外道摧鋒；法鼓暫鳴，則天魔稽首。」《續高僧傳》卷 24 同。是其證。S.0343V：「師子一吼，外道崩摧；法鼓蹔明（鳴），天魔稽首。」〔註 59〕「蹔」同「暫」。

（120）P.2352V：「何不如之以神變，顯之以法藥。」（P612）

按：如，當據《續集古今佛道論衡》卷 1 作「加」。

（121）S.4478：「池無巨海浪，丘無嵩嶽嶸。」（P614）

按：嶸，S.0516《歷代法寶記》、P.2125《歷代法寶記》、《四分律行事鈔簡正記》卷 9 同，P.2626+2862V《佛法東流傳》、《續集古今佛道論衡》卷 1、《破邪論》卷 1、《佛祖歷代通載》卷 4、《歷朝釋氏資鑑》卷 1 作「嶸」。宋本等《破邪論》作「嶸」。「嶸」是「嶸」省文。浪，《歷朝釋氏資鑑》同，其餘各本都作「納」。

（122）P.4964：「□□所為，蘇酪□大，地為黃金。」（P616）

按：據圖版，當錄作「攬長河爲蘇酪，變大地爲黃金」。《受菩薩戒儀》卷 1：「能變大地爲黃金七寶，攬長河爲酥酪醍醐。」《華嚴經行願品疏鈔》卷 5：「或變大地爲黃金，攬長河爲酥酪。」《法華經玄贊要集》卷 10：「變大地爲金山，撓長河爲蘇酪。」《華嚴經疏注》卷 14、《大方廣佛華嚴經疏》卷 11、《大方廣佛華嚴經疏鈔會本》卷 7 並有「攬大海爲酥酪，變大地爲黃金」之語。S.2587：「或變大海變成蘇樂（酥酪），或變大地爲金餘色。」

（123）S.1624：「真容而福至，聞尊號以災消。」（P619）

按：「眞容」上脫一字，疑爲「望」或「覩」、「稽」等字。

（124）S.1624：「擎杖每懸剪刀尺拂（緋）。」

鍾書林曰：郝春文校云：「拂，當作『緋』，據文義改。」拂，通「茀」。「茀」通「緋」，或「綍」。《左傳·宣公八年》：「葬敬嬴，旱，無麻，始

〔註 59〕Φ263＋Φ326V 有同文。

用葛茀。」杜預注：「茀，引柩索也。」孔穎達疏：「茀，《禮》作『紼』，
或『綍』，繩之別名也。」（P619）

按：郝說非是，鍾氏又說通「茀（紼、綍）」，尤其大誤。「茀」是拉棺材
用的大繩子，一個和尚杖頭掛這個幹什麼，不思之甚也。「拂」讀如
字，指拂子，亦稱作「拂塵」，與「剪刀」及「尺」是三物。《月江正
印禪師語錄》卷3：「鏡容煌煌，金錫堂堂。剪刀尺拂，讖陳齊梁。」
《穆菴文康禪師語錄》卷1：「錫杖上挑起刀、尺、拂，鏡面裏現出齊
梁陳。」皆「拂」字不誤之證。《隆興編年通論》卷5：「以剪、尺、
拂子掛杖頭，負之而行。」《佛法金湯編》卷14：「至宋太始初忽離是
寺，居止無定，持一錫杖，掛刀、尺、拂子、鏡帛之類。」唐代慧然
《鎮州臨濟慧照禪師語錄》卷1：「僧問：『如何是佛法大意？』師豎
起拂子。」此三例正稱作「拂子」。

（125）P.2804：「狂花亂起，驟生徒而暫出。溺苦海以還，沉如汲井輪，
　　　　互為高下，故我釋雄調御獨運，慈光觀三，聚群迷，察萬機，差別
　　　　三草，二木受潤，不同於一塵。」

　　　鍾書林曰：井，P.3040作「一」。（P624）

按：這段文字，鍾氏讀不通，亂點一氣。「井」作「一」非是，「如汲井輪」
是佛經成語，比喻循環三界，輪迴不絕。當點作：「狂花亂起，驟生徒
而暫出，溺苦海以還沉。如汲井輪，互為高下。故我釋雄調御獨運慈
光，觀三聚群迷，察萬機差別，三草二木受潤，不同於一塵。」驟，
讀為趣。「三草二木」是佛教《法華經》成語，言其有分別。上句說「察
萬機差別」，故下句以「三草二木受潤」作比喻。《大乘法苑義林章》
卷1引《法花（華）》：「一雨普潤，三草二木，生長不同。」《法華玄
論》卷1：「所化人功德者，如密雲彌布，其澤普洽；三草二木，隨分
受潤。」《法華義疏》卷8：「次七行，別合三草二木受潤不同。三草
二木既是《法華》名教，今略序之。三草者，下中上三品草也。二木
者，大小兩樹也。」《法華經義記》卷6：「今涅槃及五乘故借三草二
木以譬能稟，草有三種，上中下也；木有二種，有大木有小木。」

（126）P.2804：「因立願力，開信人心。佳以范蠡，高蹤山標；諸暨許君，
　　　　靈迹岩鎮。蕭山萬古，傳芳清風，不墜山靈地秀。比戶多賢，習

東魯儒風，遵西乾釋教。捨潤屋金帛，命臨池書，人揮月裏，兔
毫寫，海中龍藏，星霜三變，莊嚴畢功。」

鍾書林曰：兔毫寫，參照前後文句式，此句疑脫一字。（P625）

按：這段文字沒有脫文，鍾氏又是亂點而妄疑之。標，原卷作「摽」。裏，
原卷作「裏」。乾，原卷作「乹」，俗字。當點作：「因立願力，開信人
心。佳（加）以范蠡高蹤，山摽（標）諸暨；許君靈迹，岩鎮蕭山。
萬古傳芳，清風不墜。山靈地秀，比戶多賢。習東魯儒風，遵西乹（乾）
釋教。捨潤屋金帛，命臨池書人揮月裏兔毫，寫海中龍藏。星霜三變，
莊嚴畢功。」西乾，猶言西天，指西方。

（127）P.2481V：「竊以敦煌勝境，鶉首膺祥。惠帝澤於遐方，火德控臨於
玉塞。故得君日道合，侯伯挺生，累代承槖於簪纓，繼踵分苇而不
絕。」（P626）

按：原卷「敦」作「燉」，「帝澤」下有「及」字，「君日」作「君臣」。苇，
圖版作「苇」，當是「茅」形譌字。「苇」非古字。分茅，指受封王侯之
爵。

（128）P.2481V：「粵有我……御史大夫上柱國曹乾坤，柱礎宗廟嚴廊，嵇
松森倚漢之姿，卞璧耀連城之價。」（P626）

按：漢，原卷作「漢」，當錄作「漢」，指霄漢。下文「巍峨入漢」，亦是
「漢」字。當讀作：「……上柱國曹，乾坤柱礎，宗廟嚴廊。」森，
高聳。卞璧，卞和之璧，亦稱作和氏璧，典出《韓子・和氏》、《新序・
雜事五》。「嵇松」典出《世說新語・容止》：「嵇康身長七尺八寸，風
姿特秀，見者歎曰：『蕭蕭肅肅，爽朗清舉。』或云：『肅肅如松下風，
高而徐引。』山公曰：『嵇叔夜之為人也，巖巖若孤松之獨立，其醉
也傀俄若玉山之將崩。』」《唐大詔令集》卷54鄭從讜《河南節度平
章事制》：「嵇松磊落，長標構廈之姿；和璧溫良，克表如虹之氣。」
亦用此二典。

（129）P.2481V：「故得道齊三傑，寰中之韜略，雙彰勳蓋八元，海內之聲
華，獨步而又六眸，表瑞一角呈祥。」（P626）

按：鍾氏亂點一通。當讀作：「故得道齊三傑，寰中之韜略雙彰；勳蓋八
元，海內之聲華獨步。而又六眸表瑞，一角呈祥。」「三傑」指漢初

蕭何、張良、韓信。「八元」典出《左傳‧文公十八年》：「高辛氏有
才子八人……天下之民謂之『八元』。」「六眸」指六眼龜，禎祥之物。
《文選‧江賦》：「有鼈三足，有龜六眸。」李善注引郭璞曰：「今吳
興郡陽羨縣〔君〕山上有池，池中出三足鼈，又有六眼龜。」郭璞說
見《爾雅》注。《御覽》卷 931 引《義（宜）興記》：「君山廟，其下
有池，池中有三足〔鼈〕，六眼龜。」〔註60〕《拾遺記》卷 10：「員
嶠山……西有星池千里，池中有神龜，八足，六眼，背負七星日月八
方之圖，腹有五嶽四瀆之象。」「一角」指麒麟，亦禎祥之物。《史記‧
封禪書》：「其明年，郊雍，獲一角獸，若麟然。有司曰：『陛下肅祇
郊祀，上帝報享，錫一角獸，蓋麟云。』」《漢書‧終軍傳》：「從上幸
雍祠五畤，獲白麟，一角而五蹄。」《說苑‧辨物》：「故麒麟麕身、
牛尾，圓頂一角，含仁懷義。」《類聚》卷 98 引《春秋感精符》：「麟
一角，明海內共一主也。」P.2940：「斯乃素麟踐野，挺一角以呈祥；
丹鳳棲桐（桐），揚九色而表瑞。」亦用此二典。

（130）P.2481V：「自從秉臨隴右，春秋俄換於七周，統握濤壇，風雨不僭
　　　　於四序，遂使人歌重眼，耕客讓田。六蕃之結好如流，西塞之通歡
　　　　似雨。」

　　　鍾書林曰：原卷初為「封」字，後在右旁添入「濤」字，可知「封」字
　　　為誤書。（P626）

按：據圖版，「封」字右旁改字作「垂」，當錄作「埀」。眼，圖版作「服」，
　　當錄作「服」。西塞，原卷作「四塞」。「埀」當作「陲」或「垂」。垂
　　疆，指邊垂疆境。倒言則作「疆垂」、「疆陲」，《荀子‧臣道》：「邊境
　　之臣處，則疆垂不喪。」楊倞註：「『垂』與『陲』同。」《魏書‧景穆
　　十二王傳》：「當不能復經營疆陲。」古代王畿周邊以五百里為一區劃，
　　由近及遠分為侯服、甸服、綏服、要服、荒服等五服，故言「重服」。
　　「人歌重服」是外夷懷德臣服之典，疑出《後漢書‧西南夷傳》引《遠
　　夷懷德歌》：「荒服之外，土地墝埆。食肉衣皮，不見鹽穀。吏譯傳風，
　　大漢安樂。攜負歸仁，觸冒險陜。高山岐峻，緣崖磻石。木薄發家，
　　百宿到洛。父子同賜，懷抱匹帛。傳告種人，長願臣僕。」「耕客讓田」

〔註60〕宋刊《事類賦》卷 28 引同，據《爾雅》郭璞注補「鼈」字。

是仁政之典，出於《韓子‧難一》：「歷山之農者侵畔，舜往耕焉，朞年甽畝正〔註 61〕。」《淮南子‧原道篇》：「昔舜耕於歷山，朞年而田者爭處境埒，以封壤肥饒相讓。」《史記‧五帝本紀》：「舜耕歷山，歷山之人皆讓畔。」《新序‧雜事一》：「故耕於歷山，歷山之耕者讓畔。」又指周文王典，《史記‧周本紀》：「西伯陰行善，諸侯皆來決平。於是虞、芮之人，有獄不能決，乃如周，入界，耕者皆讓畔，民俗皆讓長。」《家語‧好生》：「虞、芮二國爭田而訟，連年不決，乃相謂曰：『西伯，仁人也，盍往質之？』入其境，則耕者讓畔，行者讓路。」〔註 62〕

（131）P.2481V：「我曹公常定樓內執禮而在上，不嬌誡約，非邪清慎，而滿如不溢。」（P627）

按：句當斷作：「我曹公常定樓內執禮，而在上不嬌，誡約非邪，清慎而□，滿如不溢。」「清慎而」下脫一字。嬌，讀作驕。誡約，猶言告戒約束。非邪，猶言邪惡，非亦邪也。S.3914：「即使吉神吉將，主善族堅守川園（原）；凶將凶神，趁非邪他鄉遠走。」清慎，清淨、謹慎。P.2044V：「秉清慎而克己，守忠貞而律身。」如、而一聲之轉，「滿如不溢」即「滿而不溢」。《孝經‧諸侯章》：「在上不驕，高而不危，制節謹度，滿而不溢。」

（132）P.2481V：「憂民道廣，繁物情深。」（P627）

按：繁，原卷作「懃」，同「懋」，與「憂」同義對文。

（133）P.3276V：「常定政事樓廳之新制，述在龍集。於奮若者，履春冰之末，釋俋之鴻儒也，飲太漠之希夷，恢恢之上善也。」

鍾書林曰：釋，王志鵬校標點時上屬。俋，同「偘」，和樂的樣子。太漠，猶言太虛、太空。（P629）

按：「釋」字當上屬。原卷「末」作「未」。「俋」下當脫重文符號。漠，圖版作「洪」，不識是何字。句當斷作：「常定政事樓廳之新制，述在龍集於奮若者。履春冰之未釋，俋〔俋〕之鴻儒也；飲太洪之希夷，恢恢之上善也。」據《漢語大詞典》，龍指歲星；集，次於。龍集，

〔註 61〕 《類聚》卷 11、《御覽》卷 81 引作「朞年而耕者讓畔」，《類聚》卷 65、《御覽》卷 822 引作「朞年讓畔」。

〔註 62〕 《詩‧緜》毛傳略同。

猶言歲次。「奮若」當是「赤奮若」省文，指太歲在丑的年份。《爾雅》：
「太歲在丑曰赤奮若。」《淮南子·天文篇》：「太陰在丑，名曰赤奮
若。」《長阿含經》卷 1：「十五年歲次昭陽赤奮若。」宋本無「赤」
字。《出三藏記集》卷 3：「十五年歲〔次〕昭陽奮若。」亦與此寫卷
同。「春冰」出於《書·君牙》：「心之憂危，若蹈虎尾，涉於春冰。」
「飲太█之希夷」未詳。

（134）P.3276V：「出忪民之宮聲，王崔之論，鼓為大法，將也恭惟。又周
之亞夫，一輪藻鏡。昆侖山頭，萬里山河，孟津源上，玄域煙月，
當獮豸之腹心；救集星郎，掌金蟬之倫館。」

鍾書林曰：忪，王志鵬校作「怡」。此四句，王校標點為「王崔之論鼓，
為大法將也，恭惟又周之亞夫」。牧業（引者按：鍾氏上文作「救集」），
王校作「投畢」。（P629）

按：忪民，圖版作「█」，不識是何字。崔，圖版作「█」，當隸作「庭」，
乃「庭」俗譌字。昆侖，原卷作「崑崙」。山，圖版作「█」，當錄作
「峇」。救集，圖版作「█」，當錄作「投集」。倫館，圖版作「館█」，
當錄作「館闈」，鍾氏誤認其字，又誤倒其文。句當斷作：「出口口之
宮，聲王庭之論鼓，為大法將也，恭惟又周之亞夫。一輪藻鏡，崑崙
為頭；萬里山河，孟津源上。玄域煙月，當獮豸之腹心；投集星郎，
掌金蟬之館闈。」「為大法將」是佛經常用語。「聲王庭之論鼓」用提
婆菩薩擊論議鼓於王庭求僧論議之典，事詳《大智度論》卷 11。《三
論玄義》卷 1：「提婆菩薩震論鼓於王庭，九十六師一時雲集。」《大
方廣佛華嚴經隨疏演義鈔》卷 13：「此婆羅門初入金耳國，以鐵鍱鍱
腹，頭戴火盆，聲王論鼓，求僧論義（議）。」《百論疏》卷 1：「提婆
初在王廷擊於論鼓，八方論士一時雲集。」《集古今佛道論衡》卷 4：
「可謂振論鼓於王庭，不異提婆之日；灑法音於帝披，何殊身子之
秋？」「峇」從峇得聲，疑是「埵」異體字，字亦作「垛（際）」、「堆
（堆）」。「堆（堆）頭」是唐宋俗語詞，唐《思道禪師墓誌》：「條山
陰麓，歸然堆頭。」星郎，指上應星宿的郎官。《後漢書·明帝紀》：
「郎官上應列宿，出宰百里。」李賢注引《史記》：「太微宮後二十五
星，郎位也。」又《楊秉傳》：「太微積星，名為郎位。」李賢注引《史
記·天官書》：「太微宮，五帝坐，後聚二十五星，蔚然曰郎位。積，

聚也。」金蟬，漢侍中、中常侍冠飾，用以代指官職。闥，也作鑰、籥，鑰匙。

（135）P.3276V：「葱左雖雙隴右，唯以停飡粥。竊慮刑濫於互朝，移晝長駒，恐藏女妙於狡，更遂得遊民懶婦，織絹歸耕之勤。飽食重衣，蘇鞞生芽之兆。」

　　鍾書林曰：女妙，王志鵬校作「奸」。（P629）

按：原卷「葱」作「![字]（嵸）」，「以」作「一」，「飡」作「喰」，「粥」作「![字]」，「竊」作「![字]」，「互朝」作「無辜」，「女妙」作「![字]（姦）」，「更」作「![字]」，「勤」作「懃」，「鞞」作「![字]」。句當斷作：「嵸左雖雙，隴右唯一。停喰![字]![字]，慮刑濫於無辜；移晝長駒，恐藏姦於狡更。遂得遊民懶婦，織絹歸耕之懃；飽食重衣，蘇![字]生芽之兆。」「嵸」疑指蔥（葱）嶺，在敦煌之西。唐·靈泰《成唯識論疏抄》卷1：「蔥嶺已東即名蔥左。」「喰」同「餐」。「![字]![字]」當隸作「服寐」，是「假寐」或「廢寐」誤書，猶言廢寢。「停餐廢寐」用以形容憂慮勤政。《史記·趙世家》肥義謂信期曰：「禍且逮國，今吾憂之，夜而忘寐，飢而忘食。」《廣弘明集》卷29梁高祖《孝思賦》：「先君體有不安，晝則輟食，夜則廢寢。」「移晝長駒」典出《莊子·知北遊》：「人生天地之間，若白駒之過郤，忽然而已。」《類聚》卷89引作「夫人生天地之間，猶騁駟而過隙」。《墨子·兼愛下》：「人之生乎地上之無幾何也，譬之猶馳駟而過隙也。」〔註63〕《史記·李斯傳》二世謂趙高曰：「夫人生居世間也，譬猶騁六驥過決隙也。」蓋先秦諺語，形容時光易逝。《荀子·禮論》：「則三年之喪，二十五月而畢，若駟之過隙。」〔註64〕取譬亦同。「白駒」指白馬，《易林·蠱之遯》：「四馬過陳（隙），時難再得。」又《鼎之大壯》：「朝暮日月，四馬過隙。」此固漢以前人舊說。一說「白駒」指日影，見《莊子釋文》、《漢書·魏豹傳》顏師古注，其說非是，《演繁露》卷12已駁之。狡更，當是「狡吏」形誤，唐人俗語詞。《北史·裴佗傳》：「狡吏姦人，莫不改貫。」《雲谿友議》卷上：「狡吏奸豪，潛形斂跡。」唐武宗《上尊號赦文》：「方

〔註63〕《文選·重答劉秣陵沼書》李善注引脫「馳」字。
〔註64〕《禮記·三年問》同。

聞本地多被狡吏及豪強平直隱蔽。」皆其例也，唐以前則稱作「猾吏」。「　」不識是何字，「蘇　生芽」未詳。

（136）P.2857：「夫聖德慈尊，降積娑婆之界，獻金容於〔丈六〕，白毫相以騰暉。」

　　鍾書林曰：積，黃征校爲「迹」，甚是。丈六，原卷無，黃校據 S.5957 同句補。黃校云：「『白』字費解，待考。」（P630）

按：積，讀作蹟（跡、迹），P.3497、S.5589、S.5640、S.5957 作「跡」。S.1181V：「（上殘）即娑婆之界。」「即」亦「跡」借字。降跡，猶言誕生。獻，P.3497 同，讀作顯，顯現。S.5589、S.5640、S.5957 正作「顯」。Дx.6070：「朝陳淨食，花開而（如）香積如（初）來；夜獻神光，晃耀似燈王再浪（朗）。」〔註65〕S.4625「獻」作「顯」。P.2855：「幽獻神祇。」P.3332、S.1924「獻」作「顯」。皆其明證。S.5589：「弟子某甲……抽捨淨財，顯佛及僧，廣崇福品。」此例「顯」黃征讀作獻〔註66〕，S.3427「獻佛施僧」，是其明證。P.3497、S.5589、S.5957 有「丈六」二字，S.5640 作「仗（丈）六」，當據補。白毫相，諸卷皆同，猶言白毫之相，指如來三十二相之一，世尊眉間有白色之毫相，放大光明，能降伏散魔。P.2044V：「人天號泣，永絕說法之音；世界空虛，莫睹白毫之相。」「白毫」爲詞，P.2058：「金容赫弈（奕），猶聚日之影（映）寶山；白毫光輝，爲滿月之臨滄海。」〔註67〕亦「白毫」、「金容」對文。

（137）P.2857：「度性海則不側（測）淺深，採寶山而叵之遠近？」

　　鍾書林曰：叵，黃征校錄爲「巨」。「叵之」後，黃校據 S.5957 同句補入「詎知」。叵之，即「不知」。之，爲「知」字之訛。叵，不，不可。（P630）

〔註65〕「如」、「初」、「朗」皆據 S.4625 校。「如來」是「初來」誤書，P.3149：「雖非香積，味而（如）上界初來；就座閻浮，饌同天廚新獻。」

〔註66〕參見黃征、吳偉《敦煌願文集》，嶽麓書社 1995 年版，第 581 頁。

〔註67〕P.2631 有同文，脫「日」字，「光輝」作「暉光」，「爲」作「若」。影讀爲映，映照。法琳《破邪論》卷下：「百福莊嚴，狀滿月之臨蒼海；千光照曜，猶聚日之映寶山。」S.0343V：「百福莊嚴，如滿月〔之臨〕芳林；千花晃耀，如盛日之照寶山。」所脫二字，擬補作「之臨」，黃征、吳偉《敦煌願文集》補作「之映」，嶽麓書社 1995 年版，第 26 頁。

按：叵，圖版作「叵」，黃征錄爲「巨」，是也。黃征據 S.5957，括讀「巨之」爲「詎知」，只是誤用了補缺文的方括號。S.5589 亦作「詎知」。S.5640 作「拒之」，亦是「詎知」借音。P.3497 殘存「之」字，其上一字不可辨。

（138）P.2857：「惟施主乃爲人素雅，性重玄風；久禎眞言，演加妙理。」

鍾書林曰：禎，謂以眞誠而受福佑。黃征校作缺文，疑爲「習」字。（P631）

按：禎，圖版作「禎」，當錄作「槙」。「槙」當據 P.2631 同句作「植」，形近而誤。植，讀爲揰，持念。《集韻》：「揰，持也。」P.2044V：「持諸佛之眞言，祕教所希。」S.4511：「加又以眞言祕蜜（密），持念者，滅惡死而得善生；神力無邊，歸依者，除禍患而成福利。」演，圖版作「深」，當錄作「深」。「深加」當據 P.2631 同句作「深知」，亦形近而誤。

（139）P.2857：「知絕患而不堅，悟浮生而難駐。」

鍾書林曰：絕患，黃征校作「泡幻」。（P631）

按：黃校是，「絕」是「泡」形譌，「患」是「幻」音譌。S.2717V 作「絕幻」，「絕」字亦誤。P.2665：「悟泡幻之不堅，生知□眞門（下句誤）。」P.3575：「悟泡幻之不堅，知浮生之蹔有。」P.4062：「知泡幻之不堅，悟干城之非固。」S.2832：「人生在世，猶泡幻之不堅。」皆其證。P.2915、S.0343 同句脫「泡」，存「幻」字。

（140）P.2857：「今生值來世之勝因，即日種後身之福和。」

鍾書林曰：值，黃征校作「植」。和，黃校作「田」。（P631）

按：種，圖版作「種」，是「種」的增旁俗字，S.1523V、S.2717V 作「種」。P.3833《王梵志詩》：「人人覓長命，沒地可種穀。」S.0548V：「政（正）見時人犁種收刈，極甚勞力。」S.0343：「菩提種子，長積於身田。」亦皆作此形。黃征讀值爲植，是也，P.2915、P.3575、S.0343、S.1523V、S.2717V 正作「植」。植亦種也。「和」當據 S.1523V、S.2717V 作「利」，形近而誤，黃校非是。

（141）P.2857：「其門樓乃凋文尅鏤，綺飾分明。」

按：鏤，圖版作「鏤」，即「鑼」俗字。S.2717V 作「鏤」。「鑼」是「鏤」借字。《可洪音義》卷 17：「漏，正作鏤，或作鑼。」《孫子·九地》：

「輕地吾將使之屬。」銀雀山漢簡「屬」作「僂」，是其音轉之證。「彫（雕）文（紋）刻鏤」是古書成語。「彫文刻鏤，綺飾分明」語亦見《大般涅槃經》卷1。S.4245:「其窟乃雕文刻鏤，綺飾分明。」

（142）P.2857:「既無瑞應飛來，又似神龍涌出。」

　　鍾書林曰：黃征校云：「『無』字當誤，茲據文義校作『如』。」茲從校。（P631）

按：S.2717V 作「既若堅應悉來，又似龍神涌現」。「無」當作「若」，「堅應悉來」則當從此卷訂正。

（143）P.2857:「單牕敢几，輝映紫霄；寶柱金門，含風吐日。」

　　鍾書林曰：單，黃征校作「丹」。牕，同「窗」。紺幾，黃校作「紺機」。几，指几具，與「窗」相對。風，黃征校作「鳳」。日，黃校作「月」。（P631）

按：原卷「几」作「幾」，「映」作「暎」。「幾」非几具。我舊說云：「P655作『丹窗紺瓦〔註68〕，暉暎紫霄；寶柱金門，含風吐日』，則『几』當作『瓦』，『風』、『日』不當改作。」〔註69〕趙家棟曰：「S.2717V 中『紺瓦』之瓦，原卷字形作『凡』，乃是『瓦』之俗寫。『敢幾』亦當校讀爲『紺瓦』，手民抄寫時誤將『凡』讀爲『几』，而『几』與『幾』音同，於是又誤寫作『幾』字。」〔註70〕「含風吐日」不誤，S.2717V同，黃校非是。

（144）P.2857:「邪鼎窺側，寫龍甲之參差；綰拱聯綿，疊天花而竟。」

　　鍾書林曰：邪，黃征校作「斜」，是。昂，黃校錄爲「鼎」，校作「頂」。黃校云：「此句疑『疊』字應在『競』下，而句首脫一『如』、『若』之類字。」（P631～632）

按：原卷「窺」作「嶷」，「竟」作「覓（競）」。昂，圖版作「昂」，當錄作「昂」。S.2717V:「斜昂嶷剘，寫龍甲之參差；環栱聯綿，狀虹霓之出

〔註68〕引者按：原卷「窗」作「窻」，乃「窻」形誤。

〔註69〕蕭旭《〈敦煌願文集〉校補》，收入《群書校補》，廣陵書社2011年版，第1002～1003頁。「P655」指《敦煌願文集》第655頁所錄S.2717V。

〔註70〕趙家棟《敦煌文獻疑難字詞研究》，南京師範大學2011年博士學位論文，第37～38頁。

沒。重簷軒翥，比鸞鳳之翔空；井廊垂連，類天花之競落。」〔註71〕
「䒑」亦是「昂」。此卷當有脫文，「競」下當補「落」字。我舊說
云：「『疊』當作『類』，缺字爲『落』。縮，讀爲環。拱、供，並讀爲
栱。側，同『厠』。此文疑脫 20 字。P655『昂』當作『鼎』。」〔註72〕
S.2717V 原卷即作「栱」，不作「供」，當時失檢圖版。P.2186：「白玉
作櫨拱。」浙敦 026「櫨拱」作「櫨栱」，亦借拱爲栱。環栱，環形
之斗栱。栱之言拱，拱形，故言環也。趙家棟指出我舊說「昂當作鼎」
之誤，云：「『縮栱』、『環供』當讀『環栱』。『類』當讀爲縈（累），
與『疊』同義。『斜昂』、『邪昂』當讀爲『斜栱』。『斜栱』指斜栿，因
其像鳥飛之形又稱飛栿。《廣韻》：『栿，飛栿，斜栿。』《集韻》：『栿，
斜栿謂之飛栿。』宋・莊綽《雞肋編》卷下：『飛昂名五：欐、飛昂、
英昂、斜角、下昂。』《文選・景福殿賦》：『飛栿鳥踊，雙轅是荷。』
李善注：『飛栿之形，類鳥之飛。』今人名屋四阿栱曰欐栿也。」〔註73〕
《雞肋編》所謂五名，乃引自《營造法式》卷 4。《文選・景福殿賦》
李善本作「飛柳」，五臣本作「飛昂」，《營造法式》卷 1 引同五臣本。
「類」、「比」同義對舉，趙君讀類爲累，非是；但讀昂爲栿，是也。「栿」
與下句「栱」對舉，栿與科栱相接，參見《營造法式》卷 4。栿之言
角，故又稱作斜角（栿）。栿之言昂（卬），謂栿低昂，故稱作昂（卬），
專字作栿（柳），又稱作下昂、斜昂。P.2044V：「東西菀（宛）順，接
捧構以相交；南北低昂，架柱盈（楹）而巋起。」寫柱楹低昂而巋起，
與此卷寫斜栿巋厠絕類。

（145）P.2857：「惟願業障、報障，以秋葉而爭飄；定根、惠慧根，共春
　　　　萌而競茂。」

〔註71〕黃征等「栱」誤錄作「供」，「沒」誤錄作「水」，「比」誤錄作「化」，「井」
　　　　誤錄作「弁」。黃征、吳偉《敦煌願文集》，嶽麓書社 1995 年版，第 655 頁。
　　　　劉亞麗《敦煌願文校考》（河北大學 2012 年碩士論文，第 34 頁）除「化」字
　　　　未訂正外，其餘都已改釋。郝春文主編《英藏敦煌社會歷史文獻釋錄（第十
　　　　四卷）》訂正此卷黃征許多誤釋（社會科學文獻出版社 2016 年版，第 23 頁），
　　　　劉亞麗都已改正，校錄者居然不作引用，大違學術規範。
〔註72〕蕭旭《〈敦煌願文集〉校補》，收入《群書校補》，廣陵書社 2011 年版，第 1003
　　　　頁。「P655」指《敦煌願文集》第 655 頁所錄 S.2717V。
〔註73〕趙家棟《敦煌文獻疑難字詞研究》，南京師範大學 2011 年博士學位論文，第
　　　　37 頁。

鍾書林曰：以，黃征校作「與」。顠，頭髮斑白。此處指樹葉枯黃。（P632）

按：顠，原卷作「𩓿」，即「飄」，黃征錄文不誤。下文「咸蒙吉慶」，黃征錄文亦不誤。「咸蒙吉慶」與「皆蒙吉慶」、「恒承吉慶」都是敦煌願文習語，鍾氏「吉」誤作「告」，可謂後出轉粗矣。

（146）S.0528：「教有受之父母，不敢毀傷，文儒刺血寫經，實恐非善，惡傷風教，必壞墳典。」

鍾書林曰：文儒，敦煌諸本（引者按：指 S.0276V、P.2680、P.3570V、P.3727）同。郝春文校作「聞汝」。P.3570「善」、「惡」二字位置互換，於文意不合。（P637）

按：「文儒」讀如字。S.6417：「文儒不下於淵顏，武極越過於穿葉。」Φ263V+Φ326V：「且夫仏乘妙理，幽秘難量；豈以凡所知，以文儒側（測）？」《廣弘明集》卷 14 李師政《內德論》：「華夷士庶，朝野文儒，各附所安，鮮味斯道。」《因明入正理論疏抄》卷 1：「鄒魯文儒，自孔子咸（盛）也。」P.3570V 脫「善」字，鍾氏誤校。

（147）S.0528：「子不聞古者以求聰廢目，奄致文身，干將之劍或非，角哀之墓誰贊，此儒教之毀傷也。」

鍾書林曰：求，S.0276 誤作「衣」。文身，S.0528 誤作「之分」，茲據其他敦煌寫本改。文，S.0276 誤作「大」。（P638）

按：廢，S.0276V 誤作「慶」，P.2680、P.3727 作俗字「癈」。墓，S.0276V、P.3570V 同，P.3727 作「慕」，P.2680 作「蟇」，當以作「墓」爲正。「角哀」用羊角哀典，出《後漢書·申屠剛傳》李賢注引《烈士傳》：「羊角哀、左伯桃二人爲死友，欲仕於楚，道阻遇雨雪不得行，飢寒，自度不俱生。伯桃謂角哀曰：『俱死之後，骸骨莫收。內手捫心，知不如子。生恐無益，而棄子之能，我樂在樹中。』角哀聽之，伯桃入樹中而死。楚平王愛角哀之賢，以上卿禮葬伯桃。角哀夢伯桃曰：『蒙子之恩而獲厚葬，正苦荊將軍冢相近。今月十五日當大戰以決勝負。』角哀至期日，陳兵馬詣其冢，作三桐人，自殺，下而從之。」〔註74〕《法苑珠林》卷 97 引簫（王肅）《喪服要記》：「魯哀公葬其父。孔子問曰：

〔註74〕《文選·廣絕交論》李善注、《書鈔》卷 152、《御覽》卷 12、409、422 亦略引其文。

『寧設魂衣乎？』哀公曰：『魂衣起伯桃，伯桃荊山之下道逢寒死。友人羊角哀往迎其尸，愍魂神之寒，故改作魂衣。吾父生服錦繡，死於衣被，何用〔魂〕衣爲？』」〔註75〕「求聰廢目」典待考。

（148）S.3050V：「六宗苦行。」

　　鍾書林曰：宗，劉銘恕校、施萍婷校均作「年」，不確。六宗苦行，指佛教徒用受凍、挨餓、拔髮、裸形、炙膚等刻苦自己身心的行爲，他們認爲行之可求得解脫。（P640）

按：宗，圖版作「㝩」，不可辨識，但絕非「宗」字。佛經謂釋迦佛出家以後至成道有六年苦行、六年樂行，此當用其典。P.2044V：「（佛）遠屆雪山，六年苦行，不起於坐，頂有雀巢居，磨練其心，乃成大道。」亦用此典。

（149）S.3050V：「一、是五百文金錢，二、五百個金舍勒，三、五百個金三故。」

　　鍾書林曰：故，施校疑作「鈷」，而劉校標點時將「故」字下屬。（P640）

按：施萍婷疑「故」作「鈷」，是也。黃征曰：「三故、金三故：即金剛杵上的三股支叉。『故』爲『股』的借音字（佛經中亦借作『鈷』、『胡』、『古』）……『金三故』即金質的三故（股）。」〔註76〕「三股」是密教法器之一，爲金剛杵之一種，杵頭分三枝，故稱作「三股」。長谷寺藏享和二年刊本《大聖歡喜雙身毘那夜迦天形像品儀軌》卷1：「滿賢右手執寶棒，愛子左手把三股杵。」仁和寺藏足利時代寫本「股」作「鈷」。高山寺藏保元二年寫本《曼殊室利焰曼德迦萬愛祕術如意法》卷1：「西北方地慧童子，右手把三肶，如金剛藏王。」長谷寺藏享和元年刊本《勝軍不動明王四十八使者祕密成就儀軌》卷1：「右用三古杵，左持索。」亦有作一股、五股形者，《蘇婆呼童子請問經》卷3：「或似三鈷、五鈷金剛杵。」一本「鈷」作「股」。高山寺藏鎌倉時代寫本《靈巖寺和尚請來法門道具等目錄》卷1：「道具：獨鈷金剛杵一，三鈷金剛杵一，五鈷金剛杵一。」《慧琳音義》卷41：「三鈷：

〔註75〕《御覽》卷886引「蕭」作「王肅」，是也。「魂」字亦據《御覽》引補。
〔註76〕黃征《敦煌俗語詞輯釋》，收入《敦煌語言文字學研究》，甘肅教育出版社2002年版，第168頁。

下音古，正作股，經作鈷，錯用也。」《可洪音義》卷 9：「獨鈷：音古正作股、骷二形。」

（150）S.3050V：「樹價金錢，地滿銀堲。」（P642）

按：堲，原卷作「⿰」，當錄作「銀堲」，王重民、潘重規、張涌泉錄文不誤〔註77〕。張涌泉曰：「『價』字疑當作『掛』，音近而誤。」〔註78〕蔣冀騁亦讀價爲掛〔註79〕，可備一通。價，疑讀爲架，擱置。P.2578《開蒙要訓》「構架椽柱」的「架」注直音「價」，是其明證。P.2726：「伏願鱗（麟）鴻羽翼，〔高翔〕天上之煙霞；學海波蘭（瀾），早震人間之聲駕。」〔註80〕P.2820「駕」作「價」。《續高僧傳》卷 12：「聲價載隆。」宋、元、明、宮本「價」作「駕」。皆是其比。

（151）S.3050V：「給孤長者箭濟貧人。」

鍾書林曰：箭，施萍婷校作「接」。箭，疑爲「兼」字之音訛。（P642）

按：箭，王重民校作「接」，潘重規、張涌泉說同〔註81〕，諸家皆本於王說，然讀音不近。箭，疑讀爲贊，助也。贊濟，猶言濟助。我舊說讀箭爲賑〔註82〕，亦備一說。

（152）S.3050V：「轉巽，有一個小下女人，族水如來。」

鍾書林曰：巽，原作「宣」，施萍婷校云：「『宣』旁注一『異』字，以意度之，應爲『瞬』。」「宣」字右旁爲「巽」，非爲「異」字。巽，通「瞬」。（P643）

按：張涌泉曰：「『轉巽』費解，俟再考。」〔註83〕S.4480《太子成道變文》：「轉巽從天有九隊雷明。」張涌泉曰：「巽，讀作瞬。」〔註84〕吳蘊

〔註77〕王重民等《敦煌變文集》，人民文學出版社 1957 年版，第 820 頁。潘重規《敦煌變文集新書》，文津出版社有限公司 1994 年初版，第 810 頁。
〔註78〕黃征、張涌泉《敦煌變文校注》，中華書局 1997 年版，第 1137 頁。
〔註79〕蔣冀騁《敦煌文獻研究》，湖南師範大學出版社 2005 年版，第 111 頁。
〔註80〕P.2820「早震」作「振」，「天上」前作「翔」字，二缺字疑可補作「高翔」。
〔註81〕王重民等《變文集》，第 820 頁。潘重規《新書》，第 810 頁。黃征、張涌泉《校注》，第 1134 頁。
〔註82〕參見蕭旭《敦煌變文校補（二）》，收入《群書校補（續）》，花木蘭文化出版社 2014 年版，第 1529 頁。
〔註83〕黃征、張涌泉《校注》，第 1137 頁。
〔註84〕黃征、張涌泉《校注》，第 489 頁。

慧、黃大宏謂此卷「巽」亦讀作瞬〔註85〕，當即本於張說，可備一通。
巽，讀爲選。轉選，猶言少頃、一會兒。《玉篇》：「選，迅也。」《呂
氏春秋・音初》：「少選，發而視之，燕遺二卵。」高誘注：「少選，
須臾。」又《任數》：「選間食熟。」高誘注：「選間，須臾。」又《處
方》高誘注：「選間，猶選頃也。」選之言旋〔註86〕，與「轉」同義
連文，用作副詞，極言時間之短。《漢書・外戚傳》：「日蝕東井，轉
旋且索，與既無異。」顏師古注：「轉旋且索，言須臾之間則欲盡也。」
「轉巽」即「轉旋」也。中村不折藏敦煌本《搜神記》：「小兒選即下
來。」「選即」即「旋即」。王重民、潘重規以「轉巽」屬上句，失之。
族，王重民、潘重規校作「逐」，張涌泉校作「取」〔註87〕。族疑讀
爲蹴。《玉篇》：「蹴，蹋蹴也。」《集韻》「蹴，蹋也」，與「族」同音
則候切。《字彙》：「蹴，踏蹴也。」蹴水，猶言踏水。王重民等諸家
讀「如」爲「而」，是也。

（153）P.3727：「度昔眾生，令歸彼岸。」（P649）

　按：昔，圖版作「![苦]」，當錄作「苦」。上文「昔」作「![昔]」，字形下部不
　　　同。《金光明最勝王經》卷10：「六年苦行，三轉法輪，度苦眾生，令
　　　歸彼岸。」

（154）S.1686：「厥投誠梵宇，渴仰慈門，敬捨珍財，伋（披）肝虔敬，
　　　省資益己，躬之所建也。」（P652）

　按：省，原卷作「者」。當讀作「……披肝虔敬者，資益己躬之所建也」。

（155）BD11259：「於是像轉星豪，儼慈悲之靈想。經開寶謁（偈），笙功
　　　德之深原。」（P656）

　按：笙，原卷作「筌」，讀作詮。同句P.2449V出現三次：「像轉星豪，儼慈
　　　悲之實相；經開寶偈，詮功德之染（深）原。」又「位同寶偈，詮功德

〔註85〕 吳蘊慧《〈敦煌變文校注〉校釋零拾》，蘇州大學2003年碩士學位論文，第31
　　　　頁。又吳蘊慧《〈敦煌變文校注〉校釋札記》，《古漢語研究》2004年第3期，
　　　　第7頁。黃大宏《〈敦煌變文集〉補校散錄》，《古籍整理研究學刊》2005年第
　　　　5期，第69頁。
〔註86〕 朱駿聲《說文通訓定聲》，武漢市古籍書店1983年版，第757頁。
〔註87〕 王重民等《變文集》，第820頁。潘重規《新書》，第810頁。黃征、張涌泉
　　　　《校注》，第1135頁。

之深原；像轉星毫，儼慈悲之實相。」又「像轉星豪，儼慈悲之實相；
經宣寶偈，詮功德之深原。」諸文可以互校，「想」當作「相」，「染」
當作「深」。《涅槃經疏私記》卷 3：「一以積德深原，二以大乘經力自
能降魔。」「原」同「源」。黃征等校作「染原」〔註88〕，非是。

(156) BD11259：「祥幡飅影，遐標轉業之風；神燈發暉，遥凝破惡之焰。」
按：原卷「標」作「摽」。P.2449V：「祥幡飄轉業之風，神燈燃破惡之豔
　　（炎）。」又「祥幡飅濛，霞（遐）飄轉葉（業）之風；燈發神輝（神
　　燈發輝），光凝破惡之炎。」又「神燈發輝，光散破惡之炎；祥幡飅
　　濛，遐飄轉葉（業）之風。」諸文可以互校，《玉篇》：「濛，戶猛切，
　　影也。」「摽」當作「飄」，「霞」當作「遐」，「豔」當作「炎」或「焰」，
　　「葉」當作「業」。「轉業」與「破惡」對文。P.2172《大般若涅槃經
　　音》：「豔：焰。」以「焰」為「豔」注音。S.2311《大般涅槃經》：「豔
　　彩光明。」又「豔光普照」，又「無數光豔」，宋、元本同，高麗本作
　　「焰」。黃征等校「遐」作「霞」〔註89〕，非是。

(157) S.5645：「被子羽之非〔議〕，遭項托之責問。禮周國五常之教易行，
　　厄在陳邦。九曲之珠，難度未似。」
　　　鍾書林曰：根據文義，此句當脫一字，疑為「議」。（P643）
按：鍾氏未得其讀，妄補耳。當讀作：「被子羽之非，遭項托之責。問禮
　　周國，五常之教易行；厄在陳邦，九曲之珠難度。」「未似」屬下句。
　　「子羽之非」用《史記·仲尼弟子傳》孔子曰「以貌取人，失之子羽」
　　典，《留侯世家》同，澹臺滅明字子羽。「九曲之珠」者，唐宋人相轉
　　孔子典，原始出處不可考。《祖庭事苑》卷 5：「世傳孔子厄於陳，穿
　　九曲珠。遇桑間女子，授之以訣云：『密爾思之，思之密爾。』孔子
　　遂曉，乃以絲繫螘，引之以蜜而穿之。」《萬松老人評唱天童覺和尚
　　頌古從容庵錄》卷 6 同。《廣博物志》卷 37 引《小說》：「孔子得九曲
　　珠，欲穿不得，遇二女敎以塗脂於線，使蟻通焉。」《文苑英華》卷
　　117 載唐人楊濤《蟻穿九曲珠賦》，亦用此典。此卷下文鍾氏失其句讀、
　　誤錄文字猶多，不再訂正。

〔註88〕黃征、吳偉《敦煌願文集》，嶽麓書社 1995 年版，第 685 頁。又卷號「P.2449V」
　　　　黃征誤作「P.3172」，錄文也有誤字，茲據原卷徑正。
〔註89〕黃征、吳偉《敦煌願文集》，嶽麓書社 1995 年版，第 682、685 頁。

（158）P.4936：「脚不宜賒（賒則大失），腹▭▭▭▭（斜則失勢）。」
（P670）

按：《墨藪》卷 1 晉王羲之《筆陣圖十二章・開要章第九》：「脚不宜賒，腹
不宜促，促則太闊，家字頭不宜斜，斜則失〔勢〕。」《墨池編》卷 1 晉
王羲之《筆勢論》：「復（腹）不宜促，促則欠潤；啄不宜斜，斜則失勢。」
皆可以參證。

（159）P.2605：「舍弘大道，興奪長才。」（P688）

按：舍，原卷作「含」。S.4642：「含弘先（光）大，操志昇聞。」〔註90〕

（160）P.2605：「痛聞鬼哭黃沙，苦聽神冷綠野。」

鍾書林曰：冷，通「泠」，輕妙貌。綠，王志鵬校作「禄」。（P689）

按：原卷「綠」作「禄」，當照錄，再校作「綠」。「冷」當是「吟」形誤，
P.2883、S.0462 並有「鬼哭神吟，山鳴海沸」語，可證。

（161）P.2605：「干戈血染，恐傷寰（鰥）寡之心；劍戟霜構，慮動雎鳩
之思。」

鍾書林曰：「寰」通「鰥」，「鰥」又是「鰥」字之俗。構，王志鵬校作「攖」，
並出校云：「『攖』字原卷模糊不清。」（P689）

按：構，圖版作「攢」，當錄作「攢」。寰，讀爲嬛，字亦作嫈、煢、惸、
婷。《小爾雅》：「凡無夫無妻通謂之寡，寡夫曰嫈，寡婦曰嫈。」《玉
篇》：「嬛，孤特也。婷，同『嬛』。」《集韻》：「嬛，獨也，通作嫈。」
唐・陳子昂《射洪縣陳君碑》：「恤惸寡，賑窮乏。」《善慧大士語錄》
卷 4：「賑濟天下孤獨惸寡。」「惸寡」即「嫈寡」。

（162）P.2883：「（上殘）十方而騰茂實須屬。後周膺運，大扇魔軍，遂使
天下招提咸從毀廢寰中，法侶並混編於甿。」（P690）

按：P.2883 原件無題，王重民定名爲《金光明最勝王經序及開端兩行》，
施萍婷從之〔註91〕。饒宗頤定名爲《義淨譯〈金光明最勝王經〉序》

〔註90〕《易・坤》：「含弘光大，品物咸亨。」黃征等校「先大」作「先代」，非是；
又誤錄下句作「口（蘊）志屏間」。黃征、吳偉《敦煌願文集》，嶽麓書社 1995
年版，第 125 頁。

〔註91〕王重民《敦煌遺書總目索引》，中華書局 1983 年版，第 275 頁。施萍婷《敦
煌遺書總目索引新編》，中華書局 2000 年版，第 259 頁。

〔註 92〕。黃永武定名爲《金光明最勝王經序品第一》〔註 93〕。《法藏敦煌西域文獻》定名爲《金光明最勝王經序品第一并序》〔註 94〕。序文末尾云「《金光明最勝王經序品第一》，三藏法師義淨奉制譯」，則序文當是唐代法師義淨所撰。今《大正藏》收錄《金光明最勝王經》，題「大唐三藏沙門義淨奉制譯」，但卷首無序，饒宗頤謂「此寫卷文字可補其缺」〔註 95〕。P.2883 原卷有多處誤書，饒宗頤、鍾書林皆未作校正。S.0462《大唐中興三藏聖教序》與此卷文字相同。又考《慧琳音義》卷 60《大唐中興三藏聖教序》，《可洪音義》卷 6《藥師瑠璃光七佛本願功德經序》，又卷 7《佛說大孔雀呪王經序》，卷 11《成唯識寶生論序》，卷 15《根本說一切有部毗奈耶律一部序》，卷 16《根本說一切有部毗奈耶苾芻尼律序》，卷 16《根本說一切有部尼陁那目得迦序》，卷 17《根本說一切有部百一羯磨一部序》，各卷所解釋的詞語，與此寫卷亦大同，順序又一致。今《大正藏》收錄《佛說大孔雀呪王經》、《成唯識寶生論》、《根本說一切有部尼陀那目得迦》、《根本說一切有部百一羯磨》，皆題「三藏法師義淨奉制譯」，卷首都沒有序文。《大唐開元釋教廣品歷章》卷 9：「《藥師琉璃光七佛本願功德經》卷上（《大唐中興三藏聖教序》，御製，三藏義淨譯）。」《開元釋教錄》卷 11：「《藥師瑠璃光七佛本願功德經》二卷，大唐三藏義淨於大內佛光殿譯。」〔註 96〕各卷都是義淨奉制翻譯，疑此篇序文，同時又作《大唐中興三藏聖教》等篇的序文，一序多用。因取 S.0462 及《慧琳音義》、《可洪音義》作校勘。上殘文字可以參考 S.0462《大唐中興三藏聖教序》。原卷無「於」字。須，圖版作「須」，S.0462 作「頃」。敦煌寫卷「須」、「頃」形近易譌，此卷當作「頃」，《可洪音義》卷 6 正作「頃」。

〔註 92〕 饒宗頤《法藏敦煌書苑精華》第 1 冊，廣東人民出版社 1993 年版，圖版第 113～119 頁。

〔註 93〕 黃永武主編《敦煌寶藏》125 冊，新文豐出版公司 1986 年版，目錄第 1 頁，圖版第 26～27 頁。黃永武《敦煌遺書最新目錄》，新文豐出版公司 1986 年版，第 690 頁。

〔註 94〕《法藏敦煌西域文獻》第 19 冊，上海古籍出版社 2001 年版，目錄第 8 頁，圖版第 270～271 頁。

〔註 95〕 饒宗頤《法藏敦煌書苑精華》第 1 冊，廣東人民出版社 1993 年版，第 270 頁解說。饒氏於他卷解說中校其異文，訂其誤字，此卷則否。

〔註 96〕《開元釋教錄》卷 20 同。

P.2524《語對》：「萬𤲬陂。」「𤲬」即「頃」〔註97〕，P.2044V《釋門文範》：「涵黃陂萬頃，澄徹（澈）無涯。」尤爲確證。P.2257：「須臾之頃，令此八海成一滴水，大如針鋒。」P.3918：「𤲬在西州。」「頃」、「𤲬」亦即「頃」。皆可以比勘。廢，原卷作「癈」，S.0462 同，借字。據 S.0462 補其缺文，當讀作：「（前略）〔遂使微言著範，歷千古而暢英聲；至賾流規（規），周〕十方而騰茂實。頃屬後周膺運，大扇魔軍。遂使天下招提，咸從毀廢；寰中法侶，並混編甿。」〔註98〕頃屬，時間副詞，唐人俗語詞，猶言近來。《開元釋教錄》卷 7：「頃屬梁季崩亂，不果宣傳。」《舊唐書·列女傳》：「下詔曰：『頃屬默啜攻城，咸憂陷沒。』」

（163）P.2883：「蹉（嗟）乎聞寂禪居，空留宴坐之處。」

　　鍾書林曰：蹉，疑爲「嗟」字之訛。（P690）

按：蹉，S.0462 作「嗟」。「聞」當據 S.0462 作「閴」，《可洪音義》卷 6、7、16、17 字並同（卷 16 二見），卷 15 作「閴」。《可洪音義》卷 6云：「閴寂：上苦覓反，靜也。」「閴」是「閴」俗譌字。《慧琳音義》卷 81：「閴寂：《埤蒼》云：『閴，靜也。』」

（164）P.2883：「爰洎開皇，重將修違。」（P690）

按：原卷「違」作「建」，S.0462 同。爰洎，S.0462 同。《慧琳音義》卷 60作「爰曁」，云：「《爾雅》：『曁，及。』序文從水作洎，非此用也。」慧琳指出「曁」是正字。

（165）P.2883：「旋大業又遇分崩。」（P690）

按：S.0462「旋」下有「逢」字，當據補。讀作：「旋逢（逢）大業，又遇分崩。」

（166）P.2883：「於是人迷覺路，遭迴於苦（苦）集之區；俗蔽真宗，羈絆於蓋緅之內。」

　　鍾書林曰：苦，從下文「蓋」字來看，當爲「苦」字之訛。《儀禮·既夕禮》鄭玄注：「一染謂之緅，今紅也。」蓋緅，喻指紅塵。（P690）

〔註97〕參見黃征《敦煌俗字典》，上海教育出版社 2005 年版，第 327 頁。
〔註98〕郝春文以「膺運」屬下句，亦非。郝春文主編《英藏敦煌社會歷史文獻釋錄（第二卷）》，社會科學文獻出版社 2003 年版，第 348 頁。

按：「苦」字不誤，S.0462 同。《長阿含經》卷 1：「緣名色有六入，緣六入有觸，緣觸有受，緣受有愛，緣愛有取，緣取有有，緣有有生，緣生有老、病、死、憂、悲、苦惱，此苦盛陰，緣生而有，是爲苦集。」又卷 8：「復有四法，謂四聖諦：苦聖諦、苦集聖諦、苦滅聖諦、苦出要聖諦。」「遭迴」當據 S.0462 作「邅迴」，《慧琳音義》卷 60、《可洪音義》卷 6、7、11、15、16、17 同（卷 16 二見）。《慧琳音義》云：「邅，展連反，《楚辭》云：『轉也。』《考聲》：『移也。』迍邅行不前也。」蔽，S.0462 作「蕨」，俗譌字。縲，圖版作「縴」，當據 S.0462 作「縄（纒）」，即「纒」俗字。作「縲」者形近而訛。P.3491：「永離蓋縱」，「縱」亦「（纒）」形誤。《別譯雜阿含經》卷 5：「爾時，世尊廣爲說法，知彼至心欲離蓋纒，爲說四諦苦習（集）滅道。」〔註 99〕《入定不定印經》卷 1：「思欲運六道於慈舟，迥超苦海；驅四生於彼岸，永離蓋纒。」Φ263V+Φ326V：「歸依者，遐超苦海；迴向者，永離蓋纒。」《佛學大詞典》：「苦集：術語，四諦之二。苦者業煩惱之結果，生死之苦患，即一切生死之果報也。其集成生死苦果之業煩惱謂之集，即生死之原因也。」又「蓋纒：五蓋與十纒，皆煩惱之數。」

（167）P.2883：「威加有截，澤被無恨。」（P691）

按：「恨」當據 S.0462 作「垠」，《慧琳音義》卷 60、《可洪音義》卷 6、7、11、15、16、17 同（卷 16 二見）。《慧琳音義》云：「垠，魚巾反。《廣雅》：『垠，匡也。』」P.2481：「法化普洽於無垠，帝澤臨沾於有截。」玄則《大般若經第二會》序：「觀夫委契中道，攄妙軌於無垠；流賞一歸，漾玄津於有截。」《仁王護國般若波羅蜜多經疏》卷 1：「玄化無垠，正刑有截。」《御注金剛般若波羅蜜經宣演》卷 1：「至化洽於無垠，玄風昌於有截。」皆其確證。

（168）P.2883：「掩坤給以還醇，互乾維而獻穎。」（P691）

按：穎，圖版作「欵」，當錄作「欵（款）」。S.0462「給」作「絡」，「醇」作「淳」。「給」是「絡」形譌。《斌雅禪師語錄》卷下：「撿坤絡以還醇，更乾維而獻款。」「更」是「互」借字，S.0462 亦作「互」，《可洪音義》卷 6 同。

〔註 99〕宋本等「苦習」作「苦集」。

（169）P.2883：「龍宣將八柱齊安，鷲〔□〕共五峰爭峻。」

　　　　鍾書林曰：根據上下句文義，「鷲」後脫一字。（P691）

　　按：原卷「鷲」下本有「嶺」字。將亦共也，與也。「龍宣」，S.0462 同，其誼未詳，趙家棟說「宣」是「宮」形誤。《釋淨土群疑論》卷 2：「三藏奧旨煥爛於龍宮，十二部經照彰於鷲嶺。」《續高僧傳》卷 22：「闡鷲嶺之微言，探龍宮之祕藏。」《廣弘明集》卷 22：「搜揚三藏，盡龍宮之所儲；研究一乘，窮鷲嶺之遺旨。」皆「龍宮」與「鷲嶺」對文。

（170）P.2883：「化闡六修，政行十部。」（P691）

　　按：「修」當據 S.0462 作「條」，形聲俱近。P.2341：「或六條毗化，或五美傳風。」P.2481：「方今六條光皎，五德花鮮。」P.3084+P.3765：「宜家標三備之能，訓子善六條之妙。」〔註100〕S.2832：「書六條而千里風清，帶（戴）二天〔而〕百城潤色。」《晉書·武帝紀》：「令諸郡中正以六條舉淹滯：一曰忠恪匪躬，二曰孝敬盡禮，三曰友于兄弟，四曰絜身勞謙，五曰信義可復，六曰學以為己。」

（171）P.2883：「放曠一丘，逍遙三經。」（P691）

　　按：經，S.0462 作「徑」，正字。《初學記》卷 18 引趙岐《三輔決錄》：「蔣詡字元卿，舍中三徑，唯羊仲、裘仲從之遊。二仲皆推（摧）廉逃名。」〔註101〕《御覽》卷 510 引嵇康《高士傳》：「蔣詡字元卿，杜陵人。為兗州刺史，王莽為宰衡，詡奏事，到霸上稱病不進，歸杜陵，荊棘塞門，舍中三徑，終身不出。時人諺曰：『楚國二龔，不如杜陵蔣翁。』」後因以「三徑」作歸隱之典，亦作「三逕」。

（172）P.2883：「摘芝秀於東山，抱清流於南澗。」（P691）

　　按：抱，圖版作「挴」，當錄作「挹」，《慧琳音義》卷 60、《可洪音義》卷 6、11、15 正作「挹」，《可洪音義》卷 16 作「挴（挹）」。S.0462 作「挴」，正是「挹」字。《慧琳音義》引《考聲》：「挹，酌也。」《慧琳音義》、《可洪音義》卷 7、15、16「摘」作「摘」。

〔註100〕S.5957 有同文。

〔註101〕《文選·田南樹園激流植援》、《歸去來》李善注引作「挫廉」，則「推」當作「摧」，與「挫」同義。

（173）P.2883：「可謂幽尋丹嶠，棲偃白雲皋鶴。於是吞聲〔口〕場，駒
以縶影。」

　　鍾書林曰：根據文義，疑此句脫一字。（P691）

按：原卷「縶」作「縶」，S.0462 同，《可洪音義》卷 6、7、11、16 亦同。
《可洪音義》卷 6 云：「上知立反，繫也，絆也，亦作罻。」「以」下
當據 S.0462 補「之」字，讀作：「可謂幽尋丹嶠，棲偃白雲。皋鶴於
是吞聲，場駒以〔之〕縶影。」P.2542：「王宮降跡，寶樹於是呈祥；
童子誕靈，金蓮以之啓映。」〔註 102〕P.2940：「遂乃金棺焰起，佛日
於是淪輝；銀槨煙飛，慈雲以之罷潤。」句法相同，皆以「以之」與
「於是」對文。《慧琳音義》卷 60 作「鷙影」，云：「鷙，音至，謂能
執服眾鳥也，勇鳥也。」「鷙」當是「縶」誤，可洪說是，慧琳說非也。
「場駒」典出《詩・白駒》：「皎皎白駒，食我場苗。縶之維之，以永
今朝。」毛傳：「縶，絆。維，繫也。」

（174）P.2883：「法師幼遊明晤，夙彰聰敏。」（P691）

按：「遊」當據 S.0462 作「挺」，《可洪音義》卷 6、7、11、15、16、17 同
（卷 16 二見）。《續高僧傳》卷 17：「檀越幼挺奇才，夙懷茂緒。」「晤」
同「悟」，S.0462 誤作「唔」。

（175）P.2883：「才逾辨秀之歲，心樂出家；甫過遊洛之年，志尋西國。」
（P691）

按：原卷「才逾」作「纔踰」，S.0462 同。《可洪音義》卷 7 作「纔踰」，
云：「徒盍反，踐也。」可洪據誤字爲釋，非是。「踰」是「踰」形譌，
與「過」同義對舉。《呂氏春秋・重言》高誘注：「蹠，踰。」注「踰」
當作「踰」，即「躢」字。《慧琳音義》卷 32：「踰繕那：經文作踰，
誤也。」此二字相譌之例。辨秀，當據 S.0462 作「辯李」，典出《後
漢書・孔融傳》：「融幼有異才，年十歲，隨父詣京師。時河南尹李膺
以簡重自居，不妄接士賓客。勑外，自非當世名人及與通家，皆不得
白。融欲觀其人，故造膺門。語門者曰：『我是李君通家子弟。』門
者言之，膺請融問曰：『高明祖父嘗與僕有恩舊乎？』融曰：『然。先
君孔子與君先人李老君同德比義而相師友，則融與君累世通家。』眾

〔註 102〕P.2665 有同文，但「於」下脫「是」字。

坐莫不歎息。」「遊洛」典出《後漢書・郭太傳》：「（郭太）乃遊於洛陽，始見河南尹李膺，膺大奇之。」

（176）P.2883：「鼓棹升脫，唯存一己。」（P691）

按：原卷「棹」作「掉」，當照錄，再校作「棹」。原卷「升脫」作「昇**䑾**」，當是「昇航」誤書。S.0462 作「昇航」，《慧琳音義》卷 60、《可洪音義》卷 6、7、11、15、17 同。《慧琳音義》云：「航，胡岡反，舟船名也。」原卷「己」作「巳」，當是「己」形誤。

（177）P.2883：「菩提樹下，屢攀祈以淹留；阿耨池邊，幾濯纓而藻鑒。」

    鍾書林曰：濯，原卷右邊「翟」作「瞿」，蓋爲形訛。（P691）

按：S.0462「祈」作「折」，「濯」作「濯」，此卷當據校正。

（178）P.2883：「踱詞方憑於學者，銓義則稟於僧徒。」（P691）

按：「踱」當是「蹠」俗字，S.0462 作「蹠」，《可洪音義》卷 6、7、11、15、16、17 同（卷 16 二見）。《經律異相》卷 25：「皆悉蹠跣，不得著履。」宋、元等本「蹠」作「踱」。《慧琳音義》卷 60 作「摭詞」，云：「摭，征亦反。《方言》：『取也。』拾也。或作柘（拓）〔註 103〕。序文從足作蹠，非也。」慧琳說是也，摭猶言採摭。銓，S.0462 同，讀爲詮。

（179）P.2883：「譯義綴文，咸由於已指詞定理，匪假於傍求。」（P691）

按：原卷「已」作「巳」，當是「己」形誤。「己」下當據 S.0462 補「出」字，當讀作：「譯義綴文，咸由於己〔出〕；指詞定理，匪假於傍求。」

（180）P.2883：「則天大聖皇帝出震膺期，乘乾握絕。」（P691）

按：絕，當據 S.0462 作「紀」。駱賓王《爲齊州父老請陪封禪表》：「陛下乘乾握紀，纂三統之重光；御辨登樞，應千齡之累聖。」此其明證。《魏書・寶瑗傳》：「伏惟陛下應圖臨寓，握紀承（乘）天，克構洪基；會昌寶曆，式張琴瑟。」《舊唐書・李百藥傳》：「伏惟陛下握紀御天，膺期啓聖。」「握紀承（乘）天」、「握紀御天」亦同，乾即天也。Φ342V：「我君得一馭辰，通三握紀。包舜海而育物，蘊光日以承（乘）天。」

〔註 103〕徐時儀校「柘」作「拓」，是也。徐時儀《一切經音義三種校本合刊》，上海古籍出版社 2008 年版，第 1572 頁。

（181）P.2883：「虹播槥日，鳳次遏雲。」

　　　鍾書林曰：槥，同「彗」。彗日，猶言掃日，蔽日。（P691）

按：原卷「播」作「橎」，當是「幡」形誤。播，《可洪音義》卷 6、15、
　　16 作「幡」（卷 16 二見）。《可洪音義》卷 7、11、17 作「憣」，S.0462
　　同，「憣」亦是「幡」形誤。《法華經大意》卷 1：「加以無數寶幢，流
　　虹幡而飄飄；萬億寶鈴，鳴伽音〔而〕玲玲。」S.5957：「於時虹幡曳
　　迴，或卷舒於煙濤；鳳蓋陵空，乍俳佪於日域。」〔註104〕槥日，S.0462
　　作「撦日」，《慧琳音義》卷 60 同〔註105〕。《慧琳音義》云：「《考聲》
　　云：『撦，掃也，掛也。』或作篲，即掃帚也。」「次」當據 S.0462 作
　　「吹」，形近而誤，《可洪音義》卷 11、15、16 亦作「吹」（卷 16 二見），
　　并注音「尺偽反」（卷 16 二見，一作「昌偽反」）。「鳳吹」指梵音，故
　　與「遏雲」屬文，用《列子·湯問》秦青「響遏行雲」典。

（182）P.2883：「鏘鏘濟濟，燁燁煌煌。」（P691）

按：原卷「燁燁」作「煒煒」，S.0462 同，《慧琳音義》卷 60、《可洪音義》
　　卷 6、7、15、16、17 並同（卷 16 二見）。

（183）P.2883：「其大德等，莫不四禪疑慮，六度冥懷。」（P691）

按：冥懷，《可洪音義》卷 6、11、16、17 作「賓懷」（卷 16 二見），卷 7
　　作「宜懷」，卷 15 作「寊懷」，卷 15 注云：「上之義反，置也，止也。」
　　可洪據誤字爲釋，非是。「賓」當是「冥」形譌。疑，圖版作「𩗼」，
　　當錄作「凝」字。S.0462：「四禪凝慮，六度冥懷。」S.0343：「四神
　　（禪）凝慮，六度冥懷。」是其明證。P.3084+3765：「故得八開（關）
　　在念，六度明懷。」〔註106〕「明」是「冥」音誤，亦足資旁證。

（184）P.2883：「渾金璞，王諒屬。其人誠梵宇之棟梁，寔法門之龍象。」
　　　　（P691）

按：璞，圖版作「璞」，當錄作「璞」。「王」是「玉」誤書。S.0462 正作

〔註104〕P.3084 有同文，唯「或卷」誤倒作「卷或」，「舒」作「序」，「空」作「宮」，
　　　皆可據此卷校正。
〔註105〕徐時儀《一切經音義三種校本合刊》「日」誤作「曰」，上海古籍出版社 2008
　　　年版，第 1572 頁。
〔註106〕Φ263+Φ326、S.5957 有同文。S.5957「開」作「關」。P.2058：「故得八關在
　　　念，喜舍爲懷。」

「璞玉」，《慧琳音義》卷 60、《可洪音義》卷 6 同，S.0343 誤作「模玉」。當讀作：「渾金璞玉，諒屬其人。誠梵宇之棟梁，寔法門之龍象。」鍾氏竟不知「渾金璞玉」是古成語，斷作「渾金瑛，王諒屬」，不知所云。諒，S.0462 同，S.0343 作「𣻉」，即「諆」，是改易聲符的異體字。

（185）P.2883：「五篇之教且明，八法之因備曉。」（P692）

按：且，圖版作「具」，當據 S.0462 作「具」。Φ096《雙恩記》：「自、他二化俱說。」「俱」即「俱」〔註107〕，可以比勘，亦省寫最後二筆。《治要》卷 44 引桓譚《新論》：「遂棄而俱不得食焉。」《御覽》卷 492、865 引「俱」作「俱」。

（186）P.2883：「崇聖教之剛絕，已啟含生之耳目。」（P692）

按：剛絕，原卷作「剛絕」，在「絕」下小字補寫「己」，當是改正「絕」作「紀」。S.0462 作「經紀」，無「已」字。「經」即「經」，是「綱」俗字。

（187）P.2883：「遷懷生於壽城，致薄俗於淳源。」（P692）

按：城，圖版作「城」，S.0462 同，當是「域」誤書。P.4995V：「將薦皇王壽域，寰瀛內外寧康。」《大寶積經》卷 1：「致澆俗於淳源，歸迷生於壽域。」《舊唐書·禮儀志》：「今聖德憂勤，期臻壽域。」皆是其證。Φ342V：「於是無邊刹土，共遵常樂之緣；有截環瀛，咸依仁壽之城。」當作「仁壽之域」，《仁王護國般若波羅蜜多經陀羅尼念誦儀軌》卷 1：「遂求願踐菩提之路，登仁壽之域者。」是其證也。S.5639：「三災霜謝於晴（情）田，萬善雲臻於壽城。」S.2146：「五穀無霜雹之災，萬品登人（仁）壽之城。」「城」亦是「域」誤書〔註108〕。

（188）P.3267：「夫聖智無知，而萬品俱照。法身無像而殊形，並至韻無言。而玄藉彌布，冥權無謀，而動與事會故。」

鍾書林曰：品俱照，原卷不清，茲據《大正藏》補。《大正藏》「至韻」前多一「應」字，可參校。（P695～696）

〔註107〕參見黃征《敦煌俗字典》，上海教育出版社 2005 年版，第 211 頁。
〔註108〕黃征、吳偉《敦煌願文集》失校，嶽麓書社 1995 年版，第 212、452 頁。

按：鍾氏所據《大正藏》乃卷 85 收錄的 P.2188 釋僧肇《維摩詰經序》。
S.1412、S.3770、S.6503、S.6568 都抄錄《維摩詰經序》，皆有「應」
字，《出三藏記集》卷 8、《無量壽經優婆提舍願生偈註》卷 2 同。P.2149
《維摩疏釋前小序抄》卷 1 有「法身無像，而殊形並應」句〔註 109〕，
中村不折藏 034 號《仁王般若實相論卷第二》卷 2 有「法身無像，殊
形並應」句。此卷脫「應」字，「故」字屬下句，當讀作：「夫聖智無
知，而萬品俱照；法身無像，而殊形並〔應〕；至韻無言，而玄藉彌
布；冥權無謀，而動與事會。」

（189）P.3267：「夫至覺廓周，大退明鏡，理超象外，妙貫域中。」（P696）
按：退，圖版作「退」，當錄作「遐」。

（190）P.3267：「建二諦之憧，破八魔之網於三明；內照極含，識於已淪；
七辨外揚，道群相於既灼。」（P696）
按：原卷「憧」作「幢」，「極」作「拯」，「揚」作「楊」，「相」作「萉」。
當讀作：「建二諦之幢，破八魔之網。於三明內照，拯含識於已淪；七
辨（辯）外楊（揚），道（導）群萉於既灼。」「三明」上「於」字當
是衍文。「萉」疑是「盲」誤書，讀爲萌。群萌，猶言眾生。P.2341：
「是以震（振）豪光於實相，救厄危於沉淪；敷秘密於眞宗，導群迷
於火宅。」句意與此卷「拯含識於已淪，導群萉於既灼」相同。《妙
法蓮華經》卷 2 七喻中有火宅喻，眾生被其焚灼，舍利弗拔濟之。

（191）P.3267：「論其用也，則能遠裶生死之津，大啟溫繁之路。」（P697）
按：溫繁，原卷作「涅槃」。裶，圖版作「裶」，疑是「排」或「裶」字誤
書，讀爲拔，超越。《大乘起信論義疏》卷 1：「迷二諦理，不知超出
生死之津。」P.2313V：「寶舟高運，越生死之莨（長）津；身御三乘，
出將崩之火宅。」

（192）P.3267：「主如三千大千變現，微蓋之內，淨立穢亡迴，換足指之
間，命高座於東，滌香飡於上國。纖豪吞乎巨海，小芥納矣須彌。
呼吸風雲，擲上下日月，擎大眾於掌內；法詣庵園，接妙善於指端，
來安中國。」（P697）

〔註 109〕 BD14888 有同文。

按：原卷「穢亡」作「穢立」，「上下」作「卡」，「中國」作「此國」，「法詣」作「㔾詣」。「卡」乃「弄」俗字，「㔾」疑是「往」草書。《護國司南抄》卷 1：「只如三千大千變現微蓋之內，得（淨）土穢土迴護品指之間；命高屋於東方，取香飯於上國；纖毫吞於巨海，小芥納於須彌；呼吸風雲，擲弄日月。擎大會於掌內，還論庵園；接妙喜於指端，遠安此國。」〔註110〕 其文錯字頗多，但可據校，此卷二「立」當作「土」，「東」下補「方」字，「善」當作「喜」。《華嚴經合論》卷 1：「八千菩薩，五百聲聞，百千天人，維摩詰置其右手掌，擎其大眾，往詣菴園。又以手斷取東方妙喜佛國，來至此土，示於大眾，送還本處。」《維摩義記》卷 1：「下初會中令蓋現變案地令淨，顯示如來不思議相。第二會中借座燈王取飯香積，顯示維摩不思議相。第三會中掌持大眾往至菴羅，遠接妙喜安置此土，以顯維摩不思議相。」此卷當讀作：「主如三千大千，變現微蓋之內；淨立（土）穢立（土），迴換足指之間。命高座於東〔方〕，滌香飡於上國。纖豪（毫）吞乎巨海，小芥納矣須彌。呼吸風雲，擲卡日月。擎大眾於掌內，往詣庵園；接妙善（喜）於指端，來安此國。」

（193）P.3723：「故以為任斐文詞，不足以資翰墨。」（P702）

按：原卷確作「任」，當是「狂」誤書。「狂斐」語出《論語·公冶長》：「吾黨之小子狂簡，斐然成章，不知所以裁之。」P.2940：「偶木成〔口〕，狂簡斐然，裁爲《歎佛文》一部。」S.4860V1：「余以寡拙，難勉（免）相邀，狂簡斐然，乃申頌曰。」省文則作「狂斐」，《楞嚴經合論》卷 1：「不愧狂斐，輒事補緝。」《四明尊者教行錄》卷 7：「謾繼前韻，毋誚狂斐。」宋·梅堯臣《寄上尚書晏相公》：「下言狂斐頗及古，陶韋比格吾不私。」

（194）BD03416V：「慈氏菩薩說真俗而並存，龍猛大士談大空為而雙
遣。」（P703）

按：《國家圖書館藏敦煌遺書》第47冊《條記目錄》錄文，以「大」為衍文
〔註111〕，是也。此段文字至「入理非一」亦見於唐·圓測《解深密經
疏》卷1，正無「大」字，又「空為」作「空有」，亦當據正。「空」與
「有」相對，為佛法兩大門系，須「空」、「有」兩遣方得真諦。

（195）BD03416V：「然則存不違〔遣〕，口淺之義彌彰；遣不違存，無相
之旨恒立。」（P703）

按：二「違」，原卷作俗譌字「逵」。補「遣」是也，《解深密經疏》卷1正
有此字，又「口淺」作「唯識」，亦當據正。

（196）BD03416V：「亦空亦有，順成二諦之宗；非為非空，契會中道之
理。」（P703）

按：「非為非空」與「亦空亦有」對文，「為」當作「有」，下文「故知迷謬
者說空而執有，悟解者辨有而達空」，亦「空」與「有」相對。《解深密
經疏》卷1正作「非有非空」。唐·圓測《般若波羅蜜多心經贊》卷1：
「亦空亦有，順成二諦；非空非有，契會中道。」

（197）BD03416V：「佛法甚豈不斯矣。」（P703）

按：「甚」下《解深密經疏》卷1有「源」字，疑「深」字形譌，讀作：「佛
法甚源（深），豈不斯矣？」唐·圓測《般若波羅蜜多心經贊》卷1：「佛
法大宗，豈不斯矣。」豈不，猶言豈非。

（198）P.3918：「其僧悔恨，投於樹下，碎身自武，求哀懺悔。」
鍾書林曰：武，施萍婷疑為「戳」字。按：「武」有刑罰義。自武，疑為
「自罰」。（P711）

按：「碎身」狀其極為悲痛悔恨。S.2832：「哀號訴天，碎身無地。」S.5573：
「縱使相（傷）軀斷髓，無益幽路之灰魂；泣血碎身，詎能酬報之亡
識？」《大方廣佛華嚴經隨疏演義鈔》卷28：「四眾悲淚，釋子拔髮，
碎身毀形，自述所見。」武，讀為舞。

（199）P.3788：「（上殘）三□□□□之因；說聽兼忘，四辯假弘宣之力。」
（P712）

按：P.2385V 有同文，缺字據 P.2385V 補作：「〔名言本寂〕，三〔界佇流布〕之因；說聽兼忘，四辯假弘宣之力。」〔註112〕

（200）P.3788：「豪分露彩，還符甘露之門；紙散花編，遽葉貫花之典。」
（P713）

按：P.2385V 同，黃征等據 P.2588 同句校「還」作「遠」，「遽」作「遙」〔註113〕，是也。P.2072、P.3494 有同文，亦作「遠」、「遙」二字。

（201）S.2165：「無多慮，無多知。」（P720）

按：此卷所鈔《亡名和尚絕學箴》，S.5692 同。後周·釋亡名（「亡名」是其法號）所作也，亦名《息心贊》，《續高僧傳》卷 7、《法苑珠林》卷 48、《聯燈會要》卷 30、《景德傳燈錄》卷 30、《禪門諸祖師偈頌》卷 2（下文合稱作「五書」）二句後有「多知多事，不如息意。多慮多失，不如守一」二句，敦煌二個寫卷皆脫。

（202）S.2165：「勿為由傷，其苦由長。」（P720）

按：S.5692 同。《禪門諸祖師偈頌》卷 2 作「勿謂何傷，其苦攸長」，其餘四書「攸」作「悠」。「為」讀作「謂」，「由長」讀作「悠長」。「由傷」當作「何傷」，涉下句而誤。下文「勿言何畏，其禍鼎沸」與之對文。

（203）S.2165：「滴水漸停，四海將營（盈）。」（P720）

按：S.5692 同。五書「漸」作「不」，「營」作「盈」。「漸」當作「不」，「營」是「盈」借字。

（204）S.2165：「纖塵不拂，五嶽將成。」（P720）

按：五書同，S.5692「拂」作省文「弗」。又此二句下，五書並有「防末在本，雖小不輕。關爾七竅，閉爾六情」二句，敦煌二寫卷皆脫。

（205）S.2165：「一技一能，曰下孤燈。」（P720）

按：原卷「技」作「伎」，「曰」當錄作「日」。

〔註112〕黃征、吳偉《敦煌願文集》未補缺字，嶽麓書社 1995 年版，第 899 頁。
〔註113〕黃征、吳偉《敦煌願文集》，嶽麓書社 1995 年版，第 192 頁。

（206）S.2165：「捨棄浮榮，耽溺婬勵。」（P720）

按：原卷「耽」作「躭」，S.5692 同。《法苑珠林》卷 48 作「捨棄淳樸，耽溺婬麗」，其餘四書作「捨棄淳樸，耽溺淫麗」（宋本等《續高僧傳》「淳」作「浮」）。「浮榮」當是「淳樸」形誤，「婬勵」當是「淫麗」音誤。

（207）S.2165：「邪逕中迷，循塗永渥。」

　　鍾書林曰：中，王書慶校錄爲「終」，與原卷不合。渥，王書慶校錄爲「泥」。（P720）

按：渥，圖版作「渥」，當錄作「渥」，同「泥」，指泥滯不通。S.5692 作「邪逕終迷，循塗永渥」，下句是「脩塗永渥」。中，讀爲終。「循」是「脩」形誤，同「修」，長也。《續高僧傳》卷 7 作「邪經（徑）終迷，修塗永泥」，《法苑珠林》卷 48「經」作「徑」，其餘三書「經」作「行」。

（208）S.2165：「莫貴才能，是日昏曚。」（P720）

按：「日」當錄作「曰」，《續高僧傳》卷 7、《法苑珠林》卷 48 作「曰」。其餘三書「是曰」誤作「曰益」。昏曚，S.5692 同。《續高僧傳》、《珠林》作「惛懵」，《聯燈》作「昏瞢」，《傳燈錄》、《祖師偈頌》作「惛瞢」。

（209）S.2165：「厭拙善巧，其德不弘」（P720）

按：原卷「厭」作「猒」，S.5692 同；《續高僧傳》卷 7、《法苑珠林》卷 48 作「洿」，宋本等作「誇」；其餘三書亦作「誇」。「誇（洿）拙」非其誼，蓋當作「惡」，《新修科分六學僧傳》卷 12 正作「惡」。「惡」音誤作「汙」，又誤作「洿」，復形誤作「誇」。「惡」與寫卷作「猒（厭）」義同。善，S.5692 作「羨」，五書同。

（210）S.2165：「圖書翰卷，其用不恒。」（P720）

按：原卷「圖」作「啚」，S.5692 同，省借字。上句《續高僧傳》卷 7 作「隆舒污卷」，宋、宮本作「塗舒翰卷」，元、明本作「徒舒翰卷」（《新修科分六學僧傳》卷 12 同）；《法苑珠林》卷 48 作「塗書污卷」，宋、元、明本作「塗舒翰卷」，宮本作「塗舒污卷」。

（211）S.2165：「內懷嬌（驕）怠，外置怨增。」（P720）

按：S.5692「增」作「憎」，餘同，「憎」乃正字。四書作「內懷憍伐，外
　　致怨憎」，惟《法苑珠林》卷 48「憍伐」作「矜伐」（宋本等仍作「憍
　　伐」）。疑「怠」音誤作「代」，復形誤作「伐」。《珠林》「憍」作「矜」，
　　又據「伐」字而改。置，讀爲致。

（212）S.2165：「邀入令譽，亦孔之醜。」（P720）

按：此二句下，《續高僧傳》卷 7、《法苑珠林》卷 48 有「凡謂之吉，聖以
　　之咎。賞悅暫時，悲憂長久」二句，宮本《珠林》「悅」作「翫」，其
　　餘三書同。又其餘三書「悲憂」作「悲哀」。敦煌二寫卷皆脫。入，
　　S.5692 作「人」，五書同，是也。

（213）S.2165：「畏影畏跡，踰走踰極。端坐樹音（蔭），跡滅影沉。」
　　　　（P720～721）

按：S.5692「音」作「陰」，餘同。踰走踰極，《續高僧傳》卷 7、《法苑珠
　　林》卷 48 作「逾走逾劇」，其餘三書作「逾遠逾極」，《宗鏡錄》卷 75
　　作「逾走逾極」。音，五書作「陰」，《宗鏡錄》同，正字，俗作「蔭」。
　　極，疲倦，「劇」字義同。此數句典出《莊子・漁父》：「人有畏影惡跡
　　而去之走者，舉足愈數而跡愈多，走愈疾而影不離身。自以爲尚遲，
　　疾走不休，絕力而死，不知處陰以休影，處靜以息跡，愚亦甚矣。」

（214）S.2165：「厭生患老，隨思所造。」（P721）

按：原卷「厭」作「猒」，S.5692 同。所，當據五書作「隨」，《宗鏡錄》卷
　　75 同。

（215）S.2165：「心相若滅，長死長絕。」（P721）

按：相，S.5692 作「想」，五書同。長死，五書作「生死」，《大方廣佛華
　　嚴經隨疏演義鈔》卷 26 同，當據改，宋本等《續高僧傳》亦誤作「長
　　死」。

（216）S.2165：「無相無形，無姓無名，無富無貴，無辱無榮，無大無小，
　　　　無重無輕。」（P721）

按：無富無貴，原卷作「無貴無賤」，S.5692 同。《法苑珠林》卷 48 作：「不
　　死不生，無相無名。一道虛寂，萬物齊平。何勝何劣，何重何輕，何

貴何賤，何辱何榮。澂天愧淨，曒日慚明。安夫岱岳，固彼金城。」《續高僧傳》卷 7「何貴何賤，何辱何榮」誤倒作「何賤何辱，何貴何榮」。其餘三書略同。敦煌二寫卷疑有脫文。

（217）S.2165：「敬怡賢哲，斯道利貞。」（P721）

按：怡，《續高僧傳》卷 7、《法苑珠林》卷 48 作「詒」，一本作「貽」；其餘三書作「貽」。「詒」是正字，《說文》：「詒，一曰遺也。」猶言傳也。「貽」是俗借字，「怡」是音誤字。

（218）P.3591：「喫飯不論頓數，飲酒直須待醉。」（P726）

按：待，讀爲大。

（219）P.3591：「將何酬報四恩，三友也遭帶類。」（P726）

按：類，讀爲累。《禮記・樂記》：「律，小大之稱。」《史記・樂書》「律」作「類」。《釋名》：「律，累也，累人心使不得放肆也。」類、律、累並一聲之轉。《菩薩本行經》卷 1：「夫懈怠者，眾行之累。」S.514、BD3000「累」作「類」。S.5637：「玄風蕩性，萬類雲消。」臺灣國立中央圖書館 130 號作「萬累」，黃征等失校〔註 114〕。S.4976：「爲（唯）願福累春樹，吐葉生花；罪等浮雲，隨〔風〕影滅。」黃征等校「累」作「類」〔註 115〕。皆其同音之證；類似的句子，P.2226、P.2331V、S.5561都作「福同春樹」，P.3545、P.3819+P.3825、BD6412V2 都作「福同春卉」，S.5957、Дx.7179、Дx.10256 作「福同春草」，P.3084+P.3765、Ф263+Ф326 作「福同春莫（草）」，「同」亦是比喻詞，足爲旁證。Дx.11038：「異累不群。」趙家棟讀「類」爲「累」〔註 116〕。S.2985：「輪迴六道受諸類，改頭換面不相知。」P.3190 同，P.2809、P.2963V、S.5019、BD7676「類」作「苦」，類即讀作累。S.2144V「一切鬼神族累」，BD5298「族累」同，即「族類」。皆其相通之證。P.2292《維摩詰經講經文》：「自知爲使不當才，怕帶類世尊不敢去。」王慶菽校「類」作「累」〔註 117〕。P.3197《捉季布傳文》：「謾排酒饌應難喫，久坐時

〔註 114〕黃征、吳偉《敦煌願文集》，嶽麓書社 1995 年版，第 241 頁。

〔註 115〕黃征、吳偉《敦煌願文集》，嶽麓書社 1995 年版，第 645 頁。

〔註 116〕趙家棟《敦煌文獻疑難字詞研究》，南京師範大學 2011 年博士學位論文，第 13 頁。

〔註 117〕王重民等《敦煌變文集》，人民文學出版社 1957 年版，第 605 頁。

多帶類人。」S.5439 同，黃征校「類」作「累」〔註118〕。《天聖廣燈錄》卷 20：「師云：『將頭不猛，帶類三軍。』」《聯燈會要》卷 11、13、27、28、《五燈會元》卷 12、《宗門統要正續集》卷 10 作「帶累」。「帶類」即「帶累」，唐宋人俗語詞。S.2472V《佛誕日請某法師大開講筵疏》：「不得暮（莽）鹵，應承帶累。」S.328《伍子胥變文》：「儻若在後被追收，必道女子相帶累。」《辯正論》卷 1：「何獨帶累見前，信亦殃咎後世。」又卷 8：「匪唯孤（辜）負慧遠，實亦帶累道安。」是其例也。

（220）P.3591：「信運樂道過生，只管飽齋瘥睡。」

　　　　鍾書林曰：瘥睡，酣睡。「瘥」有疾行義，此處指胸無雜念，心境澄空，入睡很快。（P726）

　按：齋，原卷作俗字「䘜」。「瘥」不得指入睡很快。瘥，讀作嗜。嗜睡，貪睡。或讀瘥爲滯。滯睡，猶言昏睡、久睡。

（221）P.3591：「不知自己是佛，忙忙炎（鹽）裏求水。」

　　　　鍾書林曰：忙忙，爲「茫茫」之音訛。炎，爲「鹽」之音訛。（P726）

　按：忙忙，匆忙貌。「炎」同「焰」，火焰。S.1846《梁朝傅大士頌金剛經》卷 1：「焰裏尋求水，空中覓響聲。」P.3325、上圖 004 同，P.2039V、P.2277、S.4105、Φ323「焰」作「炎」〔註119〕。《黃龍慧南禪師語錄》卷 1：「焰裏尋飛雪，水下火燒天。」《宏智禪師廣錄》卷 8：「紅爐焰裏結冰霜，收拾儂家妙有方。」《續傳燈錄》卷 2：「師曰：『紅爐焰裏冰。』」《人天眼目》卷 3：「焰裏寒冰結，楊花九月飛。」諸語皆自《頌金剛經》化出。

（222）P.4638：「今世空過，來生悉塞。」（P728）

　按：悉，讀爲息，亦塞也。《釋名》：「息，塞也，塞滿也。」息塞，猶言充實。S.5981：「一切土鹿（士庶）人民息發無上菩提之心。」黃征等讀息爲悉〔註120〕，《大方廣佛華嚴經》卷 15：「令彼一切眾生悉發無上菩提之心。」此其同音之證。

〔註118〕黃征、張涌泉《敦煌變文校注》，中華書局 1997 年版，第 121 頁。
〔註119〕下句 P.2277 作「琴中覓嚮聲」，Φ323 作「琴中覓曲聲」。
〔註120〕黃征、吳偉《敦煌願文集》，嶽麓書社 1995 年版，第 923 頁。

（223）P.4638：「遣有沒有，從空皆空。」

　　　　鍾書林曰：遣，《五燈會元》等均作「遺」。依據文意，當以「遺」爲恰，
　　　　原卷可據從。皆，《五燈會元》、《佛祖歷代通載》、《石倉歷代詩選》等皆
　　　　誤作「背」。（P728）

　按：鍾說傎矣。宗教大學藏慶安元年（1648）刊本隋・僧璨《信心銘》卷
　　　1作「遣有沒有，從空背空。」《景德傳燈錄》卷30、《禪門諸祖師偈
　　　頌》卷1、《隆興編年通論》卷10、《聯燈會要》卷30並同。「遣」字
　　　是，指遣除。佛法說「空」、「有」兩遣，方得眞諦。「背」字是，與「從」
　　　對舉成義。

（224）P.3425：「何期業運，難卜風燈，魂歸大夢。」（P731）

　按：原卷「難」字右側標「卜」，表示「難」字應當刪去。原卷有句讀，當
　　　讀作「何期業運風燈，魂歸大夢。」S.5957：「何圖否泰有期，風燈運
　　　從。」〔註121〕

（225）P.3425：「加以相圓滿，邈然三身。」（P731）

　按：原卷「相」上當脫一字，疑補「色」字。

（226）P.3425：「樓鹵（櫓）如來，永安亭宇。」

　　　　鍾書林曰：鹵，同「櫓」。樓櫓，古代軍中用以瞭望、攻守的無頂蓋的高
　　　　臺。（P731）

　按：鍾氏妄說耳。鹵，圖版作「𪵑」，當錄作「齒」。樓齒如來，指「樓至
　　　佛」，又譯作「盧至佛」、「魯支佛」。《新譯大方廣佛華嚴經音義》卷
　　　下：「樓至如來：樓至，具云『嚕支』，此翻爲愛樂也。」古音「齒」、
　　　「至」相近，故亦譯作「樓齒」。

（227）P.3425：「交界六親，咸蒙勝益。」（P731）

　按：交界，圖版作「支𦐇」，當錄作「支羅」。S.0192《賢愚經牓題》：「婆
　　　𦐇門。」S.0366V《付法藏傳》：「昔尊者磨奴𦐇臨滅度時。」「𦐇」、
　　　「𦐇」即「羅」，可以比勘。Дx.0141V有「內外支羅」語，即此「支
　　　羅六親」也。也作「枝羅」，P.2812：「見在枝羅，延年吉慶。」S.1164：
　　　「遠近枝羅，俱沾勝益。」S.2687：「內外枝羅，俱沾福佑。」

〔註121〕P.3084＋P.3765、Φ263＋Φ326有同文。

（228）P.3425：「得流口（脈）之宿果，正醫埵之堅持。」（P733）

按：醫，原卷作「薩」。缺字疑當作「轉」。

（229）S.6537V：「某乙生居杯（壞）幻（質），處在凡流。」

　　鍾書林曰：杯幻，P.4001 作「懷質」，似可校作「壞質」，指生來身體就不好。（P743）

按：杯，讀爲坏，俗作坯，已詳上文。P.4001 作「坏」，當錄作「坏」。

（230）S.0381V：「靈神不昧，請來歆希（馨），尚饗。」

　　鍾書林曰：希，當通作「馨」。「歆馨」謂神靈享馨香之祭。（P750）

按：P.2595：「奠祭郊外，願神歆希，惟靈尚饗！」鍾氏說同（P776）。《廣韻》：「希，止也。」南朝・宋・謝莊《世祖孝武皇帝歌》：「神其歆止，降福無窮。」唐・王績《祭處士仲長子光文》：「敢告夫子清樽薄奠，神其歆止。」「歆希」即「歆止」，謂神靈享用祭品的香氣而降止也。S.0381V：「願靈不昧，請就歆隆（降），伏惟尚饗！」（重複抄二遍）S.1318V：「祭酒三歷（瀝），汝降魂路，尚向（饗）！」S.2691：「惟靈不昧，降斯歆旨，尚饗！」「降」字義同。

（231）S.1477：「吾憶昔得太行山上，一場差樣。」

　　鍾書林曰：差樣，董志翹釋爲「異常情況」，程碧英釋爲「狼狽相」。（P755）

按：董說近之。于淑健曰：「『得』應爲動詞，抵達之義。『差』爲奇異義。『差樣』即奇異的景象。」〔註122〕差，字亦作詫、嗟、吒，奇異之義〔註123〕。差樣，怪異之貌。「憶昔得」當乙作「憶得昔」，下文「又憶得」云云，正「憶得」連文，「得」是助動詞。于淑健前說非是，不知其文誤倒也。

（232）S.1477：「又憶得向陽（揚）子江邊，不肯上船，千推萬托，向後向前。」

　　鍾書林曰：托，爲「托」增筆俗字。于淑健校同。（P755）

〔註122〕于淑健《〈祭驢文一首〉考辨與校理》，《石河子大學學報》2005 年第 4 期，第 61 頁。

〔註123〕參見蔣禮鴻《敦煌變文字義通釋》，收入《蔣禮鴻集》卷 1，浙江教育出版社2001 年版，第 343～347 頁。又參見錢鍾書《管錐編》第 2 冊，中華書局 1986年版，第 824 頁。

按：柴劍虹、董志翹、郝春文皆錄作「托」〔註124〕。托，圖版作「**托**」，當錄作「扽」。P.2588V：「**頏**悟瓶軀，比蟾光之不久。」「**頏**」即「頓」，可以比勘。古字「屯」、「毛」相混。《管子·內業》：「理丞而屯泄。」王引之曰：「『屯』當爲『毛』，字之誤也。《史記·魯世家》：『子屯立，是爲康公。』《漢書·律曆志》『屯』作『毛』。《漢書·溝洫志》：『河北決於館陶，分爲屯氏河。』師古曰：『屯音大門反。而隋室分析州縣，誤以爲毛氏河，乃置毛州，失之甚矣。』又《儒林傳》：『魯伯授太山毛莫如少路。』宋祁《筆記》引蕭該《音義》曰：『案《風俗通·姓氏篇》混屯氏，太昊之良佐。漢有屯莫如，爲常山太守。又有毛姓，云：「毛伯，文王子也。」漢有毛樗之，爲壽張令。案：此莫如姓非毛，乃應作「屯」字，音徒本反，但「毛」、「屯」相類，容是傳寫誤耳。』」〔註125〕《韓子·難勢》：「而措於毛伯。」王先愼曰：「顧廣圻曰：『毛當作屯。』顧說是。『屯伯』即屯長，見《商君書·境內篇》。」〔註126〕銀雀山漢簡《孫臏兵法·地葆》：「直者毛產。」朱德熙認爲「毛」是「屯」形訛，「屯」同「純」，並舉了《山海經》中「屯」誤作「毛」的例子〔註127〕。扽，引也，拉也。

（233）S.1477：「蘸濕鞋底，砦破衫肩。」

鍾書林曰：砦，于淑健校引《集韻》：「柴，籬落也，或作寨、砦。」釋作「此處活用爲動詞，『（被）鉤、刮』之意」，可據從。（P755）

按：于說不可信。砦，讀爲搓，磨也。

（234）S.1477：「若比爲龍被醢，爲龜被刳，爲蛇受戮，爲馬遭屠。」（P756）

〔註124〕柴劍虹《敦煌寫本中的憤世嫉俗之文——以 S.1477〈祭驢文〉爲例》，《敦煌研究》2004 年第 1 期，第 59 頁。董志翹《一生蹭蹬誰人聞，聊借「祭驢」泄怨憤——從敦煌寫本〈祭驢文〉談起》，《古籍整理研究學刊》2009 年第 1 期，第 58 頁。郝春文主編《英藏敦煌社會歷史文獻釋錄》第七卷，社會科學文獻出版社 2010 年版，第 132 頁。

〔註125〕王引之說轉引自王念孫《讀書雜志》卷 8，中國書店 1985 年版，本卷第 24 ～25 頁。所引宋祁《筆記》見《宋景文筆記》卷中。

〔註126〕王先愼《韓非子集解》，中華書局 1998 年版，第 395 頁。

〔註127〕朱德熙《說「屯（純）、鎮、衛」》，收入《朱德熙文集》卷 5，商務印書館 1999 年版，第 176 頁。

按：醽，圖版作「醽」，當錄作「醽」，再校作「醽」〔註 128〕。此數句用
典，柴劍虹、于淑健、董志翹諸家皆失考。「醽龍」典出《左傳・昭公
二十九年》：「有陶唐氏既衰，其後有劉累學擾龍於豢龍氏，以事孔甲，
能飲食之……龍一雌死，潛醽以食夏后，夏后饗之。」「刳龜」典出《莊
子・外物》：「君曰：『獻若之龜。』龜至……乃刳龜，七十二鑽而無遺
筴。」「戮蛇」用《史記・高祖本紀》高祖斬當道白蛇之典，或者典出
《新序・雜事二》：「晉文公出獵，前驅曰：『前有大蛇，高如隄，阻道
竟之。』……守虵吏夢天帝殺蛇，曰：『何故當聖君道為？而（汝）罪
當死。』發夢，視蛇臭腐矣。」〔註 129〕「屠馬」典待考。

（235）S.1477：「莫生軍將家，打毬力雖攤。」

　　　鍾書林曰：攤，柴劍虹校錄為「癉」，郝春文校據從。于淑健校為「瘏」。
攤，同「癱」，弛緩、軟弱無力。（P756）

按：董志翹曰：「雖，通『須』。攤，通『瘏』，氣力盡。字又作灘，《破魔變
文》：『鬼神類，萬千般，變化如氣力灘。』」〔註 130〕本字為殫，字亦省
作單，《說文》：「殫，極盡也。」「瘏」是氣力盡、疲病義的專字，瘏、
癱是俗分化字，攤、灘是記音字，字亦作勯、癉、嘽、驒〔註 131〕。諸
家所說，各執一隅，胥未得本源。

（236）S.2139：「奉為故和尚大祥遐（？）念，念福會也。」（P757）

按：遐，圖版作「遐」，當錄作「追」。下一「念」字，原卷作「之」。當
作一句讀作「奉為故和尚大祥追念之福會也」。「奉為……追念之福會
也」是敦煌願文套語，「大祥」指死者喪後兩周年的祭禮。

（237）S.2139：「吉祥之草，分滿胸庭；功德之林，影縈（？）魂悵。」
　　　（P757）

〔註 128〕郝春文主編《英藏敦煌社會歷史文獻釋錄》第七卷正釋作「醽（醽）」，社會
　　　科學文獻出版社 2010 年版，第 133、135 頁。
〔註 129〕《風俗通義・怪神》、《博物志》卷 7 略同。
〔註 130〕董志翹《一生蹭蹬誰人聞，聊借「祭驢」泄怨憤——從敦煌寫本〈祭驢文〉
　　　談起》，《古籍整理研究學刊》2009 年第 1 期，第 59 頁。所引變文「變化如」
　　　當作「變化神通」。
〔註 131〕參見蕭旭《〈破魔變〉校補》，《文津學誌》第 6 輯，北京圖書館出版社 2013
　　　年版，第 95～96 頁。

按：縈，圖版作「![蓮]」，當錄作「蓮」，讀爲連。P.3503 有同文，作「吉祥
之草，分滿凶庭；功德之林，影連魂障」。S.1441V「障」作「鄣」，S.5637
作「帳」，餘同。P.4062 殘文凡二見，都作「影連魂帳」。胷，讀爲凶。
悵，當作「帳」。障（鄣），讀爲幛，亦帳也。

（238）S.2139：「紅（洪）鐘夜向（響），清梵朝哀。」

按：向，圖版作「![切]」，當錄作「切」。P.3503 作「鴻鐘野切」，P.4062（凡
二見）、S.1441V 作「鴻鍾夜切」，S.5637 作「洪鐘夜切」。野，讀爲夜。

（239）S.4364：「天生風骨，蓮府高源。家承孝義，舉郡名傳。時謂遐壽，
五嶽齊年。天何降禍，喪我瓊顏。」（P759）

按：原卷「風骨」作「鳳骨」，「時謂」作「將謂」，鍾氏亦誤錄。P.3085、
P.3765 並有「天資鳳骨，地傑龍胎」語，陳子昂《潘尊師碑頌》有「鸞
姿鳳骨」語，《雲笈七籤》卷 4 有「鳳骨龍姿」語。

（240）S.4473：「連傾叩地之誠，並灑終天之淚。」（P763）

按：原卷作「傾連叩地」，「連」字右側有乙文符號，當錄作「傾叩連地」。
「連地」與「終天」對文。

（241）S.4473：「哀子某謹以清酌薦羞之奠，敢昭告於亡妣秦國太夫人之
靈。」

　　鍾書林曰：薦，唐耕耦校錄爲「廟」，不確。薦羞，指美味的食品。（P764）

按：薦，圖版作「![庶]」，當錄作「庶」。庶羞，各種美味。楊炯《同詹事府
官寮祭郝少保文》：「（楊炯）等謹以清酌庶羞之奠，敬祭太子少保郝公
之靈。」《書儀》卷 7：「某官某謹以清酌庶羞，致祭於某官之靈。」

（242）S.5744：「木性偏厚，非夏條之可結；金精太多，類冬冰之可析。」
　　（P767）

按：原卷「析」作「折」，徐俊錄文亦誤〔註 132〕。二句典出《意林》卷 1
引《太公金匱》：「故夏條可結，冬冰可釋，時難得而易失也。」《類
聚》卷 88 引《六韜》：「冬冰可折，夏條可結。」〔註 133〕《淮南子·
說林篇》：「冬冰可折，夏木可結，時難得而易失。」〔註 134〕折，讀

〔註 132〕徐俊《敦煌詩集殘卷輯考》，中華書局 2000 年版，第 643 頁。
〔註 133〕《御覽》卷 21 引同。
〔註 134〕《文子·上德篇》同。

爲哲，折取、開採〔註135〕。

（243）S.5744：「才空留於色鳥，命卒殂於蒼鷹。」（P768）

按：二句疑典出《初學記》卷30引《孔氏志〔怪〕》：「楚文王好田，天下快狗名鷹畢聚焉。有人獻一鷹，曰：『非王鷹之儔。』俄而雲際有一物，凝翔飄颻，鮮白而不辨其形。鷹於是竦翮而升，矗若飛電。須臾羽墮如雪，血灑如雨。良久，有一大鳥墮地而死，度其兩翅，廣數十里，喙邊有黃，眾莫能知。有博物君子曰：『此大鵬鶵也。始飛焉，故爲鷹所制。』乃厚賞獻者。」〔註136〕

（244）S.5926：「將謂爲撒，極溺狀傾。」（P770）

按：原卷作「將謂爲檝，拯溺救頃（傾）」。典出《書·說命上》：「若濟巨川，用汝作舟楫。」

（245）S.5926：「豈意月虧四五，珠泛九泉。」（P770）

按：原卷「泛」作「沈（沉）」。「月虧四五」未詳，疑「四五」有誤。

（246）S.5926：「然哉宜寞，我然物故。」（P770）

按：原卷「宜」作「冥」字俗體，「我」作「俄」。

（247）P.2595：「乃何寢疾，醫藥無宣。」

鍾書林曰：乃何，猶言「奈何」。（P770）

按：宣，讀爲痊。S.0381V：「久染時疾，醫藥不詮（痊）。」文例相近，詮亦讀爲痊。

（248）P.2614V：「思悲涓涓，憂而汩（兩）淚。」

鍾書林曰：「汩」字字書不載，然據文義，似爲「兩」的形近譌字，左側水旁蓋涉下字而誤增。下篇云：「昆季悲兮兩淚。」可參。（P778）

按：「汩」、「兩」字形不近，且「兩」亦是誤字（詳下文）。李丹禾據《敦煌社邑文書輯校》錄作「思悲隕扰而汩淚」，李氏曰：「『汩』應作『抿』。『扰』疑爲『抛』字俗訛，俟再考。」〔註137〕李氏前說是，後說非也。抿，猶言揩拭、抹拭，字亦作捫、揞、抿、抆，皆「捪」字音轉。

〔註135〕參見蕭旭《淮南子校補》，花木蘭文化出版社2014年版，第586頁。
〔註136〕《類聚》卷91、《御覽》卷926引作《幽明錄》。《御覽》引文尤詳。
〔註137〕李丹禾《〈敦煌社邑文書輯校〉補正》，《敦煌研究》1999年第2期，第59頁。

《說文》：「揗，撫也。」「扻淚」是古成語，而後世沿用不絕。《楚辭・九章・悲回風》：「孤子唫而抆淚兮，放子出而不還。」《玄應音義》卷 3：「挴淚：《聲類》云：『挴，摸。』《字林》：『挴，持也。』經文有作扻，《字林》：『扻，拭也。』」大藏經中「扻淚」、「挴淚」用例極多。

（249）P.2614V：「長為世表，永口宗枝。」（P779）

按：S.5957：「長居人代，永掩宗枝。」〔註138〕S.6417：「久留仁（人）世，永覆宗枝。」缺字可據補「掩」或「覆」。世表，猶言世上。P.2915：「理應久留世表，永扇家風。」Дx.5695：「理應長居世表，育子口（謀）孫。」〔註139〕《續高僧傳》卷 27：「深林自庇，廓居世表。」亦其例。此卷「為」當是「居」或「留」誤書。

（250）P.2614V：「舅馬再清以時新藥物之味，置祭爾外甥宜宜之魂。」（P779）

按：圖版「宜」作「𡨄」，下有重文號，當錄作「冥冥」。P.3494：「命等𡨄深，比三光而恆照。」S.2832：「量闊太虛，德深𡨄渤。」「𡨄」、「𡨄」即「溟」，可以比勘。

（251）P.2614V：「父母口（斷）腸，昆季悲兮兩淚。」（P779）

按：兩，圖版作「雨」，當是「雨」誤書。P.2044：「念生前之人（仁）孝，雨淚此時，創（愴）沒後之餘蹤，恐（悲）纏遊（逝）水。」P.2341：「凶緣互道，翳源（原）野而愁雲；哀響盈衢，咽荒郊而雨淚。」S.5637：「睹蹤勘（跡）而雨淚含悲，值南畝而噫嗟不絕。」上圖 060：「思訓育而摧心，想幽明而雨淚。」《生經》卷 3：「愁憂感結，泣涕雨淚，不能自解。」梁《邵陵王謝令賚馬啟》：「戀德銘心，矚恩雨淚。」皆其證也，例多不勝枚舉。S.2832：「氣哀哀而作愁雲，淚霏霏而成若（苦）雨。」此可作「雨淚」的解釋語。

（252）P.2614V：「悟達苦空，修禪自口。」

鍾書林曰：達，寧可、郝春文校作「悉」，非是。「自」後一字原卷模糊，

〔註138〕P.3084+P.3765、Φ263+Φ326 有同文。
〔註139〕P.2915、S.0343 有「久住於世，育子謀孫」語，P.3084+P.3765、S.5637、Φ263+Φ326 有「久居人代，育子謀孫」語，Дx.11222 有「乾坤等〔壽〕，育子謀孫」語，據補「謀」字。育，讀為翼，一聲之轉，唐宋人成語「翼子謀孫」。

寧可、郝春文校作「制」。（P780）

按：「悟」下之字，原卷下部從「心」可辨，寧可錄作「悉」是也。《彌勒菩薩所問經論》卷6：「一切皆悉苦空無常。」《圓覺經略疏鈔》卷12：「眞常者，悟一切法，皆悉苦空無常。」此作「悉」字之證。悉，瞭解。BD0017V：「深知常樂，妙解苦空。」「自」下之字不可辨識。

（253）P.2614V：「□謂以恩堅骨肉，義切雁行□□。有望四鳥，輝光何圖。苗而不□，□嗟短折。」（P781）

按：原卷「圖」作「啚」，省體字。「嗟」上缺字原卷作「于」。于嗟，即「吁嗟」。「謂」上缺字據願文習語，當作「將」。當讀作：「〔將〕謂以恩堅骨肉，義切雁行，□□有望，四鳥輝光，何啚（圖）苗而不□，于（吁）嗟短折。」「將謂」與「何圖」呼應。「雁行」典出《禮記・王制》：「父之齒隨行，兄之齒鴈行，朋友不相踰。」後因作兄弟有序之典。「四鳥」典出《家語・顏回》：「回聞桓山之鳥，生四子焉，羽翼既成，將分於四海，其母悲鳴而送之。」後因作子女生死離別之典。「有望」上缺字疑是「三荊」，典出《初學記》卷18引梁・吳均《續齊諧記》：「京兆人田眞兄弟三人共分財各居，堂前有一株紫荊，華甚茂。共議破爲三，待明截之。忽一夕樹即枯死。眞見之，驚謂諸弟曰：『本同株，當分析，便憔悴，況人兄弟孔懷，而可離異，是人不如樹木也。』兄弟相感更合。」後因作兄弟和睦之典。《類聚》卷41引晉・陸機《豫章行》：「三荊歡同株，四鳥悲異林。」又卷21引梁・劉孝勝《冬日家園別陽羨始興詩》：「四鳥怨離群，三荊悅同處。」皆用此二典。「苗而不」下缺字當補「秀」，P.2044：「苗而不秀，宣交（父）之格言；林茂風摧，先儒之往教。」P.2820：「嗟顏回有不秀之苗，傷子夏致失明之患。」S.2832：「昔者素王所歎苗而者於不秀，只有項茲早亡；秀而者於不實，只歎顏回之少夭。」「苗而不秀」典出《論語・子罕》孔子曰「苗而不秀者有矣夫，秀而不實者有矣夫」，痛惜顏回早卒，後因用作早逝之典，墓誌中習見。東漢建和元年（147）《武氏石闕銘》：「被病夭沒，苗秀不遂。」

（254）P.2614V：「春色遲遲，郊□殘雪。」（P781）

按：原卷殘存缺字的一部分「尼」，當錄作「泥」或「埿」。

（255）P.2614V：「斯以金石，齊德口口。長時急難，有托口是。相依不圖，
　　　口口踰年。忽然奄歿，悲慟傷心。」（P781）

　按：原卷「斯」作「期」，「圖」作「㘞」。當讀作：「期以金石齊德，口口長
　　　時。急難有托，口是相依。不㘞（圖）口口踰年，忽然奄歿，悲慟傷心。」
　　　「期以」與「不圖」呼應。此卷下篇云：「口以全諸母德，義達和人，
　　　長口口口，永播慈仁。何㘞（圖）光移，一夕命口於春。」「以」上缺
　　　字，亦必是「期」。

（256）P.2614V：「痛憤心魂。」（P782）

　按：「憤」當錄作「慣」，此卷上篇云「痛慣心傷」，是其比。二文「慣」字
　　　皆不甚清晰，唐敬宗寶曆元年（825）《杜日榮墓誌》「痛慣五情」，「慣」
　　　字甚清晰。慣，讀爲貫。P.2815「痛貫六府」，S.0343「痛貫五情」，北
　　　魏《高道悅墓誌》「痛貫雲煙」，北魏《元壽安墓誌》「痛貫蒼昊」，皆
　　　作本字。

（257）P.2649：「奉請東王父、西王母、北斗七星、光鼓（跂）織女、先
　　　生（聖）先師、後師神師、七十二神符吏，乘駕雲降下。」
　　　　鍾書林曰：鼓，諸家無說。「鼓」當爲「跂」字之訛，分叉之義。《詩·
　　　大東》：「跂彼織女。」毛傳：「跂，隅貌。」（P786）

　按：鍾說非是。「光鼓」當作「河鼓」或「何鼓」，即牽牛星。《爾雅》：「何
　　　鼓謂之牽牛。」郭璞注：「今荊楚人呼牽牛星爲擔鼓。擔者，荷也。」
　　　《御覽》卷6、31二引並作「河鼓」，《玉燭寶典》卷7、《詩·大東》
　　　孔疏、《歲華紀麗》卷3、《初學記》卷4、《事類賦注》卷2引同。「河
　　　鼓、織女」即「東王父、西王母」之比，並列連文者也。音轉亦作「河
　　　姑」〔註140〕，《太上洞玄靈寶護諸童子經》：「本命星官，元辰眞君，
　　　二十八宿，南斗北斗，東斗西斗，衆星官屬，天地水三官，河姑織女，
　　　天河星衆，一切神仙。」音轉亦作「黃姑」，《御覽》卷6引《天象列
　　　星圖》：「古歌曰：『東飛伯勞西飛鷰，黃姑織女時相見。』其黃姑者，
　　　即河鼓也，爲吳音訛而然。」《困學紀聞》卷9說同。

（258）P.2649：「所居之地，宮殿樓臺，養性存身；廳館衙府，每望善神。
　　　潛守恆思，土地扶持，使遠近以安然，獲內外而恬靜。」（P787）

〔註140〕《玄眞子外篇》卷下：「濤之靈曰江胥，漢之神曰河姑。」此「河姑」不同。

按：恬，圖版作「⬚」，當錄作「怗」，王卡錄文亦誤〔註141〕。當讀作：「所居之地，宮殿樓臺；養性存身，廳館衙府。每望善神潛守，恆思土地扶持，使遠近以安然，獲內外而怗靜。」「怗靜」同義連文，P.2058、P.3494、S.6923V「怗靜西戎」，P.3566「四維怗靜」，S.5957、S.6417「怗靜六戎」，皆其例也。《廣雅》：「怗、安，靜也。」《玉篇》：「怗，服也，靜也。」《廣韻》：「怗，安也，服也，靜也。」《玄應音義》卷17：「怗然：《字詁》：『今作慹。』同。《廣雅》：『怗，靜也。』謂安靜也。亦怗服也。」P.3276V：「加以深謀志（智）策，能怗淨於四方。」「怗淨」即「怗靜」。P.2642：「先奉龍天八部，護陬界而怗清。」P.3500：「鐵領（嶺）西頭，保煙塵之清怗。」《慧苑音義》：「海晏：《說文》曰：『晏，安也。』言其遠近清怗，故曰河清海晏也。」怗亦清也，靜也，同義連文。《太上妙法本相經》：「是以真人，恒去煩亂，而民寧怗；恒去昏賊，臣樂不叛。」怗亦寧也，同義連文。字亦作慹，《廣雅》：「慹、靖，安也。」「靖」即「靜」。字亦作帖，蔣斧印本《唐韻殘卷》：「帖，安也。」

（259）P.2649：「或則串（？）甲揮光，密讛神識。」（P787）

按：原卷確實作「串」。「串」即「毌」隸變，古「貫」字，猶言穿著。鍾氏不知其讀，故著問號懷疑其字有誤。《淮南子·主術篇》：「是猶貫甲胄而入宗廟，被羅紈而從軍旅。」《晉書·姚萇載記》：「貫鉀（甲）上馬。」《法句譬喻經》卷1：「即率所從貫甲拔劍。」音轉亦作摜，《說文》：「摜，貫也。」《廣雅》：「摜，著也。」《國語·吳語》：「乃令服兵摜甲。」韋昭注：「摜，貫也。」《淮南子·要略篇》：「躬摜甲胄。」許慎注：「摜，貫著也。」「摜甲胄」即《主術篇》之「貫甲胄」，許慎本作「摜」，高誘本作「貫」。《玄應音義》卷17、22：「摜甲：《左傳》：『摜甲執兵。』杜預曰：『摜，貫也。』《國語》：『服兵摜甲。』賈逵曰：『摜，衣甲也。』」衣甲，猶言穿著鎧甲。音轉亦作關、宦，馬王堆帛書《戰國縱橫家書》：「宦二萬甲自食以功（攻）宋。」整理者曰：「宦疑讀為摜。摜二萬甲，即摜甲二萬。第二十三章說『關甲於燕』。宦、摜、關並音近通用。」〔註142〕

〔註141〕王卡《敦煌道教文獻研究》，中國社會科學出版社2004年版，第239頁。
〔註142〕《馬王堆漢墓帛書〔三〕》，文物出版社1983年版，第42頁。

（260）P.2832P1：「唯靈六行備稱，口德絢著。」（P788）

按：絢，讀爲洵、恂，信也。缺字補「四」字，敦煌願文中「四德」與「六
行」並舉。P.2341：「六行自天，四德成性。」P.2526V：「伏願比（姚）
靈四德遐著，六行高標。」S.2832：「四德共春色齊輝，六行與秋霜比
潔。」例多不勝枚舉。

（261）P.3199V：「故得務管專城，樂當鎮遏北匡蕃而復興漢禮，來暮無
殊，洽一鎮苦樂。均平攀轅，豈異理應。」

鍾書林曰：「來暮」用東漢循吏廉范典故。《後漢書・廉范傳》：「百姓爲
便，乃歌之曰：『廉叔度，來何暮？不禁火，民安作。平生無襦今五絝。』」
（P795）

按：鍾氏亂點一通。當讀作：「故得務管專城，樂當鎮遏。北匡蕃而復興
漢禮，來暮無殊；洽一鎮〔而〕苦樂均平，攀轅豈異？」「苦樂」上
脫「而」字，「理應」屬下句，「北匡蕃」當乙作「匡北蕃」，「無殊」
與「豈異」同義對舉。「來暮」鍾氏引《後漢書》是也，檢索《漢語
大詞典》「來暮」條即得。「攀轅」典出《華陽國志》卷1：「巴郡嚴王
思爲揚州刺史，惠愛在民，每當遷官，吏民塞路攀轅，詔遂留之。」
又《後漢書・第五倫傳》：「永平五年，坐法徵，老小攀車叩馬，嘘呼
相隨，日裁行數里，不得前。」又《循吏傳》：「（孟嘗）被徵當還，
吏民攀車請之。嘗既不得進，乃載鄉民船夜遁去。」「攀車」事亦類
之，皆爲挽留良吏的典故。

（262）P.3199V：「何圖捨世早終，掩殷（蔭）泉路？」（P795）

按：原卷「圖」作「啚」。所謂「殷」字，原卷不甚可辨，依文義當作「歸」。
掩，讀作奄，猶忽也。S.5639：「豈謂算期，奄歸泉路？」P.4062：「何
啚（圖）報疾不瘳，掩（奄）歸泉路？」Дx.11222：「何圖斂跡門庭，
奄歸泉路？」P.3213V：「奄歸泉戶，一代成空。」P.3214：「奈何天命運
至，掩（奄）歸夜泉。」S.5573：「何圖業受有終，奄歸幽路？」〔註143〕
皆其明證。P.2820：「浮生有限，泉路無歸。」BD8099：「何啚（圖）
亳鳥來蹤，魂歸泉路？」亦足證「泉路」上之字當作「歸」。

〔註143〕P.3259有同文。

（263）P.3199V：「是以鳳釵塵坒，永無再攀之人；亶鏡埃沉，莫有復懸之日。」（P795）

按：「亶鏡」與「鳳釵」對文，「亶」當作「鸞」。P.2385V：「罷鸞鏡於妝臺，遺鳳釵於綺帳。」〔註144〕S.5639：「對鸞鏡以含嬌，去鳳釵而益態。」P.4062 有「罷鸞鏡」三個殘字。「鸞鏡」典出《類聚》卷 90 引南朝・宋・范泰《鸞鳥詩》序：「昔罽賓王結置峻邶（祁）之山，獲一鸞鳥，王甚愛之，欲其鳴而不致也，乃飾以金樊，饗以珍羞，對之愈戚，三年不鳴。其夫人曰：『嘗聞物見其類而後鳴，何不懸鏡以映之？』王從其意，鸞覩形悲鳴，哀響中宵，〔一〕奮而絕。」〔註145〕後因以「鸞鏡」指妝鏡。「鳳釵」典出王子年《拾遺記》卷 9：「使翔風調玉以付工人，爲倒龍之佩；縈金爲鳳冠之釵，言刻玉爲倒龍之勢，鑄金釵象鳳皇之冠。」又《中華古今注》卷中：「釵子，蓋古笄之遺象也……始皇又金銀作鳳頭，以玳瑁爲脚，號曰鳳釵。」此又一說。攀，字亦作扳，援引也。

（264）P.3213V：「應行將虧，永辭千月。」（P796）

按：應，圖版作「鴈」，當錄作「鴈（雁）」，敦煌俗寫多從「广」。「雁行」典出《禮記・王制》，兄弟有序之典。

（265）P.3213V：「四依無囗，八敬逾明。」（P796）

按：缺字圖版作「軟」，當錄作「缼」，同「缺」。P.2807：「四依恒滿，八敬常圓。」P.2915：「四依恒滿，八敬常員（圓）。」S.5640：「八敬每彰於眾內，〔四〕衣（依）恒護如（而）無虧。」〔註146〕「恒滿」、「無虧」即「無缺」義。S.2832：「八敬恒遵，四儀無替。」「四儀」當作「四依」，黃征等失校〔註147〕。

（266）P.3214：「囗柔在室，頓棄煩喧。」（P799）

按：缺字原卷作「剄」，同「剛」。

〔註144〕P.2237、P.2854、Дx.02832＋Дx.02840＋Дx.03066 有同文，P.2854「鸞」作借字「鑾」。

〔註145〕《書鈔》卷 136、《御覽》卷 916 引同，《異苑》卷 3 略同。據《御覽》校「邶」作「祁」，補「一」字；《書鈔》、《異苑》亦有「一」字。

〔註146〕黃征等補「四」字，讀衣爲依，讀如爲而，皆是也。黃征、吳偉《敦煌願文集》，嶽麓書社 1995 年版，第 233 頁。

〔註147〕黃征、吳偉《敦煌願文集》，第 80 頁。

（267）P.3214：「郊佐單酌，請來降口。」（P799）

　按：佐，讀作左。缺字原卷作「延」，讀爲筵。本卷下篇有「願降歆筵」
　　　語。

（268）P.3214：「合寺咸啐。」

　　　鍾書林曰：「啐」字字書不載，蓋爲「辛」的增旁俗字。「辛」指悲痛。
　　　（P800）

　按：張小豔解作「皆爲之悲痛」〔註148〕，未達「咸」字之誼。咸，讀作銜。
　　　S.840《字音》「銜」字注音「咸」。S.343：「闕（厥）今此會茹毒咸悲意
　　　者。」S.2246：「咸恩出塞，撫俗安邊。」二例黃征等讀咸爲銜〔註149〕。
　　　P.2237V：「厥今坐端齋主、至孝等銜悲茹毒者。」字正作「銜悲」。
　　　P.2255：「百官頓首而從風，驛騎銜恩而出塞。」字正作「銜恩」。尤
　　　爲黃說之確證。S.2614《大目乾連冥間救母變文》：「見一黑狗身從宅
　　　裏出來，便捉目連袈裟。咸著即作人語。」上文「有黑狗出來，捉汝
　　　袈裟，銜著作人語」，正作「銜著」。Φ263V＋Φ326V：「祥鄰（麟）對
　　　現而咸珠，寶貝珍奇而造出。」亦其例。

（269）P.3214：「如同四鳥，愛戀花叢。宗枝雖大，心髓長洪。」（P801）

　按：大，圖版作「異」，當錄作「異」。長洪，讀爲常紅。

（270）P.3214：「何期早逝，生死蹐㤓（忽）。思之悶絶，泣淚洞洞。永謝
　　　濁口，更莫遭凶。」（P801）

　按：原卷「蹐」作「路」，缺字作「劫」。P.3172：「誰謂無常忽志（至），生
　　　死路分。」〔註150〕文義相近。洞洞，恭敬貌。

（271）P.3214：「臨歧簞筲，請現蟾（？）鍾。」（P801）

　按：圖版作「蟾」，確是「蟾」字。

（272）P.3259：「母儀合於淑質，慈範叶於謙恭。」（P803）

〔註148〕張小豔《敦煌祭文疑難字詞校考》，「寫本學國際學術研討會暨中國敦煌吐魯
　　　　番學會 2018 年理事會」會議論文，西華師範大學 2018 年 7 月 14～15 日。
〔註149〕黃征、吳偉《敦煌願文集》，第 14、498 頁。
〔註150〕志讀作至，BD8099 同句作「睡（誰）謂無常忽至，生死盧芬（路分）」，依
　　　　黃征等校。黃征等校「志」作「値」，非是。黃征、吳偉《敦煌願文集》，第
　　　　787、798 頁。

按：範，圖版作「𫐐」，當錄作「軓」。軓亦儀也，本字作「笵」，《說文》：「笵，法也。」增旁字作「範」。P.2631：「方冀母儀標𫐐，慈訓永尊。」S.0516：「作僧尼軌𫐐。」「𫐐」、「𫐐」即「範」，同「範」。北魏、東魏墓誌已作「軓」、「範」字形〔註151〕。《周禮‧考工記》鄭玄注：「軓，法也。」此卷 P.3259，P.4062 有同文，字作「範」；P.4963 亦有同文，字作「範」；S.5640 亦有同文，字作「梵」，黃征等校作「範」〔註152〕，是也；P.2642、S.1823、S.5573 亦有同文，字作「軌」，乃「軌」之俗字，「軌」、「範」雖同義，但未見「慈軌」詞例，「軌」當是「軓」誤書。S.4536：「天公主已（己）躬吉慶，叶慈軓以利蒼生。」S.5637：「於家立慈範之儀，族內置忠貞之孝。」唐‧常袞《冊新羅王太妃文》：「脩乃慈範，撫其嗣君。」唐‧孫逖《宋州司馬先府君墓誌銘》：「惟先夫人慈範是經，柔德是程。」皆是其例。「慈範」亦作「柔範」，傳世文獻習見，不煩舉證；未見「柔軌」詞例。P.2631：「母儀騰秀，惠（慧）間（問）馳芳；柔軓自居，風姿浣（婉）淑。」「軓」當是「範」誤書〔註153〕。S.4992 有同文，字正作「範」；P.2854 亦有同文，字作「軓」，「軓」即「軓」〔註154〕；S.5637 亦有同文，字作「範」。明本《文苑英華》卷 310 唐‧蘇頲《故高安大長公主挽詞》：「柔軓題貞順，閑規賦肅雍。」「軓」亦是「軓」形誤。「慈範」亦作「女範」，未見「女軌」詞例。《唐大詔令集》卷 40《冊信王盧妃文》：「實資女範，作配藩維。」Дx.2832+Дx.2840+Дx.3066：「糅（柔）襟雪映，婦德播於六姻；淑質霜明，女軓傳於九族。」「軓」亦是「範」誤書，P.2237V、P.2385V、P.4062、S.4992 有同文，正作「範」字。P.2854V：「柔襟雪映，婦禮播於西秦；熟（淑）質霜明，女範傳於東晉。」P.4062：「播女範於六親，闡柔規於九族。」P.2588 有同文，「女範」作「女軌」，「闡柔規」作「柔和規」，當據 P.4062 校正，「軌」是「軓」誤書，黃征等

〔註151〕參見臧克和《漢魏六朝隋唐五代字形表》，南方日報出版社 2011 年版，第 1205 頁。

〔註152〕黃征、吳偉《敦煌願文集》，第 219 頁。

〔註153〕S.6841：「則爲飛仙之所嗟歎，三界之所軌範。」「軓」亦是「範」。北魏墓誌已作「軓」形，唐代墓誌亦作「軓」形，皆可以比例。參見黃征《敦煌俗字典》，上海教育出版社 2005 年版，第 108 頁。臧克和《漢魏六朝隋唐五代字形表》，南方日報出版社 2011 年版，第 1205 頁。

〔註154〕黃征、吳偉《敦煌願文集》誤錄作「軌」，第 714 頁。

錄作「軌」，未校作「軓」〔註155〕。S.5957：「女軓常明，孤標獨秀。」P.3765、Φ263+Φ326同，「軓」亦是「軓」誤書，黃征等錄作「軌」，未校作「軓」〔註156〕。BD4108V「軓軓能和九族」，「軓軓」即「軌範」，二字不混，分別甚明。《玉篇》：「籭，蘇見切，竹。」《廣韻》：「籭，蘇佃切，紡籭也。」此字從軓得聲，實從卂得聲，乃另一字。

（273）P.3259：「順弘□於六親，美（？）恤淚於九族。」（P803）

按：原卷「順弘」下空一格未寫，「淚」作「優」。S.1823：「行順弘於六親，美卹憂於九族。」S.5573有同文，惟「憂」作借字「幽」。「恤優」當作「恤憂」，恤亦憂也。缺文當在「順」上，補「行」字。順弘，柔順而又弘度。倒言亦作「弘順」，《眞誥》卷2《運象篇》：「至寂非弘順之主，憺然非教授之匠。」《隋書‧來和傳》：「來和，字弘順。」名、字相應，則「順」自是和順義。又有「弘愼」一詞，義別。《文苑英華》卷522《脫枷取絹判》：「白居易對：刑政所存，爲國之本。有倫有要，弘愼斯歸。」《舊唐書‧張公謹傳》：「張公謹，字弘愼。」名、字相應，則「愼」自是謹愼義。

（274）P.3259：「何圖業受（壽）有終，奄開幽路。」（P803）

按：開，圖版作「兩」，當是誤書，當據S.1823、S.5573作「歸」。

（275）P.3259：「但以遊川末，注洪波之浪，難迴光影。西山孰斷，嵎峰之日。」（P803）

按：原卷「末」作「東」，「斷」作「制」。遊，當據S.1823A作「逝」，S.5573作借字「誓」。浪，S.1823A同，S.5573作借字「朗」。嵎，S.1823A同，S.5573作「危」。當讀作：「但以遊（逝）川東注，洪波之浪難迴；光影西山，孰制嵎峰之日？」制，讀爲掣，拉引也。S.5637：「何圖業運已逼，東波之浪難迴；奄去九泉，西山之光孰制？」黃征等讀制爲掣〔註157〕。「危峰」、「嵎峰」當指弇山、弇茲山，《穆天子傳》卷3：「天子遂驅升於弇山。」郭璞注：「弇，弇茲山，日入所也。」也作「崦嵫山」。

〔註155〕黃征、吳偉《敦煌願文集》，第713頁。
〔註156〕黃征、吳偉《敦煌願文集》，第800頁。
〔註157〕黃征、吳偉《敦煌願文集》，第240頁。

（276）P.3259：「厚（？）孝等（？）白云，禍愆靈祐。壹隔慈顏，捨生
之泉路，躬哀踐霜路而增戚。」（P803）

按：據原卷，「厚孝等白云」當作「至孝等自云」，「泉路」當作「泉以」，「躬」
當作「窮」，「戚」當作「感」。壹，圖版作「亘」，當錄作「疊」。捨，
圖版作「捘」，確是「捨」字。「生之」二字，圖版作「寒」，當錄作
「寒」。當讀作：「至孝等自云：禍愆靈祐，疊隔慈顏。捨寒泉以窮哀，
踐霜路而增感。」這段文字，是敦煌願文的套語，多個寫卷都有，P.4062
「隔」上 10 字殘缺，其餘各卷皆全。茲校錄異文如下：禍，各卷同，
P.3562V、P.4963、S.6417 作「福」。靈，各卷同，P.3566V、Φ263V＋
Φ326V 作「令」。疊隔慈顏，S.1823、P.4062 作「□隔慈顏」，P.3562V、
P.3566V、P.4963、S.6417、Φ263V＋Φ326V 作「疊隔慈襟」，S.5573 作
「疊隔慈顏」。捨，P.4062、S.1823、S.5573 作「撫」，P.3566V、
Φ263V＋Φ326V 作「付」，P.3562V、P.4963、S.6417 作「俯」。踐，各
卷同，P.3566V、Φ263V＋Φ326V 作「殘」。路，P.4062 同，其餘各卷都
作「露」。「福」是「禍」形誤，「疊」是「疊」形誤，「令」是「靈」
借字，「殘」是「踐」借字，「路」是「露」借字。至於「捨」字，S.0343：
「望龍（壟）樹以增悲，附寒泉而泣血。」〔註 158〕趙鑫曄曰：「附寒
泉，其他寫卷有作『撫』者，如 S.5573；有作『付』者，如 P.3566；
有作『舞』者，如 P.2642『舞寒泉以窮哀』；有作『捨』者，如 P.3259；
有作『俯』者，如 S.6417。作『俯』是，低視之義。唐·王勃《爲原
州趙長史爲亡父度人表》：『但臣霜露之感，瞻彼岸而神銷；烏鳥之誠，
俯寒泉而思咽。』以『瞻』與『俯』相對文，『瞻』正猶願文『望龍（壟）
樹以增悲』之『望』。《晉書·孝友傳》：『灑風樹以隕心，俯寒泉而沬
泣。』此二處皆作『俯』。『撫』、『舞』、『附』等皆是『俯』之借字，
而『捨』字當是『撫』字草書之訛。」〔註 159〕趙君說是也，P.4062：
「（上殘）哀，撫寒泉而永慕。」S.543V：「攀風樹以纏哀，撫寒泉而
永慕。」S.6417：「攀風樹而不亭（停），望寒泉而永慕。」〔註 160〕「撫」

〔註 158〕P.2915 有同文。
〔註 159〕趙鑫曄《敦煌佛教願文研究》，南京師範大學 2009 年博士學位論文，第 171
　　　　〜172 頁。
〔註 160〕P.2226V、S.1441V、S.1823A 有同文，惟 P.2226V「慕」作「隔」，S.1441V、

正「望」字之義。P.2991「俯寒泉而號咷」，亦作正字「俯」。

（277）P.3259：「色養之禮，攀拱木而無追；乳哺之恩，佇禪何（河）而
　　　契袍。」（P803）

按：袍，圖版作「袙」，當錄作「福」，S.5573同。S.5573「禮」作「體」，
　　「何」作「林」，「佇」作「伫」，S.1823皆殘缺。「體」是「禮」借字，
　　「何」是「林」誤書。宋資福藏本《紹興重雕大藏音》卷上：「佇、伫：
　　上正，並丈呂反。」《字彙》：「伫，音佇，見釋典。」《正字通》說「伫」
　　是「佇」訛字。《玉篇殘卷》「壔」字云：「或爲『佇』字，在《人部》。」
　　P.2631：「佇彼熏勞，預茲作慶。」P.2820：「佇接鵷（鵷）行，高昇雲
　　路。」S.2200：「專佇候，專佇候。」北魏建義元年（528）《元鑒妃
　　吐谷渾氏墓誌》：「雙娥佇暎，素體凝霜。」毛遠明曰：「佇，《芒洛冢
　　墓遺文四編》作『伫』，非。右下是『丁』，而非『寸』，下面一點是
　　石花。」〔註161〕毛說非是，其字作「伫」，正是「伫」字，毛氏未知
　　「伫」是「佇」俗訛字。北齊武平元年（570）《劉悅墓誌》：「俟草昧
　　之期，佇眞人之運。」原字形作「伫」，毛遠明徑錄作「佇」〔註162〕，
　　失眞。唐·圓照《代宗朝贈司空大辨正廣智三藏和上表制集》卷3：
　　「次佇聞痊復也。」一本「佇」作「伫」。《四部叢刊》影高麗舊刊本
　　《桂苑筆耕集》卷11唐·崔致遠《檄黃巢書》：「當解纜於石頭，孫權
　　後殿；佇落帆於峴首，杜預前驅。」海山仙館叢書本、《叢書集成初編》
　　排印本「佇」作「伫」。北魏、隋代碑刻亦有「伫」字形〔註163〕。皆
　　其例也。《漢語大字典》從《正字通》說而無例證〔註164〕，據此可補
　　〔註165〕。俗字亦作竚，S.1920：「不得當門而竚。」《篆隸萬象名義》：
　　「竚，久，『佇』字。」《龍龕手鑑》：「竚，俗。竚，正。久立也，與
　　『佇』同。」明代刊本猶有作「竚」者〔註166〕。另外，津藝22：「貯

S.1823A「慕」作「別」。
〔註161〕毛遠明《漢魏六朝碑刻校注》第6冊，線裝書局2009年版，第223～224頁。
〔註162〕毛遠明《漢魏六朝碑刻校注》第9冊，線裝書局2009年版，第341頁。
〔註163〕參見臧克和《漢魏六朝隋唐五代字形表》，南方日報出版社2011年版，第78
　　　　頁。毛遠明《漢魏六朝碑刻異體字典》，中華書局2014年版，第1238頁。
〔註164〕《漢語大字典》（第二版），崇文書局、四川辭書出版社2010年版，第188頁。
〔註165〕《止觀輔行搜要記》卷3：「爾前無分，滅後小證尚佇四依。」此「佇」當是
　　　　「守」增旁字，屬同形異字。
〔註166〕參見曾良、陳敏《明清小說俗字典》，廣陵書社2018年版，第832頁。

聚生穀。」朝鮮本《龍龕手鑑》:「貯,正。貯,俗。」《可洪音義》卷12:「爲紵:正作紵。」又卷15:「羅紵:與『貯』同。」北齊天保二年(551)《元賢墓誌》「貯」作「貯」形,北魏正光元年(520)《李璧墓誌》「紵」作「紵」形,皆是其比。P.3984:「運佇來神。」「佇」亦是「佇」,而字形稍變。P.3566V:「邑(色)養之禮,攀栱(拱)木而無追;顧腹(復)之思(恩),守禪林而慶福。」Φ263V+Φ326V 同,「守」又「佇」脫誤。P.3562V:「色養之禮,攀拱木而無追;顧復之恩,仰慈尊而啓福。」S.6417:「色養之禮,攀栱(拱)木而無追;顧腹(復)之恩,佇禪林而契福。」P.4963「栱」作「拱」,「腹」作「復(復)」,餘同。「顧復」出《詩‧蓼莪》「顧我復我,出入腹我」。契、慶,並讀爲啓,一聲之轉〔註167〕。

(278)P.3259:「縱使傷軀斷腿,無益出路之灰。魂泣血碎身,誰能酬報之巨識。」(P803)

按:腿,圖版作「髓」,當錄作「髓」;S.1823、S.5573 作「髓」,異體字。原卷「出」作「幽」,「誰」作「詎」,「巨」作「亡」,S.5573 同。當讀作:「縱使傷軀斷髓(髓),無益幽路之灰魂;泣血碎身,詎能酬報之亡識?」S.5573「傷」作「相」,當是音誤字。睡虎地秦簡《日書》甲種《詰咎》:「人恒亡赤子,是水亡傷取之」,「亡傷」是「方相」、「蝄象」、「魍魎」音轉。黃征等校「相」作「捨」〔註168〕,非是。P.2341V:「粉骨莫酬,灰身難報。」S.1441V:「縱使捨軀剖髓,無益幽魂;泣血終身,莫能上答。」Φ263V+Φ326V:「縱使灰身粉骨,無益冥路之殃纏;泣血碎心,莫能救中蔭之患苦。」文例相同。

(279)P.3259:「是日也,宏毅私邊,嚴灑清宮。」(P803)

按:原卷「毅」作「敷」。邊,圖版作「遞」,當錄作「遞」,讀作第。私第,猶言私宅。P.2622:「謹啓明靈,還歸私第。」Дx.11222:「厥今嚴敷司弟,淨列眞場。」與此卷文義相同,「司弟」讀作「私第」。S.5573:「宏敷寶室,嚴灑清宮。」P.2642 有同文,S.1823 殘文亦作「嚴灑」,黃征等「灑」誤錄作「麗」〔註169〕。P.3149:「厥今洞敷精室,嚴灑

〔註167〕參見蕭旭《〈敦煌社邑文書輯校〉校補》。
〔註168〕黃征、吳偉《敦煌願文集》,第 780 頁。
〔註169〕黃征、吳偉《敦煌願文集》,第 780 頁。

幽居。」P.2850：「宏敷弟（第）宅，儼灑清宮。」儼讀作嚴。P.3765：「厥今垂陳寶殿，儼儷龍樓。」「儼儷」當作「嚴灑」。Φ263V＋Φ326V：「灑掃庭宇，嚴飾道場。」〔註170〕又「灑庭宇，嚴綺延（筵）。」〔註171〕即「嚴灑」之義。

（280）P.3259：「封三世之金言，誦神方之秘蜜（密）。」（P803）

按：封，圖版作「（圖）」，當是「轉」草書，S.5573 同句正作「轉」。轉亦誦也，讀也。P.3269：「厥今宏敷佛像，結勝壇於星宮；經轉金言，演如來之大教。」P.3566：「請碩德轉讀於金言，邀真僧親臨於筵會。」S.2832：「於是佛開月面之尊，僧轉金言之偈。」此皆「轉金言」之證。P.2483：「處處分身（圖）法輪。」P.3405：「國有災癘，合城（圖）經。」「（圖）」、「（圖）」亦是「轉」，可以比勘。S.2352V：「太子聞樂，（圖）更愁憂。」「（圖）」即「轉」，其右旁「專」字寫法亦同。

（281）P.3259：「口第匼匝盧，焚百味之香，廚優七珍，何殊純陀之供。」（P803）

按：口第匼匝，原卷作「幡花迯迊」，S.1823、S.5573 同。優，原卷作「撰」，當據 S.5573 讀為「饌」。盧，讀為爐。當讀作：「幡花迯迊，盧（爐）焚百味之香；廚撰（饌）七珍，何殊純陀之供？」Φ263＋Φ326：「幡花迯迊於盈場，鈴鐸扣鳴於滿會。」

（282）P.3259：「丘斯亡神生淨土，識坐蓮臺。」（P803）

按：丘斯亡，原卷作「惣斯云」，「云」下有重文符號。據 S.5573，此完整句當作：「惣（總）斯〔多善、無限勝因，先用莊嚴亡靈所生魂路：惟願〕神生淨土，識坐蓮臺。」「總斯多善」云云是套語，故書手省寫作「惣斯云云」。S.1441V：「總斯多善、無限福因，先用奉資亡靈去識：惟願神生淨土，識坐蓮臺。」又「總斯多善、無限勝因，先用莊嚴亡者所生魂路；惟願神生淨土，識坐蓮臺。」文例正同。

（283）P.3259：「花開聞解脫之音，奉足登菩薩茻之果者。」（P803）

按：原卷「奉」作「舉」，無「菩薩」二字，「茻」作「（圖）」，「者」作「當」，「當」下有重文符號。「（圖）」是「涅槃」二字合文，而非「菩薩」二

〔註170〕S.0343 有同文。

〔註171〕P.3545 有同文，惟「嚴」作「儼」。

字合文，S.5573 作「涅盤」。據 S.5573，此完整句當作：「花開聞解脫之音，舉足登涅槃之果。當當〔來代，還與至孝作菩提善因，業善莫若今生，愛別離苦〕。」登，S.5573 作「昇」，一聲之轉。「當當來代」云云是套語，故書手省寫作「當當」。S.5637：「當當來代，還與至孝作菩提善因；莫若今生，愛別離苦。」又「當當來代，還以（與）齋主作同爐善因；彌勒下生，爲花開眷屬。」S.4992：「當當來代，還以（與）父母作〔菩提善因〕，花開花合善因，莫若今生，愛別離苦。」S.5579：「當當來代，還與施主作菩提善因。」S.6417：「當當來道（代），還共至孝等作菩提眷屬；莫若今生，愛別離苦。」文例皆同，不勝枚舉。S.5573 亦作「音」，黃征等校作「香」〔註172〕，非是。S.1441V：「花開聞解脫之香，舉足身（昇）涅槃之果。」P.3825「解脫」作「脫解」，餘同，「香」字亦誤。S.515：「菩提樹下，朝聞解脫之音；給孤薗中（下殘）。」又「給孤園內，常聞八解之音；耆樹林間，沐浴塵勞之垢。」S.5640：「伏願甘露台側，生生聞般若之音；解脫林中，處處見龍花之會。」

（284）P.3491V：「送於郊廓，兩淚交并。」（P804）

按：并，讀作迸。《太子須大拏經》卷 1：「王聞是語，感激悲哀，涕泣交迸。」宋‧陳亮《祭宗式之文》：「念子無窮，雙淚交迸。」

（285）P.3783V：「領良家之步卒，憐若幼弟長兄；導陳安之守節，喜不敀（啓）於聲。扠旗點集之祭詞，辛恤苦均平謀。深減雷計，絕布英變。佩滿月鷹（薦），泣緩歎驚。」

　　鍾書林曰：敀，同「啓」，勤勉。（P806）

按：鍾氏亂錄亂點亂釋一通，「喜不啓於聲」云云，不知所言。導，圖版作「𦔮」，當錄作「䓝」，同「等」。敀，圖版作「敀」，當錄作「改」。P.2413：「何不自敀身口意爲善？」S.2832：「日月逾深，霜星屢改。」二字都是「改」，可以比勘。旗，圖版作「𣄿」，當錄作「旗」。變，圖版作「𫝍」，當錄作「彎」。佩，圖版作「佩」，當錄作「弧」。鷹，圖版作「鷹」，當錄作「鴈（雁）」。緩，圖版作「猨」，當錄作「猨」，同「猿」。原卷無「歎」字。當讀作：「領良家之步卒，憐若幼弟長兄。

〔註172〕黃征、吳偉《敦煌願文集》，第 780 頁。

莘（等）陳安之守節，喜不改於聲扠。旗（旗）點集之祭詞，辛恤苦〔於〕均平。謀深減雷，計絕布英。彎弧滿月，鴈（雁）泣猨（猿）驚。」聲扠，讀爲「聲聞」，亦作「聲問」，猶言名聲。旗，同「旗」，讀作期，信約也。「均平」上據文例補「於」字，「辛恤苦」當乙作「恤辛苦」，其文當作「恤辛苦於均平」。「布英」當作「英布」，即黥布，本姓英氏。「陳安」典出《晉書‧劉曜載記》：「（陳）安善於撫接，吉凶夷險，與眾同之。及其死，隴上歌之曰：『隴上壯士有陳安，軀幹雖小腹中寬。愛養將士同心肝，騅驄父馬鐵瑕鞍……西流之水東流河，一去不還奈子何？』」〔註173〕「減雷」是人名，未詳所指。P.2058：「彎弧滿月，雲雁騰浪而魂亡。」正有「彎弧滿月」語。又P.2058：「彎狐伏獸，細柳未比於今時；仗劍流星，韓伯豈侔於此日。」P.4976：「彎狐百獸驚忙。」二例「彎狐」都借作「彎弧」。S.5640「張滿月之弓」，P.2726「弓彎如月」，文義皆與「彎弧滿月」相同。「雁泣」典出《戰國策‧楚策四》：「有間，雁從東方來，更羸以虛發而下之……對曰：『其飛徐而鳴悲。飛徐者，故瘡痛也。鳴悲者，久失群也。故瘡未息而驚心未去也，聞弦音烈而高飛，故瘡隕也。』」「猿驚」典出《呂氏春秋‧博志》：「荊廷嘗有神白猨，荊之善射者莫之能中。荊王請養由基射之，養由基矯弓操矢而往，未之射而括中之矣，發之則猨應矢而下。」高誘注引《幽通記》：「養由基睨而猨號。」又《淮南子‧說山篇》：「楚王有白蝯（猨），王自射之，則搏矢而熙。使養由基射之，始調弓矯矢，未發而蝯（猨）擁柱號矣。」S.0343V：「更能彎弓射月，鴈泣空中；舉矢接飛，猿啼繞樹。」〔註174〕P.2044V：「好武者落雁穿楊，猿啼繞樹。」S.5640：「彎湖（瑚）璉之凋（雕）弓，猿啼繞樹。」S.2832：「彎弓即桂月將墜，鳴弦乃塞雁不飛。」《舊唐書‧李密傳》《移郡縣書》：「擊劍則截蛟斷鼉，彎弧則吟猿落鴈。」亦用此二典。

(286) P.3967V：「（上殘）向□增泣，累承榮貴，六親推賢，我之□四，德□□婉，容□齊備。將謂壽等於松筠，何忽凋折於春□。葉不及兮膏肓，魂散飛兮蒿里。上蒼不任，□何澡春光，已謝夏日。藏陰

〔註173〕又見《十六國春秋》卷10。
〔註174〕黃征等校「月」作「日」，錄文「空中」作「長空」，「鴈」作「鷹」，皆誤。
　　　　黃征、吳偉《敦煌願文集》，第28頁。

塵開，慟哭口口。」（P809）

按：原卷「我之口」、「何忽」之「何」都已經塗去，無「婉」字，「四德」下三字塗去，右旁改作「邕容止」，「凋」作「彫」。「春」下之字圖版作「![圖]」，當錄作「華」。澡，圖版作「![圖]」，當錄作「深」。塵，圖版作「![圖]」，當錄作「鄺」，俗「鄜」字，同「塵」。開，圖版作「![圖]」，當錄作「閈」。當讀作：「向口增泣，累承榮貴，六親推賢，四德邕〔邕〕，容止齊備。將謂壽等於松筠，忽彫折於春華。葉不及兮膏肓，魂散飛兮蒿里。上蒼不任，口口何深。春光已謝，夏日藏陰。鄺閈慟哭（以下不可辨識）。」任，讀作仁。P.2631：「天道不任，欲將何望？」P.2497、臺灣國立中央圖書館 130 號「不任」並作「不仁」。P.2044V：「痛蒼蒼之不仁，撫黃泉而流涕。」「塵閈」、「鄺閈」是中古語詞，猶言鄉里。

（287）P.4062V：「（上殘）珠朗徹，定水澄漪。」（P812）

按：「珠」上可補「戒」字，P.2255：「戒珠朗徹，心鏡常圓。」S.6417：「戒珠內淨，定水外清。」S.2832：「惟願戒珠日益，恒為三友（有）之堤防；定水澄明，永作四生之道〔首〕。」Дx.0169＋Дx.0170＋Дx.2632V：「惟法師瑩戒珠而澄定水，總三藏而括三口。」《弘贊法華傳》卷 8：「戒珠朗徹，學海沖深。」也可補「心」或「鵝」字，S.2832：「心珠自瑩，定水澄清。」又「定水澄清，鵝珠日瑩。」「戒珠」即指「鵝珠」。

（288）P.4062V：「八開存念，十善依遵。」（P812）

按：「開」當是「關」誤書。八關，即「八戒」，謂禁閉殺盜淫等八罪，使之不犯也。S.4624 有《受八關齋戒文》，P.2058：「故得八關在念，喜捨為懷。」S.5957：「故得八關在念，六度明（冥）懷。」

（289）P.4978：「惟靈生愛落荒，不便雅語，僕雖不相識，籍甚狂名。」（P815）

按：落荒，讀作「讝讉」，狂言、妄言，猶今俗言瞎說、夢話（指不實之言）。字亦作「洛荒」，P.2653《燕子賦（二）》：「不由君事落荒。」又「雀兒漫洛荒。」徐復曰：「《廣韻》：『讝，讝讉，狂言。』落荒、洛荒，皆為『讝讉』的同音替代字。亦引申為妄言。」〔註 175〕潘重規

〔註 175〕徐復《〈廣韻〉音義箋記》，收入《徐復語言文字學晚稿》，江蘇教育出版社

曰：「『落荒』有『荒唐』、『落空』意。《廬山遠公話》：『總是信口落荒。』《燕子賦（一）》：『雀兒打硬，猶自落荒漫語。』意皆相近。《變文集》校改『荒』爲『謊』，非。」又「『洛荒』當作『落荒』。」〔註176〕改作「謊」不誤，亦非「荒唐、落空」義，潘說非是。《說文》：「諕，夢言也。」「諕」即「謊」之古字。《廣韻》「譧諕」，《集韻》、《類篇》並作「譧諕」。倒言則作「諕譧」，《龍龕手鑑》：「諕，諕譧也。」

（290）上圖 033：「奈何杌疾，醫藥虛陳。」

　　鍾書林曰：杌疾，指突然而來的疾病，猶暴疾。杌，同「兀」，倉促、迅速。（P816）

按：杌，圖版作「杌」，趙家棟說當錄作「枕」，是也。「枕疾」即 S.2832 所謂「伏枕之疴」，P.2044V「纏綿枕席」，S.0343「伏枕累夕（席），未能起居」（枕，P.3699 作「枕」，S.5561 作「枕」，皆「枕」字；又 S.5561「夕」作「席」），亦足參證。

（291）BD4108V：「訓子有孟陵之譽，成家播曹氏之風德。美洽於六親，軌範能和，九族兼保。長居閨閣，永鎮高堂。」

　　鍾書林曰：譽，原作「美」，後塗去。播，原作「有」，後塗去。（P818）

按：原卷「兼」作「冀」，「閣」作「閣」。當讀作：「訓子有孟陵之譽，成家播曹氏之風。德美洽於六親，軌範能和九族。冀保長居閨閣，永鎮高堂。」陵，讀作鄰。原卷改「美」作「譽」，與下文「德美」避複。P.3173：「成家有曹氏之風，訓子有孟鄰之美。」「孟鄰」用孟母徙舍擇鄰教子之典，見《列女傳》卷 1。「曹氏」指曹大家（姑），即漢班昭，《後漢書·列女曹世叔妻傳》稱「作《女誡》七篇，有助內訓」。S.2832：「惟夫人德過曹氏，口著班家。」又「班氏之風光於九族，孟母之德福於六姻。」黃征等謂 P.3173「文中提及『曹氏』，估計爲曹義金後人曹元德任河西節度使時期所作」〔註177〕，非是。

2007 年版，第 187 頁。徐復《敦煌變文詞語研究》說同，《中國語文》1961 年第 8 期，收入《語言文字學叢稿》，江蘇古籍出版社 1990 年版，第 222～223 頁。

〔註176〕潘重規《敦煌變文集新書》，文津出版社有限公司 1994 年初版，第 1165 頁。
〔註177〕黃征、吳偉《敦煌願文集》，第 331 頁。

（292）BD4108V：「何期忽染縈纏，療無損減。半年眼藥，經歲求師神。
　　　　無驗力之藥，乏回生之效。」（P818）

按：原卷「眼」作「服」。「神」當屬下句，「驗」上脫一字，「力之」乙作
　　「之力」，讀作「神無口驗之力，藥乏回生之效」。

（293）BD4108V：「是日也，傷鄰理悲鄉闔，甘井先竭，恨早枯凋。木秀
　　　　於林風，堆圻泉臺，盡掩夜光，珠寶劍鈌一浮沉。鴛鴦失伴痛，諸
　　　　鄰孫兒稚子攀號泣，親姻無不淚霑巾。」（P818）

按：原卷「圻」作「圻」，「盡」作「畫」，「孫」作「孤」，「鈌」作「鈌」。
　　當讀作：「是日也，傷鄰理（里），悲鄉闔。甘井先竭，恨早枯凋。木
　　秀於林風堆圻，泉臺畫掩夜光珠。寶劍鈌（缺）一口浮沉，鴛鴦失伴
　　痛諸鄰。孤兒稚子攀號泣，親姻無不淚霑巾。」理，讀作里。P.3362V：
　　「挹仁義於交遊，熟信行於鄰里。」「堆圻」是「摧折」形誤。「浮沉」
　　上疑脫一字。「木秀於林」典出《文選·運命論》：「故木秀於林，風
　　必摧之；堆出於岸，流必湍之。」「甘井先竭」典出《莊子·山木》：
　　「直木先伐，甘井先竭。」《逸周書·周祝解》：「甘泉必竭，直木必
　　伐。」〔註178〕P.2991：「何圖甘泉先竭，良木易摧。」亦用此二典。

（294）BD9344V：「陳雷義重，管鮑心淳。」（P826）

按：「管鮑」是熟典。「陳雷」指陳重、雷義。《後漢書·獨行列傳》：「陳重
　　字景公，豫章宜春人也。少與同郡雷義爲友。太守張雲舉重孝廉，重
　　以讓義，前後十餘通記。雷義字仲公，豫章鄱陽人也……義歸，舉茂
　　才，讓於陳重，刺史不聽，義遂陽狂被髮走，不應命。鄉里爲之語曰：
　　『膠漆自謂堅，不如雷與陳。』」

〔註178〕《文子·符言》同。

六、敦煌學者學術剽竊嫌疑舉證二篇

1. 項楚學術剽竊嫌疑舉證

項楚《敦煌變文選注》，巴蜀書社 1990 年舊版，中華書局 2006 年出版增訂本。增訂版增補了一些篇目。舊版《前言》第 8～9 頁說：「《敦煌變文集》出版 30 多年來，已有許多學者對該書的校勘提出商榷補正意見，專著有蔣禮鴻先生的《敦煌變文字義通釋》、潘重規先生的《敦煌變文集新書》，此外徐震堮、劉堅、陳治文、郭在貽、袁賓、張金泉、江藍生、李正宇、劉凱鳴、劉瑞明、楊雄、張涌泉、黃征等許多先生也有論文涉及，本書在寫作時曾參考他們的意見，並有選擇地吸收，文中未能一一注明，在此一併深表謝意。」新版《前言》第 11～12 頁照錄。這樣，他的二部書中就放心大膽地大肆抄襲別人的意見，與自己的觀點混雜在一起，讀者如果不是全面閱讀各家論著，根本就辨不出何者是作者的新說，何者是別人的創見，這很不規範。項氏在《前言》中交待這種「免責申明」，不能作自己剽竊別人觀點的盾牌。難道我在論著前交待一句「自東漢賈逵、馬融、許慎、鄭玄以還，下逮王念孫、孫詒讓、章太炎、黃侃的訓詁著作我都曾參考，未能一一注明」，我就可以堂而皇之地大肆抄襲古今學者的意見了？我們細心辨察項楚的論著，不難發現他的學術論著中有剽竊的嫌疑。舉證如下：

（1）《捉季布傳文》：「其時周氏文（聞）宣敕，由（猶）如大石陌心珍。」項楚（1990／2006）《選注》說：「『陌心』即當心。《敦煌歌辭總編》卷 6《十

二時》『若非尖刃陌心穿，即是長槍胸上剟。』『珍』疑當作『鎮』，重壓之義。」〔註1〕這是剽竊的任二北（1955）、蔣禮鴻（1960／1981）說。敦煌寫卷《十二時》，任中敏說：「陌，正對之意。《季布歌》云云。」〔註2〕蔣禮鴻說：「『陌心』就是當心，沒有疑義。『珍』是動詞，疑是『鎮』的同音假借字。」〔註3〕項楚《前言》「免責申明」中沒有提到任二北先生，自當判作剽竊。

（2）《燕子賦》：「遂乃慪嘴本典。」項楚（1990／2006）《選注》引《集韻》「慪，慪憐，煩憒」以解「慪嘴」〔註4〕，這是剽竊的徐復（1981）說〔註5〕。項楚《前言》「免責申明」中沒有提到徐復先生，自當判作剽竊。

（3）《雙恩記》：「少婦車前長然縷，老烏犁過旋銜蟲。」項楚（1990／2006）《選注》說「然」當作「撚」〔註6〕，這是剽竊的蔣禮鴻（1982）說。蔣禮鴻說出自其手稿，郭在貽1982年引用發表〔註7〕。蔣禮鴻說的出處不出自項楚《前言》「免責申明」中提到的《敦煌變文字義通釋》，自也當判作剽竊。

（4）《長興四年中興殿應聖節講經文》：「法師所言，眞爲開悟明達，百譚人天之際矣。」項楚（2006）《選注》：「此句《高僧傳》作『可與言天人之際矣』，原文『百』乃『可』字誤書，下奪『與』字，『譚』同『談』，『人天』

〔註1〕 項楚《敦煌變文選注》，巴蜀書社1990年版，第162頁；又中華書局2006年版，第212頁。

〔註2〕 任二北《敦煌曲初探》，上海文藝聯合出版社1955年版，第358頁。又任中敏《敦煌曲研究》，鳳凰出版社2013年版，第430頁。

〔註3〕 蔣禮鴻《敦煌變文字義通釋》附錄《變文字義待質錄》，中華書局1960年版，第143頁；又上海古籍出版社1981年版，第397頁。

〔註4〕 項楚《敦煌變文選注》，巴蜀書社1990年版，第401頁；又中華書局2006年版，第524頁。

〔註5〕 徐復說轉引自蔣禮鴻《敦煌變文字義通釋》，上海古籍出版社1981年版，第144頁。江藍生、黃征也是引用徐復說。江藍生《敦煌寫本〈燕子賦〉二種校注（之一）》，收入《關隴文學論叢：敦煌文學專集》，甘肅人民出版社1983年版，第110頁。黃征、張涌泉《敦煌變文校注》，中華書局1997年版，第404頁，這篇由黃征執筆。

〔註6〕 項楚《敦煌變文選注》，巴蜀書社1990年版，第802頁；又中華書局2006年版，第1052頁。

〔註7〕 蔣禮鴻說見郭在貽《蘇聯所藏押座文及說唱佛經故事五種校記》所引蔣禮鴻手稿，《文獻》1984年第3期，第3頁。據作者所記，此文作於1982年12月3日；又收入《郭在貽敦煌學論集》，江西人民出版社1993年版，第130頁。

當作『天人』。」〔註8〕這是剽竊的周紹良（1981／1984）說：「《高僧傳》卷3『可與言天人之際矣』，『百譚』當是『可與譚』三字。」〔註9〕項楚《前言》「免責申明」中沒有提到周紹良先生，自也當判作剽竊。

（5）《伍子胥變文》：「鐵綺（騎）磊落已（以）爭奔，勇夫生寧而競透。」王重民等校「生寧」作「狰獰」〔註10〕。項楚（1981）《札記》：「兩處『生寧』，《變文集》都校作『狰獰』，其實不必。『生寧』就是『生獰』，乃唐人習語（例略）。」〔註11〕這是剽竊的徐震堮（1958）說：「『生寧』即『生獰』，唐人有此語，李賀《猛虎行》：『乳孫哺子，教得生獰。』不煩改。」」〔註12〕項楚說出自正規的學術論文，不注明係引用徐說，自是剽竊無疑。徐震堮的這篇論文，是變文校勘的早期名作，項楚不容不知，不存在失檢的可能，事實上，項楚在他的另一篇論文中就引了徐震堮此說，項氏（1983／1991）《補校》云：「徐校謂『生寧』不煩改，是。」〔註13〕附帶說一下，王重民等說亦不誤，「生寧（獰）」與「狰獰」是一聲之轉，又作「狰獰」，也聲轉作「傖𪗴」、「傖獰」、「傖囊」、「戕囊」、「搶攘」等，是同一個詞的異形，項氏未達音轉之理，故斷作二橛。

（6）《維摩詰經講經文》：「送尸荒野山，兩眼烏鷲唃。」項楚（1990／1991）《補校》說「唃」即「啄」字〔註14〕。這是剽竊的吳小如（1980）說：「『唃』為『噣』之異體字，此處即『啄』字也。」〔註15〕項楚說出自正規的學術論文，不注明係引用吳說，自也是剽竊無疑。

（7）《降魔變文》：「池中魚躍盡衡冠，龜鱉黿鼉競穀（投）竄。」項楚

〔註8〕項楚《敦煌變文選注》，中華書局2006年版，第1159～1160頁。舊版未收此篇。

〔註9〕周紹良《〈長興四年中興殿應聖節講經文〉校證》，收入《紀念陳垣誕辰百週年史學論文集》，北京師範大學出版社1981年版，第259頁；又收入《紹良叢稿》，齊魯書社1984年版，第81頁。

〔註10〕王重民等《敦煌變文集》，人民文學出版社1957年版，第19頁。

〔註11〕項楚《敦煌變文語辭札記》，《四川大學學報》1981年第2期，第53頁。

〔註12〕徐震堮《敦煌變文集校記補正》，《華東師大學報》1958年第1期，第33頁。

〔註13〕項楚《伍子胥變文補校》，《文史》第17輯，中華書局1983年版；收入《敦煌文學叢考》，上海古籍出版社1991年版，第214頁。

〔註14〕項楚《〈維摩詰經講經文〉補校》，收入《敦煌吐魯番文獻研究論集》第5輯，北京大學出版社1990年版；又收入《敦煌文學叢考》，上海古籍出版社1991年版，第275頁。

〔註15〕吳小如《讀蔣禮鴻〈敦煌變文字義通釋〉札記》，《文獻》1980年第1期，第135頁。

（1986）《補校》說：「『衡冠』當作『銜貫』。」〔註 16〕這是剽竊的蔣禮鴻
（1962／1981）說：「疑『衡』是『銜』字形近之誤，『冠』是『貫』的同音
通用字。」〔註 17〕附帶說一下，蔣禮鴻說也未必確，項氏不能辨而照鈔。
陳治文、陳方謂「衡」爲「衝」形誤，形容魚受驚直衝出水面的情狀〔註 18〕，
是也。

　　（8）《降魔變文》：「遙見毒龍，數回博接。雖然不飽我一頓，且得嘖饞。」
項楚（1986）《補校》說：「徐校：『接疑當作擊。』此說非是，原文『博接』
即『嗃嘍』。《字寶碎金》：『口嗃嘍，音博接。』」〔註 19〕這是剽竊的徐復、
郭在貽說。徐復（1961）說：「『博唊』就是『嗃嘍』。《字寶碎金》：『口嗃嘍，
音博接。』」〔註 20〕郭在貽（1983）說：「原校以『博』爲『搏』，又徐震堮謂
『接疑當作擊』，並非。『博接』當即『博唊』（接、唊聲旁相同，又博乃嗃之
借字）。又考《廣韻》：『嗃嘍，嚾兒。』『博唊』亦即是『嗃嘍』。」〔註 21〕蔣
禮鴻（1981）也把「博接」括注作「嗃唊」〔註 22〕。項楚無疑是吸收了徐
復說，把郭在貽引的書證《廣韻》換作了《字寶碎金》。附帶說一下，張涌
泉（2001／2013）據《字寶》謂「博接」是「嗃嘍」同音借字〔註 23〕，又是
剽竊的郭在貽、項楚說，他二位老師的意見，不當不引〔註 24〕。

　　（9）《破魔變文》：「似蟻脩還。」項楚（1986）《補校》說：「原文『脩』
當作『循』……『還』通作『環』。」〔註 25〕這是剽竊的徐震堮（1958）說：

〔註 16〕項楚《〈降魔變文〉補校》，《敦煌研究》1986 年第 4 期，第 70 頁。
〔註 17〕蔣禮鴻《敦煌變文字義通釋》附錄一《待質錄》，中華書局 1962 年版，第 208
　　　　頁；又上海古籍出版社 1981 年版，第 400 頁。
〔註 18〕陳治文《〈敦煌變文集〉校讀小札》，收入胡竹安等編《近代漢語研究》，商務
　　　　印書館 1992 年版，第 48 頁；又收入陳治文《近現代漢語研究文存》，社會科
　　　　學文獻出版社 2013 年版，第 118 頁。陳方《〈降魔變文〉校議》，《山西師大
　　　　學報》1988 年第 3 期，第 59 頁。
〔註 19〕項楚《〈降魔變文〉補校》，《敦煌研究》1986 年第 4 期，第 71 頁。
〔註 20〕徐復《敦煌變文詞語研究》，《中國語文》1961 年第 8 期；收入《徐復語言文
　　　　字學叢稿》，江蘇古籍出版社 1990 年版，第 231 頁。
〔註 21〕郭在貽《敦煌變文校勘拾遺》，《中國語文》1983 年第 2 期，收入《郭在貽文
　　　　集》卷 3，中華書局 2002 年版，第 205～206 頁。
〔註 22〕蔣禮鴻《敦煌變文字義通釋》，上海古籍出版社 1981 年版，第 206 頁。
〔註 23〕張涌泉《從語言文字的角度看敦煌文獻的價值》，《中國社會科學》2001 年第
　　　　2 期，第 162 頁；又張涌泉《敦煌寫本文獻學》，甘肅教育出版社 2013 年版，
　　　　第 44 頁。
〔註 24〕張涌泉學術剽竊的問題，我另有長文舉證了 70 例。
〔註 25〕項楚《〈破魔變〉補校》，《敦煌學輯刊》1986 年第 2 期，第 84 頁。

「『脩還』乃『循環』之誤。」〔註26〕項楚《補校》的前言部分曾提到徐震堮此文，不存在失檢的可能。

　　（10）《破魔變文》：「直饒玉提金繡之徒，未免於一械灰燼。」項楚（1986）《補校》說：「提當作緹。」〔註27〕這是剽竊的徐震堮（1958）說：「提疑當作緹。」〔註28〕只是徐氏此條校記沒有寫在《破魔變文》文中，是寫在另一篇《頻婆娑羅王后宮綵女功德意供養塔生天因緣變》同句中，項氏移花接木，就竊作己說了。

　　（11）《維摩詰經講經文（三）》：「曾終十善重佛僧，敬莫交（教）身沉六趣。」項楚（2005）《新校》說：「敬應讀作更。」〔註29〕這是剽竊的蔣禮鴻（1981）說：「敬，『更』的同音假借字，再。」〔註30〕蔣先生正舉此例。

　　（12）《廬山遠公話》：「是時火焰連天，黑煙蓬悖。」項楚（2000／2001）《新校》說：「『悖』應作『焞』，以形近誤書。『蓬焞』亦寫作『熢焞』、『蓬勃』等。」〔註31〕項楚（2006）《選注》說同〔註32〕。這是剽竊的徐復（1961）說：「『悖』應改作『焞』。『蓬焞』雙聲字。『蓬』亦作『熢』。」〔註33〕郝春文（2013）即不知項氏此說乃剽竊所得，誤以為是項氏創見〔註34〕。

　　（13）王梵志詩《吾富有錢時》：「邂逅暫時貧，看吾即貌哨。」項楚（1991）《校注》說：「貌哨，應是醜陋之義，此乃唐人俗語。敦煌本《字寶

〔註26〕徐震堮《〈敦煌變文集〉校記再補》，《華東師大學報》1958 年第 2 期，第 115頁。

〔註27〕項楚《〈破魔變〉補校》，《敦煌學輯刊》1986 年第 2 期，第 84 頁。

〔註28〕徐震堮《〈敦煌變文集〉校記再補》，《華東師大學報》1958 年第 2 期，收入鄭阿財等編《中國敦煌學百年文庫・文學卷（二）》，甘肅文化出版社 1999 年版，第 113 頁。

〔註29〕項楚《〈維摩詰經講經文〉新校》，《四川大學學報》2005 年第 4 期，第 60～61 頁。

〔註30〕蔣禮鴻《敦煌變文字義通釋》，上海古籍出版社 1981 年版，第 309 頁。

〔註31〕項楚《〈廬山遠公話〉新校》，《新國學》第 2 卷，巴蜀書社 2000 年版，第 52頁。項楚《〈廬山遠公話〉新校》，《中國文化》第 17、18 期合刊，2001 年版，第 47～48 頁。同一篇論文重複發表，是一種惡習。項氏《敦煌變文語詞札記》，既發表於《四川大學學報》1981 年第 2 期，又發表於《詞典研究叢刊》第 4輯（1982 年），也是這種情況。

〔註32〕項楚《敦煌變文選注》，中華書局 2006 年版，第 1811 頁。

〔註33〕徐復《敦煌變文詞語研究》，《中國語文》1961 年第 8 期；收入《徐復語言文字學叢稿》，江蘇古籍出版社 1990 年版，第 233 頁。

〔註34〕郝春文主編《英藏敦煌社會歷史文獻釋錄（第十卷）》，社會科學文獻出版社2013 年版，第 288 頁。

碎金》：『人魊魊：音兒，色兒反。』正與「貌哨」音同。」〔註35〕這是剽竊的朱鳳玉（1987）說：「貌哨，唐代口語，形容人臉色難看。或作『魊魊』，敦煌寫卷《字寶碎金》云云。」〔註36〕

（14）王梵志詩《沉淪三惡道》：「沉淪三惡道，負特愚癡鬼。」項楚（1991）《校注》說：「特，原作『持』，據甲四改。負特，辜負。《遊仙窟》：『祇可倡伴一生意，何須負特百年身。』《李陵變文》：『負特壯心，乖爲（違）本願。』又『丈夫失制輸狂虜，負特黃（皇）天孤傅（后）土。』」〔註37〕這是剽竊的郭在貽（1988／2002）說。郭在貽先引《李陵變文》二例，再引《遊仙窟》例，項氏僅僅改換順序而已。郭文收錄於《敦煌語言文學論文集》，該《論文集》也收錄了項楚的論文《〈敦煌變文集〉校記散錄》〔註38〕，因此項楚決不可能沒有看到郭文而失檢。

（15）王梵志詩《道人頭兀雷》：「生平未必識，獨養肥沒忽。」項楚（1991）《校注》說：「沒忽，肥胖貌。……敦煌寫卷 P.2717《字寶碎金》：『肥頳顇：音末曷。』即是『肥沒忽』。」〔註39〕這是剽竊的蔣禮鴻（1960／1981）說〔註40〕。

（16）王梵志詩《家中漸漸貧》：「兩家既不合，角眼相蛆妒。」項楚（1991）《校注》說：「角眼，瞪眼怒目。亦作『角目』、『角睛』。《文選·西京賦》：『及其猛毅髬鬚，隅目高眶。』薛綜注：『隅目，角眼視也。』按『角』即斜義。《文選·射雉賦》：『奮勁骹以角槎，瞵悍目以旁睞。』徐爰注：『角，邪也。』『邪』同『斜』。『蛆』通『怚』，亦妒之義。」〔註41〕項氏說「『角』即斜義」，乃是剽竊的張永言（1982／1992）說：「周一良先生在《讀〈唐代俗講考〉》中歸納晉唐漢譯佛典中『角視』、『角瞋眼』、『眼目角睞』諸用例，認爲《酉陽雜俎》『角而轉睞』的『角』應是『斜』的意思。其說甚確。可

〔註35〕項楚《王梵志詩校注》，上海古籍出版社 1991 年版，第 16 頁。
〔註36〕朱鳳玉《王梵志詩研究（下）》，臺灣學生書局 1987 年初版，第 10 頁。
〔註37〕項楚《王梵志詩校注》，上海古籍出版社 1991 年版，第 38～39 頁。
〔註38〕郭在貽《敦煌寫本王梵志詩匯校》，《敦煌語言文學論文集》，浙江古籍出版社 1988 年版，第 319 頁；收入《郭在貽文集》卷 3，中華書局 2002 年版，第 128 頁。據郭氏文末所記，此文完稿於 1987 年 1 月。項楚《〈敦煌變文集〉校記散錄》，《敦煌語言文學論文集》，第 73～104 頁。
〔註39〕項楚《王梵志詩校注》，上海古籍出版社 1991 年版，第 108～109 頁。
〔註40〕蔣禮鴻《敦煌變文字義通釋》，中華書局 1960 年版，第 24 頁；又上海古籍出版社 1981 年版，第 74 頁。
〔註41〕項楚《王梵志詩校注》，上海古籍出版社 1991 年版，第 158～159 頁。

以補充的是這個意義的『角』不僅見於漢譯佛典，也同時見於中土作品。例如《文選·射雉賦》徐爰注云云、《文選·東（西）京賦》薛綜注云云。可見訓『斜』的『角』在東漢末口語裏已經有了。」〔註42〕項氏說「『蛆』通『怚』」，乃是剽竊的郭在貽（1983 / 1987 / 2002）說〔註43〕。

（17）王梵志詩《親家會賓客》：「諸人未下筋，不得在前椅。」項楚（1991）《校注》說：「椅，丁九同，丁三、丁四作『掎』，丁三傍注『倚』，丁五作『据』，丁七、丁十三作『掎』，《詩集》作『倚』。椅，以筋夾物。字本作敧，《俗務要名林》：『敧，以筋（筯）取物也。』《廣韻》：『敧，箸取物也。』字亦作掎，《字寶碎金》：『筋掎夾：音飢。又剞。』」〔註44〕這是剽竊的郭在貽（1983 / 1984 / 2002）說〔註45〕。

項楚的文獻學功夫是第一流的，尤其是很熟悉佛教典籍，我也極爲佩服。但是，他的論著中常常剽襲前人舊說而不注明出處，則是一大病。他的門人張涌泉評論其師說「實事求是、無徵不信的學風……值得一提的是項先生深厚的『小學』功底」〔註46〕，剽襲前人舊說根本就不是什麼實事求是的學風，至於說「小學功底深厚」也有過譽之嫌。項楚於音韻、訓詁，均非其能事。比如上面所舉的「生寧（獰）」與「猙獰」是一聲之轉，項楚就沒有看出來。他解說詞義，大多從文例歸納而得之，未能會心於演繹之法，又未能窮其語源也。《寒山詩》：「論時實蕭爽，在夏亦如秋。」項楚說：「蕭爽，蕭灑、清爽。」〔註47〕項氏說誤，望文生義，他不知道王國維有著名的論文《「蕭霜」、「滌場」說》〔註48〕，「蕭爽」是「蕭爽」、「蕭霜」音轉，清白貌，

〔註42〕張永言《詞義瑣記》，《中國語文》1982 年第 1 期；收入《語文學論集》，語文出版社 1992 年版，第 167～168 頁。

〔註43〕郭在貽《唐代白話詩釋詞》，《中國語文》1983 年第 6 期；郭在貽《王梵志詩校釋拾補》，《中國語文》1987 年第 1 期；並收入《郭在貽文集》卷 3，中華書局 2002 年版，第 97～98、112 頁。

〔註44〕項楚《王梵志詩校注》，上海古籍出版社 1991 年版，第 473～474 頁。

〔註45〕郭在貽《唐代白話詩釋詞》，《中國語文》1983 年第 6 期；郭在貽《〈世說新語〉詞語考釋》，《字詞天地》第 4 輯，1984 年；並收入《郭在貽文集》卷 3，中華書局 2002 年版，第 103～104、23 頁。

〔註46〕張涌泉《入乎其內，出乎其外——項楚師的敦煌學研究》，《社會科學研究》2009 年第 5 期，第 186～187 頁。

〔註47〕項楚《寒山詩注》，中華書局 2000 年版，第 68 頁。下引版本同此。

〔註48〕王國維《「蕭霜」、「滌場」說》，收入《觀堂集林》卷 1，河北教育出版社 2001 年版，第 38～39 頁。

形容天高氣爽。《寒山詩》:「風至攬其中,灰塵亂垺垺。」項氏第 363 頁注云:「垺垺,塵飛揚貌。」其說是也,而不知第 349 頁《寒山詩》「常騎踏雪馬,拂拂紅塵起」之「拂拂」亦「垺垺」音轉,雖僅隔十數頁,就不知其本一聲之轉,未能會通也。

　　　　2018 年 8 月 4 日初稿,10 月 25 日二稿,2019 年 1 月 23 日三稿。

2. 張涌泉學術剽竊嫌疑舉證

　　凡是採用別人的學術觀點而不作引用說明,我都判作是「剽竊」。今就張涌泉整理校注的《敦煌變文》、《俗務要名林》、《字寶》三種著作舉證。張氏其他的論著,如有關《正名要錄》、《開蒙要訓》、《一切經音義》、《時要字樣》、《千字文》、《雜集時要用字》、《雜字抄》等等部分,暫未查檢。

一、《敦煌變文校注》

　　黃征、張涌泉合著的《敦煌變文校注》7 卷(下文省稱作《校注》),中華書局 1997 年出版。據《校注》的《前言》第 8 頁介紹說,《校注》前 4 卷(除《十吉祥》外)是黃征寫的,後 3 卷是張涌泉寫的,即自第 612 頁起是張涌泉所作。

　　2018 年 7 月 23 日,我曾在「敦煌吐魯番微信群」舉證《校注》張涌泉寫的部分 11 條,公開向張涌泉質證他有剽竊嫌疑。郝春文教授公開說,他指令群主把我踢出了「敦吐群」。張氏 7 月 27 日回覆指出,其中有 3 條,一條他早年以《敦煌變文校札》爲題發表在浙江古籍出版社 1988 年出版的《敦煌語言文學論文集》,另一條他以《敦煌變文校讀釋例》爲題發表在《杭州大學學報》1987 年第 1 期,又一條他曾與郭在貽、黃征合作以《「押座文」八種補校》爲題發表在《寧波師院學報》1989 年第 1 期。這三篇確實是我失檢,導致不應有的失誤,我 7 月 27 日晚在「訓詁微信群」公開認錯。張涌泉如拾至寶,於第二天,即 7 月 28 日上午 10 點,在「敦吐群」開除我的情況下,公開揚言我已經表示「認錯,認罪」。我表達的意思很清楚,中學生都能理解,是就舉錯的那 3 條證據公開認錯,不是對舉證張涌泉剽竊嫌疑的行爲公開認錯。張涌泉作爲一個教授,居然不顧語境,斷章取義,這不是理解能力不好,這涉乎人品。

下面按照《校注》的次序，舉證張涌泉作注解有剽竊嫌疑的條目如下：

1.《校注》第 657 頁張涌泉說：「徒疾，『徒』字無義，疑當讀作妒。」按：蔣冀騁（1989）說：「『徒』當作『妒』，音近而誤。」〔註49〕

2.《校注》第 672 頁張涌泉說：「威馳，當作『威儀』，與上句『進止』對偶近義。原校『威馳』為『逶迤』，不確。與，當讀作異。」按：楊雄（1987）說：「『馳』當為『儀』之誤，校『威馳』為『逶迤』欠妥。又，『與』為『異』之誤。」〔註50〕

3.《校注》第 1001 頁張涌泉說：「連，疑當作『遭』。」按：蔣冀騁（1990）說：「『連』當作『遭』，形近而誤。」〔註51〕

4.《校注》第 1022 頁張涌泉說：「府，通『附』。原校作『俯』，未切。」按：蔣冀騁（1990）說：「原校『府』為『俯』，非是。今謂『府』通『附』。」〔註52〕

5.《校注》第 1053 頁張涌泉說：「怒那，盛多濃厚貌。」按：張涌泉怎麼就知道「怒那」有此義。經查，此條出自蔣禮鴻《通釋》，而蔣氏注明了「本條本徐復說」。徐復先生的說法見於《敦煌變文詞語研究》一文〔註53〕。

6.《校注》第 1062 頁張涌泉說：「『若』疑為『苦』字之誤，『感』則當讀作『減』。」按：蔣冀騁（1990）說：「『若』當作『苦』，形近而誤。『感』當作『減』，二字音近，故誤。」〔註54〕「苦」、「若」相譌雖是常談，但在具體文獻中未必就容易看得出，此文王重民、蔣禮鴻、徐震堮諸名家皆失校，所以，不能認為張涌泉說與蔣冀騁暗合。

7.《校注》第 1120 頁張涌泉說：「劉凱鳴謂……殆不確。『敷』為『足』

〔註49〕蔣冀騁《〈敦煌變文集〉校注拾零》，《古漢語研究》1989 年第 1 期，第 88頁。

〔註50〕楊雄《〈佛說阿彌陀經講經文〉補校》，《敦煌學輯刊》1987 年第 1 期，第 71頁。

〔註51〕蔣冀騁〈敦煌變文集〉校注記零》，《古籍整理研究學刊》1990 年第 4 期，第10 頁。據文尾作者的附記，該文初成於 1987 年，曾請南京師範大學錢玄先生看過。

〔註52〕蔣冀騁〈敦煌變文集〉校注記零》，《古籍整理研究學刊》1990 年第 4 期，第10 頁。

〔註53〕徐復《敦煌變文詞語研究》，《中國語文》1961 年第 8 期；收入《徐復語言文字學叢稿》，江蘇古籍出版社 1990 年版，第 232 頁。蔣禮鴻《敦煌變文字義通釋》，上海古籍出版社 1981 年版，第 261 頁。

〔註54〕蔣冀騁〈敦煌變文集〉校注記零》，《古籍整理研究學刊》1990 年第 4 期，第10 頁。

義。」按：「敷」有「足」義是江藍生（1985）說〔註55〕。

8.《校注》第1121頁張涌泉說：「弱事，猶言壞事，『弱』爲差、壞之義。乃可，猶寧可。藉，顧惜、希罕。」按：蔣冀騁（1990）說：「弱事，壞事。乃，寧也。藉，求也，希也。」〔註56〕

以上是「微信群」舉證的8條，今再補充舉證11條如下：

9.《校注》第726頁張涌泉說：「周旋，周全、完備。S.4511《金剛醜女因緣》：『譏謗阿羅漢果業，致令人貌不周旋。』」按：所引《醜女因緣》例，江藍生（1985）說：「『周旋』有『周到、周全』義。」〔註57〕王鍈（1988）說：「『周旋』可表『周全、圓備』義。」〔註58〕「周全」義是江、王的發現，不當不引。

10.《校注》第726頁張涌泉說：「團估，同義連文，估量義。」按：黃武松（1990）說：「團估，同義複詞，『團』義亦估計。」〔註59〕

11.《校注》第792頁張涌泉說：「娉，當讀作並。『比並』同義複詞，並猶比也。」按：郭在貽（1983）說：「娉當讀爲並，『比娉』即『比並』，猶言相比也。」〔註60〕

12.《校注》第951頁張涌泉說：「『疊』同『碟』。起突，凸起之義。《維摩碎金》：『細旋之起突花樣。』」按：項楚（1990／2006）說：「疊，同『楪』、『碟』。起突，器物表面有隱起凸出的花紋。敦煌本《維摩碎金》：『細旋之起突花樣。』」〔註61〕黃武松（1990）亦說：「『疊』通『碟』。」〔註62〕

13.《校注》第954頁張涌泉說：「方便，想方設法之意。」按：周光慶（1981）說：「方便，設法、方法。」〔註63〕

〔註55〕 江藍生《敦煌變文詞語瑣記》，《語言研究》1985年第1期，第168頁。
〔註56〕 蔣冀騁〈敦煌變文集〉校注記零》，《古籍整理研究學刊》1990年第4期，第12頁。
〔註57〕 江藍生《敦煌變文詞語瑣記》，《語言研究》1985年第1期，第168頁。
〔註58〕 王鍈《敦煌變文詞義補箋》，《貴州民族學院學報》1988年第1期，第30頁。
〔註59〕 黃武松《敦煌文獻俗語詞方言義證》，杭州大學1990年碩士學位論文（導師：蔣禮鴻），第38頁。
〔註60〕 郭在貽《敦煌變文校勘拾遺續補》，《杭州大學學報》1983年第3期，第46頁。
〔註61〕 項楚《敦煌變文選注》，巴蜀書社1990年版，第808頁；又中華書局2006年版，第1059頁。
〔註62〕 黃武松《敦煌文獻俗語詞方言義證》，杭州大學1990年碩士學位論文，第25頁。
〔註63〕 周光慶《敦煌變文釋詞》，《中國語文通訊》1981年第2期，第15～16頁。

14.《校注》第 954 頁張涌泉說：「決定，必定之意。」按：王鍈（1988）說：「決定，一定、必定。」王鍈與張氏舉例有二例相同，並指出此義「參見拙文《唐宋筆記語詞釋義》（《語文研究》1986 年第 4 期）、蔣紹愚《〈祖堂集〉詞語試釋》（《中國語文》1985 年第 2 期）。」〔註64〕

15.《校注》第 959 頁張涌泉說：「空，僅、只。」按：王鍈（1988）說：「空，『只、僅』義，已詳拙著《詩詞曲語辭例釋》，現請廣變文之例。」〔註65〕所舉變文例證，正有此條。

16.《校注》第 987 頁張涌泉說：「劉堅校：『愛應爲憂。』按：『愛』爲易、頻義，字不煩改。《王昭君變文》:『陰坡愛長席箕掇，陽谷多生沒咄渾。』『愛』字義同。今語有『愛哭』、『愛生銹』云云，即此『愛』字。」按：黃武松（1990／1991）說：「『愛』字不誤，作『總是、常』講。《維摩碎金》:『常將妙法度眾生，愛把正因教我等。』『常』與『愛』對文義同。《王昭君變文》:『陰坂愛長席箕掇，口谷多生沒咄渾。』『愛』與『多』對文，義皆爲『總、頻、常』。本例『愛』與下文『頻』對文，義同。《現代漢語詞典》『愛』字釋爲：『常常發生某種行爲，容易發生某種變化：愛哭，鐵愛生銹。』可見『愛』之『常』義一直沿用至今。」〔註66〕

17.《校注》第 1132 頁張涌泉說：「斷送，蔣禮鴻釋爲『送給人錢財』，句意謂燒紙錢給鬼神，以求免病；項楚則謂句意是說燒紙錢爲死者送葬，『斷送』是送葬、埋葬之義。按：蔣釋近是。」按：最早判斷蔣是項非的是盧善煥（1984）〔註67〕。

18.《校注》第 1156 頁張涌泉說：「『䮘』本指『馬轉臥土中』（《玉篇》）。文中是指狗在草上打滾。三國時有李純者，醉臥野田草中，獵者火燒野草，純犬『乃入水中，宛轉欲濕其體，來向純臥處四邊草上，周遍臥處令草濕。火至濕草邊，遂即滅矣，純得免難，犬燃死』。見敦煌本句道興《搜神記》。」按：蔣禮鴻（1962／1981）說：「《玉篇》:『䮘，馬轉臥土中。』古代相傳，說有犬主人醉臥荒野，火燒野草，犬乃跳入水中，轉臥草上使濕，主人得不

〔註64〕 王鍈《敦煌變文詞義補箋》，《貴州民族學院學報》1988 年第 1 期，第 27 頁。
〔註65〕 王鍈《敦煌變文詞義補箋》，《貴州民族學院學報》1988 年第 1 期，第 27 頁。
〔註66〕 黃武松《敦煌文獻俗語詞方言義證》，杭州大學 1990 年碩士學位論文，第 5～6 頁；後刊於《貴州師範大學學報》1991 年第 1 期，第 86 頁。
〔註67〕 盧善煥《〈敦煌變文字義析疑〉讀後》，《敦煌學輯刊》1984 年第 2 期，第 74 頁。

燒死。見本書《搜神記》及《太平廣記》卷 437 引《紀聞》、《搜神後記》等，『驪草』指的就是這回事。」〔註68〕

19.《校注》第 1210 頁張涌泉說：「原校：甲卷『脚趔趄』作『脚曆刺』。按《廣韻》：『趔趄，行貌。』《篇海類編‧人事類》：『趔趄，行貌。』『趔趄』、『趔趄』、『趔趄』、『曆刺』都是同一詞的異寫。」按：蔣禮鴻（1981）說：「趔趄，甲卷作『曆刺』。按《廣韻》：『趔，趔趄，行貌。趄，趔趄，行貌。』『趔趄』、『趔趄』、『曆刺』、『歷剌』都是一個詞的異寫。」〔註69〕

上面列舉的 19 條，可以分作二種情況看待：

（1）其中 7 條有剽竊嫌疑，但是否確實是剽竊，還不好坐定。《校注》的《凡例》第 2 頁指出「稱引各家校說截止期為 1989 年底」。第 3、4、6、8 四條，蔣冀騁文章發表於《古籍整理研究學刊》1990 年第 4 期，雖在截止期限外，但《古籍整理研究學刊》是古籍整理領域的唯一期刊，是從事古籍整理的學者都會閱讀的期刊，張涌泉本人也曾在該刊 1992 年第 1 期、1994 年第 1 期發表過二篇論文〔註70〕，可見該刊張涌泉是重視並且會閱讀的。《校注》1992 年初定稿〔註71〕，1997 年出版，在漫長的過程中，也不能排除他定稿時補寫進去的可能。第 10、12、16 三條，張涌泉在杭州大學工作，黃武松的論文是蔣禮鴻指導的杭州大學 1990 年碩士論文，其畢業論文張涌泉不容不知。

（2）另外 12 條則是確鑿無疑的剽竊。第 1 條，蔣冀騁文章發表於《古漢語研究》1989 年第 1 期，在《校注》參考文獻截止期限之內，該刊是古漢語領域的唯一期刊，張涌泉 1990 年前在該刊 1988 年第 1 期、1989 年第 3 期發表過二篇論文〔註72〕，可見該刊張涌泉也是重視並且會閱讀的，但這條他

〔註68〕蔣禮鴻《〈敦煌變文集〉校記錄略》，《杭州大學學報》1962 年第 1 期，第 144 頁；又收入《敦煌變文字義通釋》附錄二，上海古籍出版社 1981 年版，第 419 頁。引文據前者。引者按：蔣說的「本書《搜神記》」，即指《敦煌變文集》所收的句道興《搜神記》。
〔註69〕蔣禮鴻《敦煌變文字義通釋》附錄一《待質錄》，上海古籍出版社 1981 年版，第 404～405 頁。
〔註70〕張涌泉《「省恐」試釋》，《古籍整理研究學刊》1992 年第 1 期，第 11～12 頁。張涌泉《「弓」字探源》，《古籍整理研究學刊》1994 年第 1 期，第 17～18 頁，又轉 21 頁。
〔註71〕張涌泉《走近敦煌》，《社會科學戰線》2016 年第 3 期，第 123 頁。
〔註72〕郭在貽、張涌泉、黃征《敦煌變文整理校勘中的幾個問題》，《古漢語研究》1988 年第 1 期（創刊號），第 71～79 頁。張涌泉《俗語詞研究與古籍校勘》，《古漢語研究》1989 年第 3 期，第 36～41 頁。

沒有作回應，應該是默認屬於剽竊了。第 2 條「威馳」，張涌泉指出也見於他的《敦煌變文校札》，收錄於《敦煌語言文學論文集》，該集雖出版於 1988 年，但論文 1986 年已經交稿，與楊雄發表於 1987 年的論文是暗合，其說似可取信，但更可能是他看校樣時補寫進去的。《佛說阿彌陀經講經文（一）》：「進上（止）終諸過馬勝，威馳行步與常倫。」王重民等原校「威馳」爲「逶迤」不誤，S.1441V《雲謠集》「羅衣掩袂，行步逶迤」，《佛本行集經》卷 16「或復有於太子之前，示現逶迤巧妙行步」，此二例正以「逶迤」修飾「行步」，是爲確證。學者正確說法暗合的可能性較大，張涌泉與楊雄居然在錯誤的說法上也高度重合，其爲剽竊，灼然可知。《佛說阿彌陀經講經文（一）》《校注》第 671 頁張涌泉注②、⑥、⑨都引過楊雄（1987）的說法（下文還有幾條，沒有必要再舉），正出自楊雄的同一篇文章，可知張君是曉得楊雄此文的，其辯解不足以服人。第 5 條「怒那」，張涌泉回覆說：「《校注》第 167 頁作『弩那』。『弩那』涉及文字校勘的問題，所以注中詳引前人校說，同時也已經指出與後面《目連變文》的『怒那』同，並作了詳細解釋，後面再出現『怒那』條，爲避免重複，加之『怒那』一詞《漢語大詞典》也已有準確釋義，所以便作簡要釋義。《校注》全書體例如此，不知蕭君以爲然否？」我以爲其說大不然，是強詞生辯。首先《校注》第 167 頁「弩那」條確實已經引用徐復說，但第 167 頁是黃征寫的，黃氏引作徐復說，張氏不引，治學態度不同，高下立判。說到《校注》的「體例」，該書的《凡例》中雖然沒有說到爲避免重複如何處理，但通觀張涌泉所作《校注》，他有參見某頁某注的做法，如第 783 頁注（176）說「參看 662 頁校注（246）」，又如第 805 頁注（489）說「見 306 頁注（18）」，這種情況很多，不煩再舉。張涌泉在這裏卻偏偏不說「參見第 167 頁注（93）」，非竊而何？《漢語大詞典》雖收「怒那」，但引用了蔣禮鴻《通釋》：「怒那，盛多濃厚貌。」而張涌泉偏偏把「蔣禮鴻《通釋》」云云刪去，隱沒師名，《校注》的讀者如果不知道參看第 167 頁（事實上全書 1000 多頁，如果不是通讀全書，又有幾人在讀第 1053 頁注解時會知道要去參看第 167 頁？張涌泉在「微信群」的第一次回覆中，也沒有說到第 167 頁的「弩那」條，是後來補充舉證的，可見他本人也要查找後才能知道），便易誤以爲是張涌泉的創見。「怒那」一詞任何舊字書、韻書都不載，除了在變文中出現二次（字形不同），目前所見各種文獻也無考〔註73〕，是徐復先生通過「因聲求義」

〔註73〕 S.2614、P.2319 都作「怒那」，羽 71 號寫本即不解其義，誤改作「那箇」。

的方法考證出來的，蔣禮鴻先生作引用。張涌泉是否有「不拘字形、因聲求義」的能力，姑且不論，但蔣先生的書，他必定是讀過的，連自己師輩的書都抄，其心可誅〔註74〕。況且，即使是《漢語大詞典》、《漢語大字典》的說法，也當作引用處理，《大詞典》、《大字典》也不能隨便剿襲，這是學術常識。《大字典》、《大詞典》是做學術的津梁，而不是行剽竊的盾牌。說《大詞典》可以直接抄錄，我則期期以爲不可。郝春文教授 2018 年 7 月 28 日在「敦煌群」爲張氏辯護說：「對張涌泉教授的指摘，充其量屬於『失撿』。像變文這類寫本研究，由於研究史積累豐厚，幾乎任何人都難免失檢，包括批評者。『剽竊』是主觀故意，『失檢』屬於翻撿不周，二者是有原則區別的。」郝春文說「任何人都難免失檢，『剽竊』是主觀故意，『失檢』屬於翻撿不周」是很正確的，我當然同意。《校注》那條注解下面有許多空餘，完全可以容納下「參見蔣禮鴻《通釋》」或「參見第 167 頁」幾個字，加上這行字也完全不影響版式。張涌泉不提「蔣禮鴻《通釋》」，正是主觀故意的「剽竊」，不是屬於「失撿」。「失撿」是每個人都可能會有的，但就敦煌文獻而言，王重民等、徐震堮、徐復、蔣禮鴻、郭在貽等名家的意見就不該「失撿」，就像治甲骨文者，不當「失撿」郭沫若、董作賓、羅振玉、王國維的說法。再說《漢語大詞典》「怒那」條收錄於第 7 卷第 465 頁，此卷出版於 1991 年，在《校注》參考文獻截止期限之外，張涌泉又用作遁詞。對己不利的，就說 1989 年底是截止期限；對己有利的，就不管 1989 年底這個截止期限了。「稱引各家校說截止期爲 1989 年底」的《校注》，能夠預測出版於 1991 年的《漢語大詞典》「已有準確釋義，所以便作簡要釋義」嗎？這是典型的採用雙重標準，怎能服人？第 7 條「敷」字，劉凱鳴說錯了，張涌泉就引其說；江藍生說對了，張涌泉就竊作己說。《校注》附錄所列參考文獻第 1224 頁有江藍生此文，不存在失檢的可能。張涌泉跟我辯解說：「『敷』有『足』義，大型辭書都已明確載列，沒有必要非得標出江藍生的意見。」其說並無道理，因爲《漢語大詞典》雖然收列「敷」的「饒足」義，但收錄於第 5 卷第 503 頁，此卷出版於 1990 年，在《校注》參考文獻截止期限之外，且所舉最早用例是明代的《三國演義》（《漢語大字典》同），唐代的這個用法是江藍生發現的，完全有必要標出是江藍生

〔註74〕柴劍虹說我用「其心可誅」四字是扣帽子，我跟他說「誅」是責備義，柴氏偏說不作責備解。柴氏雖說是個好編輯，但文字音韻訓詁，當非其能事。他倒是給我扣了頂「扣帽子」的帽子，他的話暴露了他的學識根柢，我不會跟他計較。

的意見。如果說《大字典》、《大詞典》收列某義項，有學者依據《大詞典》
解決了某文獻的疑難詞語，後人於此就不須要引用其說，這是什麼邏輯？又
是什麼學風？所以這條也是主觀故意的剽竊。第 9、11、13、14、15、17 六條，
《校注》附錄所列參考文獻第 1222 頁有周光慶文，第 1223 頁有郭在貽文，
第 1224 頁有江藍生、盧善煥文，第 1227 頁有王鍈文，蔣禮鴻的書張涌泉無
疑是看過的，則蔣禮鴻、郭在貽、江藍生、王鍈、盧善煥、周光慶的說法，
張涌泉都曉得，不存在失檢的可能。張涌泉是郭在貽的碩士（1984～1986），
公然剽竊自己導師的說法，那麼還有什麼人的觀點是不敢剽竊的？附帶指出
第 9 條，閻崇璩（1983）早指出：「『旋』疑爲『全』之訛。『周全』指面貌之
端正。」〔註75〕第 13 條，閻崇璩（1983）也指出：「方便，想法設法（動詞）。」
〔註76〕第 14 條，太田辰夫早指出：「決定，必定。」〔註77〕不能確定張涌泉
當年是否讀過閻崇璩、太田辰夫的書，故從寬大，不指斥他剽竊二氏說。又
第 13 條「方便」，蔣禮鴻解作「採用不正當的手段，虛妄」〔註78〕，周光慶
訂正作「設法、方法」，蔣禮鴻撰文表示贊成周說〔註79〕。蔣先生可謂從善如
流，而張涌泉卻攘人之善，眞是判若雲泥。第 18 條，《校注》附錄所列參考
文獻第 1221 頁有蔣禮鴻文，並指出「又作爲《敦煌變文字義通釋》附錄」，
由此可見張涌泉對蔣禮鴻的文章很是熟悉，《校注》第 1200 頁注（26）所引
蔣禮鴻說即與此出自同一篇文字，張涌泉指出「蔣校未確」。天吶！這是怎樣
的居心啊，同一篇文章，老師說對了，就竊作己說；自己認爲老師說錯了，
就引師說作爲批駁的對象！吾生平未見生人有如此惡行者（老師說錯了當然
也可以駁正，但不能說錯了就駁，正確的卻不作引用）。第 19 條，蔣禮鴻說
出自《通釋》，張涌泉當然也看到過。我說張涌泉剽竊蔣禮鴻、徐復「怒那」

〔註75〕閻崇璩《敦煌變文詞語匯釋》，大東文化大學中國語大辭典編纂室資料單刊
　　　　 VI，1983 年版，第 425 頁。
〔註76〕閻崇璩《敦煌變文詞語匯釋》，第 101 頁。
〔註77〕太田辰夫《敦煌變文集口語語匯索引》，轉引自蔣紹愚《〈祖堂集〉詞語試釋》，
　　　　 收入《慶祝呂叔湘先生從事語言教學與研究六十年論文集》，語文出版社 1985
　　　　 年版，第 147 頁。
〔註78〕蔣禮鴻《敦煌變文字義通釋》，中華書局上海編輯所 1960 年版，第 81 頁；又
　　　　 上海古籍出版社 1981 年版，第 221 頁。
〔註79〕蔣禮鴻《關於〈敦煌變文字義通釋〉》，《杭州大學學報》1984 年第 2 期，第
　　　　 59 頁。但《通釋》（第 4 次增訂版）第 305 頁並未修改，蔣禮鴻在 1983 年寫
　　　　 的《五版後記》中說是「因爲資料遺失」，而蔣先生在 1984 年的文章中全文
　　　　 引用了周光慶說，蓋其資料失而復得也。

那條，他百般辯解，還有無識者拉偏架，眞辯人也。然則有三條，他確鑿地剽竊了自己老師蔣禮鴻、郭在貽的說法（雖行文略有差異，但不影響定性），又欲何辯乎？張儀、蘇秦反覆之術，隨何、陸賈口辯之才，其亦當結舌杜口乎！

二、《俗務要名林》

（一）

張涌泉（2008）整理《俗務要名林》〔註80〕，剽竊張金泉、許建平（1996）《敦煌音義匯考》說（下文省稱作《匯考》）。第 3617 頁《俗務要名林》的《題解》中列有《匯考》（杭州大學出版社 1996 年版）。張涌泉凡遇《匯考》誤說處，必指斥爲「不確」。張涌泉襲用《匯考》訛俗字說甚多，而不注明，本文不一一舉證。《匯考》涉及《俗務要名林》S.617、P.2609、P.5001、P.5579 四個寫卷，我只核查了 S.617，其餘三卷未暇顧及。

20.《俗務要名林》：「畝，莫補反。」第 3649 頁張涌泉說：「『畝』字《廣韻》音莫厚切，厚韻流攝；底卷音莫補反，《廣韻》在姥韻，遇攝；唐五代西北方音流攝、遇攝音近同用。」按：《匯考》第 661 頁說：「『畝』注莫補反，《廣韻》在姥韻；『畝』在厚韻，音莫厚切。流攝與遇攝唇音讀同是唐西北方音的特點之一。」張涌泉只是調整了語序。

21.《俗務要名林》：「帋，上音私。」第 3659 頁張涌泉說：「『帋』字《廣韻·支韻》音即移切，精紐止攝，『私』字在脂韻，息夷切，心紐止攝，二字韻、紐皆近。」按：其說本於《匯考》第 667 頁。

22.《俗務要名林》：「箋香，沉香之浮者，上則口口（反）。」第 3660 頁張涌泉說：「箋香，同『棧香』。《廣韻》則前切：『棧，香木。』《梁書·海南諸夷傳》：『沉木者，土人斫斷之，積以歲年，朽爛而心節獨在，置水中則沉，故名曰沉香。次不沉不浮者曰棧香也。』『箋』爲『棧』字異寫。」按：《匯考》第 668 頁說：「《廣韻》『箋』作『棧』，注『香木』，則前反。」張涌泉所補舉的《梁書》例，大概是抄錄自《漢語大字典》或《漢語大詞典》「棧」字條〔註81〕。桂馥《札樸》卷 5：「《廣韻》：『棧，香木。』《集韻》作『棧』。案

〔註80〕《俗務要名林》，張涌泉主編《敦煌經部文獻合集》第 7 冊，中華書局 2008 年版。

〔註81〕《漢語大字典》（縮印本），湖北辭書出版社、四川辭書出版社 1992 年版，第

《梁書》云云。」〔註 82〕亦引《梁書》以證「檨」字，不知張涌泉知否，如知之，則是直接剿襲《札樸》耳。附帶說一下，《梁書》例，《南史》作「次浮者棧香」；《南方草木狀》卷中亦作「棧香」。《法苑珠林》卷 36 引《南州異物志》：「木香出日南，欲取，當先斫壞樹，著地積久，外白朽爛。其心中堅者，置水則沈，〔是謂沈〕香〔註 83〕。其次在心白之間，不甚堅精，置之水中不沈不浮，與水平者，名曰籛香。其最小麄白者，名曰槧香。」宋、元本「籛」作「棧」，《北户錄》卷 3 引同。《集韻》：「檨，香木名，或作馢。」趙叔向《肯綮錄·俚俗字義》：「香有馢香（音戔）。」「籛」謂與水平者之香木，蓋讀爲翦，《爾雅》：「翦，齊也。」製其專字，則或從木作「棧」、「檨」，或從香作「馢」，移其偏旁則作「籛」。

23.《俗務要名林》：「鬱金黰。」第 3661 頁張涌泉說：「《廣韻》：『黰，染色黑也。』S.6204 號《字寶》『色黰暈』，皆可爲校字之證。」按：其說本於《匯考》第 669 頁。

24.《俗務要名林》：「騸駷：上丁革反，下音麥。」第 3679 頁張涌泉說：「《集韻》：『騸，騸騣，騾屬。』又『騣，騸騣，騾屬。』」按：其說略本《匯考》第 678 頁：「騸駷，《廣韻》作『馲駋』，云『驢父牛母』。《集韻》作『騸騣』。」

25.《俗務要名林》：「澗，呼限反。」第 3706 頁張涌泉說：「『澗』字《廣韻》音古晏切，讀見紐，底卷音呼限反，讀曉紐，二者紐異。」按：其說本於《匯考》第 691 頁。

（二）

張涌泉（2008）整理《俗務要名林》，剽竊陳璟慧（1997）《敦煌寫本〈俗務要名林〉研究》、姚永銘（2005）《〈俗務要名林〉補校》說（下文分別省稱作陳璟慧《研究》、姚永銘《補校》）。張涌泉第 3617 頁作的《俗務要名林》的《題解》中列有陳璟慧杭州大學 1997 年碩士論文《敦煌寫本〈俗務要名林〉研究》。張、姚同在浙江大學工作，姚文發表於《浙江大學漢語史研究中心簡報》2005 年第 3 期，張氏不容不知；且《俗務要名林》的中外校理文獻僅有數種，也不可能是失檢。

550 頁。《漢語大詞典》（縮印本），漢語大詞典出版社 1997 年版，第 2719 頁。

〔註 82〕桂馥《札樸》卷 5，中華書局 1992 年版，第 197 頁。

〔註 83〕「是謂沈」3 字據《北户錄》卷 3 引補。

26.《俗務要名林》:「□,丁感反。」第 3645 頁張涌泉說:「據『丁感反』的讀音,所缺標目字應爲『㼚』字。『㼚』爲缶、罌一類瓦器,與下文『罐』同類。『㼚』字《廣韻》音都感切,正與『丁感反』同音。」按:姚永銘《補校》第 47 頁說:「字頭當是『㼚』字⋯⋯王仁昫《刊謬補缺切韻》(P.2011):『㼚,罌。』音都感反。《廣韻》:『㼚,瓦屬。』音都感切。《玉篇》:『㼚,丁感切,瓦屬。』『丁感反(切)』與『都感反(切)』音同,且『㼚』與『罐』意義相屬。」

27.《俗務要名林》:「簸箕:上□(補)□□(反),卜(下)居□□(反)。」第 3645 頁張涌泉說:「注文『補』字,慶谷校作『精(?)』,陳校作『蒲』,皆不確。」按:姚永銘《補校》第 48 頁說:「『□』似爲『補』字之殘,『卜』字當是『下』字。『居』爲『箕』之反切上字,據文義,當作『上補□反,下居□反』。」張涌泉引錄別人的錯誤意見,駁云「皆不確」;而姚氏的正確意見,則徑竊作己說。

28.《俗務要名林》:「抓欏:上側卯反,下音離。」第 3645 頁張涌泉說:「抓欏,同『笊籬』。《廣韻》:『笊,笊籬。』」按:姚永銘《補校》第 48 頁說:「『抓』疑『杁』字之俗訛。『杁欏』即『笊籬』。《廣韻》:『笊,笊籬。』慶谷氏錄作『杁欏』,以爲同『笊籬』,甚是。」

29.《俗務要名林》:「秧,〔於〕良反,亦於丙反。」第 3651 頁張涌泉說:「『丙』應爲『兩』字之訛,『秧』字《廣韻》音於良切,又音於兩切,讀音正合。」按:其說本於陳璟慧《研究》第 53 頁、姚永銘《補校》第 53 頁。

30.《俗務要名林》:「剙,剙桑也。」第 3654 頁張涌泉說:「S.2071《箋注本切韻》:『剙,剙桑。』《集韻》:『剙,刀治桑也。』《鉅宋廣韻》『剙桑』訛作『初桑』,《匯考》及《郝錄》從之,非是。」按:其說本於陳璟慧《研究》第 54 頁、姚永銘《補校》第 57 頁。

(三)

張涌泉(2008)整理《俗務要名林》,有 4 條與張小豔(2008)《敦煌寫本〈俗務要名林〉字詞箋釋(一)》說相同(下文省稱作張小豔《箋釋》)〔註84〕,必有一人是剿襲者,張小豔是張涌泉指導的博士,張涌泉的嫌疑更大。觀張

〔註84〕 張小豔《敦煌寫本〈俗務要名林〉字詞箋釋(一)》,《語言研究集刊》第 5 輯,上海辭書出版社 2008 年版,第 300～310 頁;又發佈於復旦古文字網 2008 年 2 月 26 日。

小黠此文，別人未正式發表的意見，如嚴宇樂、姚永銘、梁春勝的說法或補充的例證，她都作引用，則自己導師的意見，斷不會用其說而沒其名。

31.《俗務要名林》：「界，鋸木。」第 3648 頁張涌泉說：「用作鋸木的『界』當是『解』的記音字。」按：張小黠《箋釋》第 304 頁說：「『界』本身並沒有「鋸木」義，其本字當是『解』。」

32.《俗務要名林》：「剜，斗削也。」第 3648 頁張涌泉說：「注文『斗』，慶谷校作『刻』，不確。『斗削』同『陡削』。玄應《音義》卷 22：「若剜：謂斗削曰剜，挑中心也。』亦用『斗削』一詞。《王一·寒韻》：『剜，一丸反。徒（陡）削。陡音當苟反。』則作『陡削』。」按：張小黠《箋釋》第 304～305 頁說：「姚文謂：『慶谷氏以為斗當作刻，疑是。』竊以為，『斗』在寫本中用作『陡削』的『陡』。玄應《一切經音義》卷 48『若剜』條注云：『斗削曰剜，挑中心也。』是其切證。P.2011《刊謬補缺切韻·寒韻》：『剜，一丸反。徒（陡）削。陡音當苟反。』」

33.《俗務要名林》：「鑭，作素曲刀刀。」第 3649 頁張涌泉說：「『鑭』當是『剾』的換旁俗字（『剾』《說文》作『劇』）。《四部叢刊》本《龍龕》：『剾，剖剾，曲刀也。』可參。」按：張小黠《箋釋》第 305～306 頁說：「竊疑『鑭』乃『剾』的換旁俗字。《集韻》：『剾，剖剾，曲刀也。』而『剾』本作『劇』，《說文》：『劀，剖劇，曲刀也。』」

34.《俗務要名林》：「烏教。」第 3665 頁張涌泉說：「《廣韻》：『梍，榅梍，果似櫨也。』『烏教』、『榅梍』疑即一物。」按：張小黠《箋釋》說：「（烏勃）因類屬果木，故字多寫從木作『榅梍』。《廣韻》：『榅，榅梍，果似櫨也。』」〔註85〕附帶說一下，《慧琳音義》卷 73：「生櫨：檷櫨也，似烏勃形，大如椀，味澀酢，不可多噉。」S.6208《雜集時要用字·果子部》「榅梍」，S.617《俗務要名林》作「烏教」。此「烏勃」即「榅梍」確證，皆似櫨之果木名。

三、《字寶》

（一）

《字寶》一名《碎金》。張涌泉（2008）整理《字寶》〔註86〕，剽竊朱鳳

〔註85〕張小黠《敦煌寫本〈俗務要名林〉字詞箋釋（一）》，《語言研究集刊》第 5 輯發表時無此條，但 2008 年 2 月 26 日發佈於復旦古文字網時則有。

〔註86〕《字寶》，張涌泉主編《敦煌經部文獻合集》第 7 冊，中華書局 2008 年版。

玉（1997）《敦煌寫本〈碎金〉研究》說（下文省稱作朱鳳玉《研究》）。張涌泉在第 3722 頁《字寶》的《題解》中稱「朱鳳玉著《敦煌寫本〈碎金〉研究》（臺北文津出版有限公司 1997 年版，以下簡稱《研究》）則集其大成」云云，不存在失檢的可能。張涌泉於異文校語沿襲朱說者甚多，本文皆不舉證，以免煩雜。

35.《字寶》「獼猥（音厤遐）」條，第 3740 頁張涌泉說「『獼』字其他字書不載，古書與此二字同音的有『顧顕』，又作『歷慁』，義爲『難語』或『難制』（《集韻》），或即同一連綿詞的不同記錄形式。」按：其說本於朱鳳玉《研究》第 215 頁。附帶說一下，張涌泉徒能剿襲，朱鳳玉未提及的，他就不能考證。至少還能系連「顛顕」，雙聲音轉爲「傾顕」、「傲歐」、「傾顎」，作名詞則寫作「蝦蟆」、「蝦蟵」。

36.《字寶》「手攩擒」條，別卷作「人嚷擒」，第 3741 頁張涌泉說「擒」是「掇」俗字。按：朱鳳玉《研究》第 216 頁說：「『攩掇』有慫恿、催促的意思，『嚷擒』當是取音借字。」朱氏已指明「擒」是「掇」記音借字。

37.《字寶》「人婜孅」條，第 3741 頁張涌泉說「婜」是「嬰」俗省，引敦煌寫本《女人百歲篇》「婜孅」爲證。按：其說本於朱鳳玉《研究》第 216 頁。附帶說一下，張涌泉徒能剿襲，朱鳳玉未提及的，他就不能考證。「婜孅」也作「嬰嫐」、「嬰婜」、「懨漸」、「厭漸」、「厭煎」等形〔註 87〕。

38.《字寶》「面麼攞」條，別卷作「面磨攞」，第 3753 頁張涌泉說：「『麼攞』、『磨攞』爲疊韻連綿詞，通常寫作『懡㦬』或『礳䃅』。」按：其說本於朱鳳玉《研究》第 239 頁及所引潘重規說。

39.《字寶》「人紕欸」條，第 3757 頁張涌泉說「紕欸」是「焷紕」俗字。按：其說本於朱鳳玉《研究》第 246 頁〔註 88〕、張金泉等《匯考》第 569 頁。

40.《字寶》「火炶爇（上點）」條，第 3763 頁張涌泉說：「『炶』殆即點燈之『點』的古字，後起俗字作『点』。」按：其說本於朱鳳玉《研究》第 254 頁所引潘重規說：「『炶』似『點』之省文，今俗字作『点』。」惟易「省文」作「古字」而不同耳。

〔註 87〕參見蕭旭《敦煌寫卷〈碎金〉補箋》，收入《群書校補》，廣陵書社 2011 年版，第 1318 頁。

〔註 88〕朱鳳玉說亦見朱氏《論敦煌本〈碎金〉與唐五代詞彙》，收入《潘石禪先生九秩華誕敦煌學特刊》，臺北文津出版社 1996 年版，第 574 頁。

41.《字寶》「人濫渝」條，別卷作「人渝濫」。第 3771 頁張涌泉說：「『濫渝』或『渝濫』蓋近義連文，渝亦濫也。《舊唐書・睿宗本紀》：『先是，中宗時官爵渝濫。』」按：朱鳳玉《研究》第 269 頁說：「『渝』、『濫』同義。《舊唐書・睿宗紀》：『比者贓賄不息，渝濫公行。』」《舊唐書・睿宗紀》「渝濫」凡二見，張氏改引作另一例而已。

42.《字寶》「花蕍（莫卜反）」條，第 3788 頁張涌泉說：「『蕍』字其他字書不載，似與『樸』為一字之異。白居易《山石榴寄元九》：『杜鵑啼時花撲撲。』『花撲撲』即『花蕍蕍』的記音字。」按：朱鳳玉《研究》第 301 頁引白詩以證，已溝通了「花撲撲」即「花蕍蕍」。

43.《字寶》「人落䕩」條，第 3795 頁張涌泉說：「『落䕩』疊韻連綿詞，通常作『落拓』或『落托（託）』。」按：朱鳳玉《研究》第 312 頁說：「『落拓』亦作『落托』。『落䕩』為『落拓』之取音假借。」

（二）

張涌泉（2008）整理《字寶》，剽竊張金泉、許建平（1996）《敦煌音義匯考》說。第 3722 頁《字寶》的《題解》中列有《匯考》。《匯考》的部分說法又見張金泉（2004）《〈字寶〉考》〔註 89〕，《〈字寶〉考》一文收入張涌泉等主編《浙江與敦煌學——常書鴻先生誕辰一百週年紀念文集》〔註 90〕，張涌泉當然曉得張金泉此文。張涌泉於異文校語沿襲《匯考》說者甚多，本文一般不舉證，以免煩雜。

44.《字寶》「人霰寒」條，第 3743 頁張涌泉說「霰」是「酸」俗別字，引 S.1477《祭驢文》「酸寒」為證。按：其說同《匯考》第 563 頁。

45.《字寶》「稴雀兒」條，第 3743 頁張涌泉說「稴」是「鷜」俗字。按：其說同《匯考》第 563 頁。

46.《字寶》「水畎瀲（音豁）」條，第 3752 頁張涌泉說：「『瀲』為入聲字，而此條在上聲字下，『畎』字《廣韻》音姑泫切，為上聲銑韻字，各本或脫『畎』字音注。」按：其說同《匯考》第 567 頁。

47.《字寶》「人直頟」條，第 3760 頁張涌泉說：「丙一卷『頟』作『額』。『頟』、『額』字書皆不載，『頟』當是『頟』字之訛，『頟』當又是『觀』

〔註 89〕張金泉《敦煌遺書〈字寶〉與唐口語詞》，《古漢語研究》1997 年第 4 期。
〔註 90〕張金泉《〈字寶〉考》，收入張涌泉等主編《浙江與敦煌學——常書鴻先生誕辰一百週年紀念文集》，浙江古籍出版社 2004 年版。

的換旁俗字。『靚』字《說文》作『䀩』。《廣韻》：『靚，視不明也，一曰直視。』」按：《匯考》第 571 頁說：「『頿』當作『靚』。故宮本《王韻》作『靚』，見降韻。《說文》作『䀩』，云：『視不明也，一曰直視。』」說又見《〈字寶〉考》第 563 頁：「諸本『靚』作『頿』，不可解。《切韻》：『靚，直視貌。目不明。』『頿』是『靚』之誤。」張涌泉雖作補校，又更換書證，文字處理也略有不同，但以「靚」作正字，仍是剽竊。

48.《字寶》「眒眼（音賣）」條，第 3782 頁張涌泉說：「《廣韻·怪韻》（『賣』字在卦韻，怪、卦二韻同用）：『眒，眒眼，久視。』」按：《匯考》第 571 頁說：「《切韻》：『眒，眒眼，久視。』『賣』《廣韻》在卦韻，『眒』在怪韻，二韻同用。」張金泉《唐口語詞》第 57 頁說同。張涌泉不諳音學，怪、卦二韻不同，只是方音通用而已。

49.《字寶》第 3788 頁「人箚剳」條，張涌泉引《廣韻》「𥬠，𥬠𥬠，忽（愛）觸人也」、P.3155《雜抄》「箚窒之事」，跟「箚剳」系連。按：其說本於《匯考》第 580 頁、朱鳳玉《研究》第 302 頁。附帶說一下，張涌泉徒能剿襲，張金泉、朱鳳玉未提及的，他就不能考證。至少還能系連「誻譗」、「箚室」、「箚嚵」、「剳室」、「座沓」等形〔註91〕。

50.《字寶》「巧劼」條，第 3792 頁張涌泉說：「『劼』乃『扐』字俗訛……《廣韻》：『扐，《說文》：「巧扐。」』」按：《匯考》第 581 頁說：「『劼』是『扐』之誤，《說文》云：『扐，巧扐也。』」張金泉《〈字寶〉考》第 563 頁說同。張涌泉改從《廣韻》轉引《說文》，欲磨滅其剿竊之跡，甚是拙劣。

51.《字寶》「奱奰」條，第 37 頁張涌泉說：「『奱』字底卷及甲卷作『奱』，丙一卷作『奱』；『奰』字底卷及丙一卷作『奰』，甲卷作『奰』；分別爲『奱』、『奰』的俗寫。《廣韻》：『奰，奱奰，多節目也。』」按：《匯考》第 583 頁說：「奱奰，當作『奱奰』。《說文》：『奰，頭傾也。』無『奱』，但可類推。S.2071《切韻》：『奰，奱奰，多節目。』」張涌泉只是把書證《切韻》改作《廣韻》而已。附帶說一下，《廣韻》：「奱，奱奰，多節目也。」字亦作「奱」。《匯考》未能考出「奱」的正字，說「可類推」；張涌泉亦不能考出「奱」的正字，只是把書證《切韻》改作了《廣韻》，就完成了剿竊任務，其學如此耳。《廣韻》「奱」也是個俗字，《說文》正字作「奱」。《集韻》：「奰，

<hr>

〔註91〕參見蕭旭《敦煌變文校補（二）》，收入《群書校補（續）》，花木蘭文化出版社 2014 年版，第 1391～1392 頁。

叏叀，多節目。」字正作「叏叀」。蔣斧印本《唐韻殘卷》：「叏，叏叀（叀）。《說文》從圭，𡗜亦通。」《集韻》：「叏，叏叀，頭衰態，一曰多節目也。或作奘。」都明確指出「𡗜（奘）」即《說文》從圭的「叏」字。P.2011 王仁昫《刊謬補缺切韻》：「叏，口（頭）邪。」字亦作正體「叏」。「叏叀」音轉作「擊戾」、「契戾」、「契綟」、「𢶏戾」、「隔戾」、「萬戾」，倒言則作「戾契」〔註92〕，此又非張涌泉所能知矣。

<h2 style="text-align:center">（三）</h2>

張涌泉（2008）整理《字寶》，剽竊張金泉（1997）《敦煌遺書〈字寶〉與唐口語詞》（下文省稱作張金泉《唐口語詞》）〔註93〕。

52.《字寶》「相㾿倚（烏皆反），又挨」條，第 3734 頁張涌泉說「㾿」疑「偃」俗訛，「偃」蓋「挨（捱）」記音字。按：其說本於張金泉《唐口語詞》第 56 頁。

53.《字寶》「物𧺆剝（音披）」條，第 3739 頁張涌泉說：「『𧺆』借用作『剧』。慧琳《音義》卷 60：『剧剝：上音披，俗字，手執利刀剝取牛皮與肉相離，名爲剧剝也。』」按：其說本於張金泉《唐口語詞》第 57 頁，《〈字寶〉考》第 564 頁說同。

54.《字寶》「相詷誘」條，第 3756 頁張涌泉說：「『詷』疑爲『詉』的改換聲旁俗字。」按：張金泉《唐口語詞》第 57 頁說：「『詷誘』義爲誘騙，《廣韻》、《玉篇》諸書作『詉誘』。」

〔註92〕參見蕭旭《荀子校補》，花木蘭文化出版社 2016 年版，第 61～63 頁。此文未舉「𢶏戾」、「隔戾」、「萬戾」，補舉如下：《說文》：「𧱤，從豕𢶏聲，讀若擊。」又「瓁（瓁），從玉𢶏聲，讀若𢶏。」又「虨，從虎𢶏聲，讀若隔。」《文選・長楊賦》：「拮隔鳴球。」五臣本「拮隔」作「戛擊」，《揚子雲集》卷 5 同，與《書・益稷》合，李善注引韋昭曰：「古文隔爲擊。」《史記・賈生列傳》《弔屈原賦》：「搖增翮逝而去之。」《集解》引徐廣曰：「一云『遙增擊』也。」《漢書》「翮」作「擊」。《爾雅釋文》：「槃，本亦作繫，樊本作槅。」皆其音轉之證。《洞玄靈寶玉籙簡文三元威儀自然眞經》：「詣師威儀，當與同學，共相教度，勿得妒（嫉）妬𢶏戾，爭竟稱己。」《老君變化無極經》：「不得𢶏戾妒（嫉）妬情，貪淫愛色沒汝形。」《廣弘明集》卷 9 引周・甄鸞《笑道論》：「玄子曰：『不𢶏戾，得度世。不嫉妬，世可度。』」《辯正論》卷 8 同。《太上老君經律》卷 39：「不得妄言綺語，隔戾嫉妬。」《太上老君大存思圖注訣》：「秉正治邪，和釋萬戾。」《雲笈七籤》卷 43 作「隔戾」。《慧琳音義》卷 97：「萬戾：《說文》：『隔，障也，從𨸏𢶏聲。』《考聲》云：『正作萬。』」
〔註93〕張金泉《敦煌遺書〈字寶〉與唐口語詞》，《古漢語研究》1997 年第 4 期。

（四）

張涌泉（2008）整理《字寶》，剽竊張金泉（2004）《〈字寶〉考》說。

55.《字寶》「挼酒」條，第 3748 頁張涌泉說：「按《通雅》卷 28：『㕦酒，一作㕦酒，即催酒也。……義當用催，而別作㕦、㕦。』則『挼酒』即『㕦酒』，亦即『催酒』也。」按：其說全抄自張金泉《〈字寶〉考》第 565 頁。

56.《字寶》「焦朕（居甲反）」條，第 3751 頁張涌泉說：「『居甲反』當是『丑甲反』之誤……『朕』為入聲字，而此條列在上聲字下，『焦』字《廣韻》音方久切，為上聲有韻字，各本當脫『焦』字音注。」按：其說全抄自張金泉《〈字寶〉考》第 564 頁。

57.《字寶》「礦硬（古猛反）」條，第 3759 頁張涌泉說：「礦，丁卷作『磺』，古字。《廣雅》：『磺，強也。』《玉篇》：『礦，強也。磺，同上。』『礦（磺）硬』蓋近義連文。《匯考》以『硬』為『磺』之誤，校作『礦（古猛反），又磺』，非是。」按：張金泉《〈字寶〉考》第 564～565 頁說：「《原本玉篇殘卷》『礦』作『磺』，云『磺，強也』。《廣雅》作『磺』，云『強也』。礦、硬義近，皆強悍義。」張涌泉說抄自張金泉，而不忘駁張金泉《匯考》舊說之誤，張金泉已經自訂其說，卻不提及，攘其善而攻其錯，惡乎！

58.《字寶》「石琯瑒」條，第 3780 頁張涌泉說：「《集韻》：『琯，治金玉使瑩曰琯。』又《廣韻》：『鋥，磨鋥出劍光。或作碫。』文中『瑒』亦可能即『碫』的換旁俗字。『琯瑒』為近義連文，指磨礪器物使之發亮之意。」按：張金泉《〈字寶〉考》第 563 頁說：「《切韻》：『琯，出光。』又『瑒』作『鋥』，云：『磨光。』都是磨金玉使之光亮的意思。所以《集韻》云『琯，治金玉使瑩曰琯』。」張涌泉只是更換了部分書證，並作了改寫，但其剽竊之跡昭然如揭。

（五）

張涌泉（2008）整理《字寶》，也剽竊張鉉 2005 年的碩士論文《〈字寶〉校注》。張鉉的碩士論文是山東大學吉發涵指導，並非由張涌泉指導。

59.《字寶》「物㠺斜（若乖反），又喎」條，第 3734 頁張涌泉說「喎」同「咼」，與「㠺」音近義通，注文「若」當作「苦」。按：其說同張鉉《〈字寶〉校注》第 8 頁。

60.《字寶》「唅啄」條，第 3738 頁張涌泉說「唅」為「鴿」俗字。按：其說同《〈字寶〉校注》第 17 頁。

61.《字寶》「事躝跚（蘭珊）」條，第 3741 頁張涌泉說「躝跚」是「闌珊」記音字，引《唐摭言》為證。按：其說同《〈字寶〉校注》第 20 頁。

62.《字寶》「赴集」條，第 3745 頁張涌泉說《廣韻》「赴，違也」義不合，當同「述」、「鳩」。按：其說同《〈字寶〉校注》第 25 頁。

63.《字寶》「湯泮淬」條，別卷「泮」作「淬」。第 3746 頁張涌泉說二字是「粹」異體字。按：其說同《〈字寶〉校注》第 27 頁。

64.《字寶》「物糧糊」條，第 3746 頁張涌泉說「糧」讀作「漫」。按：其說同《〈字寶〉校注》第 27 頁。

65.《字寶》「蹱直」條，第 3747 頁張涌泉說「蹱」讀作「傭」。按：其說同《〈字寶〉校注》第 28 頁。

張鉉《〈字寶〉校注》前言第 6 頁說「本文初稿已將該書平、上、去、入四部分全部整理完畢，但限於篇幅，這裏提交答辯的只是平聲部分」，後來張鉉於 2008 年發表的論文《〈字寶〉釋疑》〔註 94〕，討論了四聲部分 27 條，張涌泉引用了 7 條〔註 95〕，其中後 4 條不在平聲部分；又《字寶》第 3788 頁「人筍剄（知角反，知訖反）」條引張鉉說「角」是「甲」誤，這條張鉉沒有發表，應該出於他的未刊稿，張鉉 2006～2008 年在浙江大學跟隨張涌泉讀博士，可知張涌泉看過張鉉的未刊稿。

66.《字寶》「笑覓覓」條，第 3736 頁張涌泉疑「覓」為「呪」字之誤，引《玉篇》「呪，呪嘔，小兒語也」為證。按：其說出於《〈字寶〉釋疑》第 254～255 頁。

67.《字寶》「點頭聰耳（爽音）」條，別卷注音作「雙之上聲」。第 3764 頁張涌泉說：「此『聰』或是『聳』的偏旁移位字。『聳』字《集韻·講韻》有『雙講切』一讀，正音『雙』之上聲。」按：《〈字寶〉釋疑》第 262～263 頁說：「『聰』應為『聳』之異體字……《集韻·講韻》雙講切小韻有『聳』字。」

〔註 94〕 張鉉《〈字寶〉釋疑》，《敦煌學研究》2008 年第 2 期，首爾出版社 2009 年出版，第 252～273 頁。

〔註 95〕 張涌泉《敦煌經部文獻合集》第 7 冊，中華書局 2008 年版，第 3737、3742、3743、3756～3757、3760、3761、3785 頁。

68.《字寶》「㸒面（僕）」條，第 3795 頁張涌泉疑「僕」爲「仆」字之誤，「仆」與「㸒」《廣韻・德韻》同音蒲北切。按：其說出於《〈字寶〉釋疑》第 269 頁。

（六）

張涌泉（2008）整理《字寶》也有剽竊其他人說法的嫌疑。

69.《字寶》「人魑魁」條，第 3770 頁張涌泉引 S.778 王梵志詩《吾富有錢時》「邂逅暫時貧，看吾即兒哨」，指出「兒哨」即「魑魁」。按：朱鳳玉（1987／1996）、項楚（1991）、張金泉（1993）早指出「兒哨」即「魑魁」〔註96〕。

四、其他論文

以上我只考查了張涌泉所撰寫的《敦煌變文》、《俗務要名林》、《字寶》三種著作，他的其他論著中也存在剽竊的情況，我沒有精力逐篇去查檢，也沒有必要再多所舉證，窺一斑即知全豹。下面聊舉 3 條以示之。

70. 張涌泉（2008）整理的 S.2821《大槃涅經音義（二）》注釋〔89〕說：「『鎀』爲『鏃』的俗字……注音『侯』應爲『族』的訛字。參看《大槃涅經音義（一）》校記〔218〕。」其《大槃涅經音義（一）》校記〔218〕校記說：「……『鏃』、『侯』，但經本未見『其鏃』二字，而有『其鏃』，玄應、慧琳《音義》亦俱出『其鏃』條……『鎀』、『侯』疑分別爲『鏃』、『族』的訛字。」〔註97〕按：這是剽竊的張金泉、許建平（1996）說：「鎀，經、玄應、慧琳作『鏃』，是。注『侯』，『族』之訛。」〔註98〕

71. 張涌泉（2001／2012）據《字寶》謂「博接」是「嚩嚛」同音借字，以駁徐震堮說〔註99〕，是剽竊的郭在貽、項楚說，項楚又是剽竊的徐復、郭

〔註96〕 朱鳳玉《王梵志詩研究（下）》，臺北學生書局 1987 年版，第 10 頁。朱鳳玉《論敦煌本〈碎金〉與唐五代詞彙》，收入《潘石禪先生九秩華誕敦煌學特刊》，臺北文津出版社 1996 年版，第 577 頁。項楚《王梵志詩校注》，上海古籍出版社 1991 年版，第 16 頁。張金泉《論敦煌本〈字寶〉》，《敦煌研究》1993 年第 2 期，第 97 頁。
〔註97〕 張涌泉《敦煌經部文獻合集》第 10 冊，中華書局 2008 年版，第 5216、5183 頁。
〔註98〕 張金泉、許建平《敦煌音義匯考》，杭州大學出版社 1996 年版，第 1088 頁。
〔註99〕 張涌泉《從語言文字的角度看敦煌文獻的價值》，《中國社會科學》2001 年第 2 期，第 162 頁；張涌泉《敦煌文獻俗語詞研究的材料和方法》，《中國典籍與文化》2012 年第 1 期，第 51 頁；又收入《敦煌寫本文獻學》，甘肅教育出版社 2013 年版，第 44 頁。2001、2012 年的二文在論述「俗語詞」研

在貽說。徐復（1961）說：「『博唻』就是『嘑嘆』。《字寶碎金》：『口嘑嘆，音博接。』」〔註100〕郭在貽（1983）說：「原校以『博』爲『搏』，又徐震堮謂『接疑當作擊』，並非。『博接』當即『嘑唻』。又考《廣韻》：『嘑嘆，嘶兒。』『嘑唻』亦即是『嘑嘆』。」〔註101〕項楚（1986）說：「徐校：『接疑當作擊。』此說非是，原文『博接』即『嘑嘆』。《字寶碎金》：『口嘑嘆，音博接。』」〔註102〕項楚無疑是吸收了徐復說，把郭在貽引的書證《廣韻》換作了《字寶碎金》。附帶說一下，《校注》第 314、586 頁黃征則是分別引用了徐復、郭在貽說，這也是與張涌泉的做法不同。張涌泉曾作《恩師難忘》記述郭在貽對他的教誨、培養，感情動人〔註103〕，只是不知張涌泉寫論文剽竊郭在貽二說時，還記得幾分師恩？

72. S.2165《辭親偈》：「六道戒定香曳引，一念無生惠力扶。」這是陳祚龍《敦煌學海探珠》的錄文。張涌泉（1996）《敦煌俗字研究》說：「『通』字原錄作『道』，校記云：『原本作通。』按：『六通』爲佛教術語，指神境通、天眼通等六種神通之力，文義甚安。原書改作『六道』，非是。『曳』字原卷是『風』的俗體……『香風引』與『惠力扶』儷偶，意亦密合。」〔註104〕按：項楚（1993 / 2001）《敦煌詩歌導論》說：「原本『通』字是，『六通』是佛教聖者所獲之六種神通。若改作『六道』……與原意適相反矣。又『曳』字當作『風』，『香風』與下句『慧力』對舉。」〔註105〕這是明顯地剽竊項

究時完全相同，2012 年一文中的「乖捝」條與他 2004 年發表的《敦煌文獻字詞例釋》一文略同（《敦煌學》第 25 輯，第 350 頁），都屬於重複發表。張涌泉（2007）說「『連旅旅』疑應作『連旅之』」云云一段（《校勘學概論》，江蘇教育出版社 2007 年版，第 40～41 頁），與他 2015 年發表的《重文號和「之」字訛混廣例》（《語文研究》2015 年第 4 期，第 26～28 頁）一文亦完全相同。張涌泉《恩師難忘——回顧我的求學生涯》（《中文自學指導》1998年第 3 期，第 9～16 頁）與《走近敦煌》（《社會科學戰線》2016 年第 3 期，第 121～128 頁）二文重合處亦甚多。剽襲自己舊作也是一種惡習。

〔註100〕徐復《敦煌變文詞語研究》，《中國語文》1961 年第 8 期；收入《徐復語言文字學叢稿》，江蘇古籍出版社 1990 年版，第 231 頁。

〔註101〕郭在貽《敦煌變文校勘拾遺》，《中國語文》1983 年第 2 期；收入《郭在貽文集》卷 3，中華書局 2002 年版，第 205～206 頁。

〔註102〕項楚《〈降魔變文〉補校》，《敦煌研究》1986 年第 4 期，第 71 頁。

〔註103〕張涌泉《恩師難忘——回顧我的求學生涯》，《中文自學指導》1998 年第 3 期，第 9～13 頁。

〔註104〕張涌泉《敦煌俗字研究》，上海教育出版社 1996 年版，第 169 頁。

〔註105〕項楚《敦煌詩歌導論》，新文豐出版有限公司 1993 年版，第 143 頁；又巴蜀

楚說。如果張涌泉要辯解說 1996 年出版時沒有發現是雷同，那麼他 2015 年出版《敦煌俗字研究》第 2 版時總有機會修正了，但仍然不改〔註 106〕。我有項楚《敦煌詩歌導論》巴蜀書社 2001 版的電子掃描本，扉頁上有「涌泉存念，項楚 2001.9.25」的簽名，我不能確認項楚的字跡，想必不會假。張涌泉是項楚的博士（1992～1994），他不會連自己導師的書也沒有讀過罷。

五、我的意見

從法理上說，認定一個人作賊，抓到一次即可以定讞。偷百次是賊，一次當然也是（我只是從法律角度作類比）。傅斯年 1919 年指出他的北京大學的老師馬敘倫「攘自他人」，也只舉了馬敘倫「攘自」胡適一條，沒有更多的地方「攘自他人」〔註 107〕。馬敘倫著的《莊子札記》（即《莊子義證》），發明甚多。我們不能因此就說傅斯年批評錯了，不能指責馬氏「攘竊」。我甚敬佩馬敘倫的學問，他的《莊子義證》、《說文解字六書疏證》，我的論著中多所引徵。但這裏，我贊同傅斯年的指質。「攘自」胡適一條，馬先生白璧之瑕耳。至少有 60 多條可以確定張涌泉的剽竊行為，則其剽竊之名自當成立。十多年前我讀《變文校注》，當時未作標識，已記憶模糊，且所涉有限，故這裏僅是舉例而已。現在有微信群，可以方便地當面公開討論問題，我去年才開始註冊使用微信，所以前天發佈於微信群以當面質證於張涌泉。學術是天下公器，無不可對人言者。

汪少華教授提醒我說：「《校注》成書到出版的過程比如今長多了，其作者早在出書之前就有研究成果，有的也曾發表，有所見略同者，有早於他人者（也有你所引論文）。這是要留意的。」我認為，即使張涌泉真有什麼手稿與別人相合，但如發現自己的說法，別人已經發表在先，也應當改引作別人的意見才是學人本色，在漫長的出版過程中，完全有條件補引進去。

唐代的張懷慶取李義府五言律詩各句加二字而成七言律句，時人謂之「活剝張昌齡，生吞郭正一」。對於著述的剽襲、剽竊現象，正統學派尤其深惡痛

書社 2001 年版，第 137 頁。

〔註 106〕張涌泉《敦煌俗字研究》（第 2 版），上海教育出版社 2015 年版，第 102 頁。

〔註 107〕傅斯年《馬敘倫著〈莊子札記〉》，《新潮》創刊號，1919 年 1 月出版，第 135 頁。

絕之。洪亮吉認爲是「太欺心」〔註108〕，梁啓超指出是「大不德」〔註109〕，錢鍾書判作「不德、敗德」〔註110〕。黃侃先生說：「學問之道有五：一曰不欺人；一曰不知者不道；一曰不背所本（恪守師承，力求聞見）；一曰負責後世；一曰不竊。」〔註111〕張涌泉好歹也是章、黃傳人，曾忘其祖訓乎！？蔣禮鴻、郭在貽早逝，不及見此事，如二位先生在天有靈，不知如何痛心。錢鍾書又說：「窮理盡事，引繩披根，逢怒不恤，改過勿憚，庶可語於眞理之勇、文章之德已。」張涌泉執拗不回，不肯服也。佛家有「殺人刀、活人劍」的比喻，我指出張涌泉學術不端的問題，只是學術層面的質疑，不是針對個人的行爲。我不是只擎「殺人刀」，同時也秉「活人劍」，只要張涌泉直面問題，坦認錯誤，知恥後勇，改過自新，庶可不負其先師教誨也。

我與張涌泉雖有數面之緣，但無甚聯繫〔註112〕，決無恩怨。也絕不是圖求什麼「名利」，我從事訓詁，該認識的人，大都早就相互認識；不該認識的人，要他知道我幹什麼？這是無名可圖。做這種文字，得罪人不說，肯定無利可圖。張涌泉的弟子們在張的「學生群」人人表態獻忠，其中秦樺林在 2018 年 7 月 28 日晨說「蕭旭的行爲完全是桀犬吠堯，蚍蜉撼樹，他明顯想效法民國時期那種妄議權威以求自己快速出名的惡劣做法，令人不齒」。張涌泉確實是權威，但就是一個俗字專家耳，他適合做俗字。秦樺林君以爲天下之美盡在張氏，眞是莊生說的徒處川河，未見北海，「不可以語於海，不可以語於冰」也。上起周秦、下迄明清的漢文獻，我都有所涉及，敦煌語言研究僅僅是我學術的一小支。論俗字研究，我不如張；論訓詁研究，張不如我（在這裏無須自謙），各有所長耳，我何須妄議張氏這個俗字權威以求出名？我不住體制內，要「名」又有何用？即使我眞要出名，還決不會在俗

〔註108〕洪亮吉《更生齋詩》卷 8《讀史》，收入《續修四庫全書》第 1468 冊，上海古籍出版社 2002 年版，第 197 頁。

〔註109〕梁啓超《清代學術概論》，上海古籍出版社 1998 年版，第 47 頁。

〔註110〕錢鍾書《管錐編》，中華書局 1986 年版，第 1506 頁。下同。

〔註111〕李慶富《蘄春黃先生雅言札記》，《制言》第 41 期，1937 年版，本文第 3 頁。

〔註112〕我 2004 年 10 月 18 日曾在杭州造訪過張涌泉，但不是登門求教，也不是爲了「一識韓荊州」，而是當年我讀《敦煌變文校注》一過，寫了近 800 條札記，其時不會電腦，手寫稿託黃征的博士生于淑健轉給了黃征，複印本則乘去杭州訪友之機面送張涌泉，供他們修訂時參考。當時張涌泉還與在南京的黃征通過電話，告知我到訪，並簽贈了他的《舊學新知》。這是唯一的一次聯繫。附識於此。

字領域這個層次尋求。莊生又有比喻說鴟嚇鵷鶵，秦君之說一何可笑！毛澤東主席曾經教導我們說：「知無不言，言無不盡，言者無罪，聞者足戒。」又說：「有則改之，無則加勉。」張涌泉聞吾言，不能反躬自省，引以爲戒，反而和「敦煌群」的一批大人物一面斥我「用詞尖刻」、「口氣大」、「準備打架」、「不心平氣和」（此上皆張氏語）、「戴帽子式的所謂批評無聊」等等，以勢壓人；一面又私下關門罵我是桀犬、是蚍蜉，怎麼如此表裏不一？我懷疑其回應文字表現的「大度」是假裝出來的。我即使是犬，也應當說是警犬才對。同時有請「敦煌群」圍攻我的諸君，睜大雙眼，看清事實，須知學術是天下公器，不是私人情誼。

學術批評，心平氣和固然是一種方式，言詞猛厲也是一種方式，寬猛相濟也。錢鍾書說剽竊是「敗德」，就是後一種。佛門對於惡道，轉大法輪、擊大法鼓、叩大法鐘、吹大法螺而作獅子吼，於痼疾攻以猛藥，於頑愚棒喝當頭；我痛恨學界的學風壞了，那麼，對於剽竊行爲的批評，就要採取猛厲的言辭，這是當然之舉。比如父母管教小孩，有的循循善導，有的棍棒相加，二種方法看情況而定，並沒有什麼優劣之分。當然，這裏我是以類比說明二種方式都可行，並不是充他的長輩，這點讀者都能明白，相信張涌泉及其門人故吏也應當有這個理解能力。

余作此文，知我罪我，所不顧也。

附　記

1. 感謝張涌泉教授發佈的《對蕭旭文的回應》、《對蕭旭批評若干條目的說明》二篇文字，使本文減少了不應有的失檢，並督使我補舉部分材料。同時也感謝秦樺林君促成本文。

2. 我不能做鏡子，只照別人，不照自己。謹此公開告示：我出版拙著 7 種 26 冊，近 600 萬字；發表學術論文近 120 篇，都 200 萬字，也歡迎學界同仁督察舉正。當然我前面論著失檢，後面自己發現並作補記的不在此列。如作《〈孟子〉「觳觫」正詁》時（《群書校補》第 1204～1209 頁），讀書不多，不知道清人許瀚有《「觳觫」解》，後來在別的文章中徵引許瀚的說法，並說：「許說雖較我舊說簡略，實已先我發之，當時未能檢及，亟當出之，示不敢掠前人之美也。謹記於此。」（《群書校補（續）》第 1888 頁）。另外，

《群書校補》2008 年底交出版社；2012 年夏之前，我沒有條件上「中國知網」查檢文獻，亦當作個說明。

2018 年 7 月 30 日晚初稿，8 月 2 日二稿，8 月 8 日三稿，8 月 24 日四稿，10 月 25 日五稿。